普通高等教育汽车类专业规划教材

现代汽车营销基础
Xiandai Qiche Yingxiao Jichu

都雪静　主　编
裴玉龙　王占宇　副主编

人民交通出版社股份有限公司
China Communications Press Co.,Ltd.

内 容 提 要

本书是普通高等教育汽车类专业规划教材之一,内容主要涵盖了现代汽车营销中的基础营销理论知识,包括汽车营销观念的各发展阶段、4P 营销理论、4C 营销理论、4R 营销理论、绿色营销等当代创新营销理论、汽车市场营销调查与预测、汽车产品的定价方法、汽车品牌的组成及品牌的设计防御、汽车产品的促销、汽车产品的实物销售等内容。

本书可供交通运输工程领域、汽车服务工程领域内的课程教学使用,并对从事此方面工作的社会人员提供参考。

图书在版编目(CIP)数据

现代汽车营销基础/都雪静主编. —北京:人民交通出版社股份有限公司,2017.12
ISBN 978-7-114-14388-5

Ⅰ.①现… Ⅱ.①都… Ⅲ.①汽车—市场营销学 Ⅳ.①F766

中国版本图书馆 CIP 数据核字(2017)第 304885 号

书　　名:	现代汽车营销基础
著　作　者:	都雪静
责任编辑:	李　良
出版发行:	人民交通出版社股份有限公司
地　　址:	(100011)北京市朝阳区安定门外外馆斜街 3 号
网　　址:	http://www.ccpress.com.cn
销售电话:	(010)59757973
总 经 销:	人民交通出版社股份有限公司发行部
经　　销:	各地新华书店
印　　刷:	北京市密东印刷有限公司
开　　本:	787×1092　1/16
印　　张:	11.75
字　　数:	271 千
版　　次:	2017 年 12 月　第 1 版
印　　次:	2017 年 12 月　第 1 次印刷
书　　号:	ISBN 978-7-114-14388-5
定　　价:	26.00 元

(有印刷、装订质量问题的图书由本公司负责调换)

前言 PREFACE

汽车业作为中国的支柱产业,自中国汽车市场出现井喷后,中国汽车的产销量位居全球第一。随着汽车产销量剧增,汽车销售市场营销环境的分析、汽车需求量的预测及各种营销策略和促销手段、汽车销售过程中的服务技巧,以及迎合目前电子商务市场大环境下的网络营销模式等,均对汽车的销售有着重要的影响。

笔者多年来一直从事汽车营销的教学与教改研究,通过对汽车营销的深入学习和研究,积累了一定的经验和心得。本着理论联系实际的原则,综合考虑汽车营销实际现状,整理编写了本书。本书中涵盖了汽车营销学中的基础营销理论知识,包括汽车营销理论的各个发展阶段、4P理论、4C理论、4R理论、绿色营销等当代创新理论、汽车市场营销调查与预测、汽车产品的定价方法、汽车品牌的组成及品牌的设计防御、汽车产品的促销、汽车产品的实物销售等内容,希望能供交通运输工程领域、汽车服务工程领域内的课程教学使用,并对从事此方面工作的社会人员提供参考。

本书由东北林业大学都雪静副教授主编,裴玉龙,王占宇担任副主编。具体编写分工为:东北林业大学裴玉龙教授编写第一章、第二章;东北林业大学都雪静副教授编写第三章、第四章、第五章;东北林业大学王占宇副教授编写第六章、第七章;黑龙江工程学院张鹏,东北林业大学田雨蒙、王真真,齐齐哈尔大学姜淑凤编写第八章。

现代汽车营销基础的学习过程中可以结合实际案例进行剖析,加深对汽车营销学基本理论的理解和应用。

成稿时间仓促,水平有限,不当之处在所难免,恳请广大读者批评指正。

编　者
2017年10月

目录 CONTENTS

第一章　市场营销与汽车市场营销 1
　第一节　市场与市场营销 1
　第二节　汽车市场与汽车营销 4
　第三节　汽车市场营销环境 8
　思考题 25

第二章　汽车营销基础 26
　第一节　市场营销理论 26
　第二节　市场营销观念 30
　思考题 40

第三章　汽车市场营销调查与预测 41
　第一节　汽车市场调查 41
　第二节　汽车市场预测方法 50
　思考题 62

第四章　汽车定价 63
　第一节　汽车价格 63
　第二节　汽车价格定价方法 68
　思考题 73

第五章　汽车促销 74
　第一节　广告 74
　第二节　营业推广 87
　第三节　人员促销 93
　第四节　公共关系 101
　思考题 106

第六章　汽车品牌营销 107
　第一节　品牌 107
　第二节　汽车品牌的营销策略 115
　思考题 122

第七章　汽车实物销售 123
　第一节　汽车展厅销售 123

第二节　车辆展示方法 ……………………………………………………… 133
　　第三节　新车交易 …………………………………………………………… 141
　　思考题 ………………………………………………………………………… 158
第八章　汽车网络营销 ……………………………………………………… **159**
　　第一节　网络营销的模式及特点 …………………………………………… 159
　　第二节　汽车网络营销流程 ………………………………………………… 163
　　第三节　网络营销的运营及维护 …………………………………………… 170
　　思考题 ………………………………………………………………………… 179
参考文献 ……………………………………………………………………… **180**

第一章　市场营销与汽车市场营销

第一节　市场与市场营销

一、市场

1. 市场概念的理解

市场是商品经济的产物。随着商品经济的发展,市场的概念也在不断地深化和拓宽。

(1)市场是商品交换的场所

在商品经济尚不发达的时候,市场的概念总是与时间概念和空间概念联系在一起。人们总是在某个时间聚集到某个地方完成商品的交换及交易,因而市场被看作是商品交换和市场交易的场所。人们习惯地将市场看作是商品交换的场所,如商场、集贸市场、汽车交易市场等;但当今社会交易方式日益复杂,特别是随着金融信用、交通运输、通信事业的发展,交换的实现已经突破了时间和空间的限制,人们可以在任何时间和任何地方达成交易,实现商品交换。因此,现代的市场已经不再是指具体的交易场所。

(2)市场是各种商品交换关系的总和

在现代社会里,商品交换关系渗透到社会生活的各个方面。市场中各种商品交换关系主要包括买卖双方、卖方与卖方、买方与买方、买卖双方各自与中间商、中间商与中间商之间在流通领域中进行交换时发生的关系,此外,它还包括商品在流通过程中促进或发挥辅助作用的一切机构、部门(如银行、保险公司、运输部门、海关等)与商品的买卖双方间关系,实质是商品交换过程中的人与人之间的经济关系。

市场隶属商品经济范畴,反映着商品供求关系,代表着各种商品错综复杂交换关系的总和。通过市场就可以调节商品供给和商品需求的关系,包括二者在数量和结构上的关系,也可以反映和调节交易主体(供给者、购买者及其他交易参与者)之间的利益关系。

(3)市场是某种商品现实和潜在的总需求

由购买者、购买力及购买欲望构成市场三要素。事实上市场专指买方及其需求,而不包括卖方;至于卖方则与其竞争对手(卖方的同行)一起组成某个产业,他们之间属于竞争者,而不是市场。所以在市场营销中,市场往往等同于需求。平时大家所讲的"市场疲软"就是针对有效需求不足而言的。市场的发展是一个由消费者(买方)决定,生产者(卖方)推动的动态过程。市场除了有购买力和购买欲望的现实购买者外,还包括暂时没有购买力,或是暂时没有购买的潜在购买者。这些潜在购买者,一旦其条件发生变化,如收入提高有了购买力,或受宣传介绍的影响,有了购买欲望,其潜在需求就会转变成现实需求,即有潜在需求的购买者是卖方的潜在市场。对卖方来说,明确本单位产品的现实和潜在市场,其需求量多

少,对正确制定生产以及营销决策具有重要意义。

2. 市场种类

在市场营销学中,可以依据购买者的身份、经营者的用途和对象、市场出现的先后、商品流通的时间和顺序、商品流通地域对市场进行划分。

(1)根据购买者的身份划分

将整个市场分为生产者市场、消费者市场、中间商市场和政府市场。生产者市场是指为了满足企业生产产品的需求而购买产品和服务的所有组织和个人所组成的市场。消费者市场是指所有为了满足个人或家庭生活需求而购买商品和服务的人所组成的群体。中间商市场是指购进商品后再转卖或出租给别人的所有组织和个人所组成的市场。政府市场是指为了满足自己办公需求而购买商品和服务的所有机构、组织和社会团体所组成的市场。

不同的购买者有着不同的需求,此种分类方法有利于企业分别研究各类市场的特点,便于企业按照顾客的需求制定市场营销决策。

(2)根据经营者的用途和对象划分

将整个市场划分为生产资料市场、消费品市场、资金市场、技术市场、服务市场、信息市场等。此种分类方法有利于企业研究不同产品和服务的特点,便于企业按照顾客的特殊需要组织生产经营活动。

(3)根据市场出现的先后划分

将市场划分为现实市场、潜在市场和未来市场。现实市场指对企业经营的某种商品有需要、有购买欲望、有支付能力的现实顾客。潜在市场指有可能转化为现实市场的市场。在构成市场的要素中,购买欲望与购买力中的任何一个不具备都意味着市场是潜在市场。未来市场指处于萌芽状态或尚未形成,但在一定条件下必将形成并发展成为现实市场的市场。在激烈的竞争环境中,企业要想生存与发展,除了要重视自己的现实市场外,更重要的是开发潜在市场,并积极地预见和开创未来市场。

(4)根据商品流通的时间和顺序来划分

根据商品流通的时间将市场划分为现货市场和期货市场;根据商品流通的顺序来划分,将市场分为批发市场和零售市场。

(5)根据商品流通地域来划分

将市场划分为国际市场、全国市场、城市市场、农村市场和地方市场。

二、市场营销

1. 市场营销概念

市场营销是一种从市场需要出发的管理过程,其核心思想是交换,是一种买卖双方互利的交换,即卖方按买方的需要提供产品或劳务,使买方得到消费满足;而买方则付出相应的报酬,使卖方也得到回报和实现企业目标,双方各得其所。

市场营销产生的一个较长时期内,很多人都认为市场营销主要是指推销,目前很多人仍持有这种看法。其实,现代的市场营销早已不是推销的同义语了,权威的美国学者菲利普·科特勒认为"市场营销最主要的不是推销,推销只是市场营销的一个职能。因为准确地识别出消费者的需要,发展适销对路的产品,做好定价、分销和实施有效的促销活动,产品就会很容易销售出去。"

市场营销的对象和内容是"识别目前未满足的需要和欲望,估量和确定需要量的大小,选择和和计划(或方案),为目标市场服务"。这就是说,"市场营销"主要涉及企业在动态市场上如何有效地管理其交换和交换关系,以提高经营效果,实现企业目标。或者说,市场营销的目的,就是在于了解消费者的需要,按照消费者的需要来设计和生产适销对路的产品,同时选择销售渠道,做好定价和促销等工作,从而使这些产品可以轻而易举地销售出去,甚至"使推销成为多余"。

市场营销引导市场活动。美国学者麦卡锡说:"市场营销活动应从顾客开始,而不是从生产过程开始,应由市场营销部门(而不是由生产部门)决定将要生产什么产品。诸如产品开发、设计、包装的策略,定价、赊销及收账的政策,产品的销售地点以及如何做广告和如何推销等问题,都应由营销部门来决定。但这并不意味着市场营销要把传统的生产、会计、财务等工作全部接过来,而只是说市场营销为这些活动提供引导。"

2. 市场营销的形成与发展

(1) 市场营销的形成与国际发展

20世纪初,以美国为代表的一些主要资本主义国家,由于工商业的迅速发展,商业广告的运用和销售技术的研究逐步受到社会各界的重视,众多经济院系开设了广告学和销售技术等课程。从1902年起,美国的密执安、加利福尼亚和伊利诺伊州的三所大学的经济学系正式设置了市场营销学课程,并把市场营销问题当作一门学科来研究。1912年,美国哈佛大学赫杰特齐(J. E. Hegertg)教授编写的 Marketing 被认为是把市场营销学作为独立学科标志的第一本图书。此些课程以经济学、行为科学和早期管理学为基础,涉及企业经营思想、销售手段和生产战略等许多方面的内容,形成"市场营销学"的雏形。但当时的销售研究主要限于推销和产品广告领域,尚未形成自己的理论体系。

真正的现代市场营销是二战后在美国形成的。美国在二战中生产力不仅未受到大的摧毁,反而还有较大发展。在战后世界经济恢复时期,其经济实力迅速超过老牌劲旅英国,一跃成为资本主义的头号强国。商品供给迅速超过商品需求,绝大部分商品市场成为买方市场,卖方之间的竞争空前激烈,使买方处于可以选择和左右市场的主导地位。因而原有的销售理论和方法面临着严峻的挑战。于是销售在理论上发生了重大变革,研究的范围突破了流通领域,日益与企业生产经营的整体活动密切结合起来,研究的重点转为买方市场条件下的企业经营活动,形成了以市场需求为中心的现代营销观念及其指导下的一系列现代企业经营战略和方法,并得以广泛传播和运用,取得了显著的实践成效。

进入20世纪50~60年代,市场营销在世界各地得到了广泛的传播。大量的市场营销研究组织和学术著作纷纷诞生,积极地推进了市场营销向纵深领域的发展。大体上说,市场营销是市场经济条件下企业竞争的有效手段,是现代企业不可或缺的经营武器。现在,就世界范围来看,市场营销在理论上仍以美国处于领先地位,但日本企业在营销实践上的卓著成绩,特别是20世纪70~80年代一度为全世界所瞩目。

(2) 国内市场营销的形成与发展

经济改革前,我国长期受到西方世界的封锁,执行僵化的计划经济体制,否定与商品经济有关的科学和方法。在长达30年的时间里,市场营销学的研究和传播在我国大陆基本中断,内地学者和企业对国外迅速发展的市场营销学知之甚少。西方的现代市场营销理论在改革开放后才传入我国,发展十分迅速。特别是1984年全国高校市场学研究会成立以后,极大地推动了市场营销在我国的传播、研究和运用。

20世纪90年代中期以来,是我国市场营销理论研究结合中国具体实际提高、创新的时期。随着国内经济结构的变化、外资企业的大量进入,买方市场特征日益明显,中国市场竞争空前激烈。在这种形势下,强化营销和营销创新成为企业的主要课题,中国营销学术界主要进行了以中国企业实现"两个转变"(即从计划经济向市场经济转变,从粗放经营向集约化经营转变)为主题和以"跨世纪的中国市场营销"为主题的营销创新研究,取得了一系列有价值的研究成果。我国汽车企业也是在这一期间才真正逐步学会运用现代市场营销理论成果的。

第二节 汽车市场与汽车营销

一、汽车市场

1. 国际汽车市场

(1) 国际市场的分类

根据汽车市场发展水平,国际汽车市场主要分为发达国家或地区市场和发展中国家或地区市场两类。

发达国家或地区市场主要包括:北美市场、欧盟市场、日韩等部分亚太市场。这类市场规模大、法律体系健全、市场管理规范、产品准入标准高、遵守国际贸易规则。

发展中国家或地区市场主要包括:南美市场、日韩以外的亚洲市场、部分非洲国家、欧盟外的其他欧洲国家。这类市场的某些国家市场管理和运作缺乏规范性,对于国际贸易相关规则和惯例不能严格遵守,共同体的发展较落后。

(2) 国际市场的特点

从世界汽车市场总体上看,目前国际汽车市场主要呈现出如下特点。

①轿车占主导地位,轻型商用车市场份额提高。轿车以其实用性、舒适性及价格等方面优势,一直在世界汽车市场上占主导地位。

②寡头垄断竞争。国际汽车市场由少数几个汽车企业垄断。丰田、通用、大众、福特等世界总销量排名前十名的汽车企业占据了世界汽车总产销量的70%以上。

③由价格竞争向非价格竞争转变。现今国际汽车市场中,由于消费者心理的变化,更加追求产品的个性化、多样化等,企业生产不再只是追求大批量生产,形成成本优势,通过降低销售价格赢得市场份额,而是更加重视产品价值的竞争,努力为消费者提供更具特色、更符合消费者需求的产品和服务。

④企业之间的联合或兼并比较多。很多汽车企业为了提高自身的竞争力,采取与其他汽车企业联盟或对其进行兼并的策略。例如,共同开发项目,一起开拓新的市场;对战略伙伴进行投资,打入对方市场;双方一起创办合资企业;企业部分或全部合并等。

⑤发展中国家和传统汽车生产国地位发生变化。德国、日本、美国等传统汽车生产国汽

车产量占全球汽车产量的份额在不断下滑,而亚洲很多国家所占市场份额逐渐提升,世界汽车市场的焦点逐渐转移向发展中国家,发展中国家在国际汽车市场的地位逐步提升。

⑥国际汽车市场不同区域相差悬殊,买方市场特征显著。欧美、日本等主要汽车生产国的汽车市场逐渐饱和,对于汽车的需求以置换为主,汽车市场供大于求;亚洲、中南美等发展中国家汽车市场正在迅速扩张,对于汽车的需求以新增为主,虽然需求量大,但世界各大汽车公司都在这些地区进行生产销售,因此也呈现供大于求的现状;在世界上一些经济落后的国家,如非洲大部分国家,对于汽车的需求仍然很小。

⑦汽车产品结构发生显著转变。在自然与生态环境不断恶化的今天,汽车企业开始重视研发节能、环保产品。

(3) 国际汽车市场发展趋势

对于汽车的市场需求的整体格局基本没有变化,世界汽车市场继续呈现稳定发展的趋势,东欧、南美、亚太等新兴汽车市场的发展将远大于传统的汽车市场。因为发展中国家劳动力成本低,国际汽车工业将继续向低成本地区转移,发展中国家在国际汽车市场的地位和优势上升。西欧、北美、日本三大传统汽车市场逐渐饱和,所以这些国家或地区将更加重视新技术的发展和新型车的研发。其中,新能源汽车将成为未来几年新的发展趋势。

2. 中国汽车市场

我国汽车市场的建立与发展是同我国汽车工业的发展相当一致的。目前,汽车作为商品进入市场交换体系,多渠道、少环节的汽车商品市场流通体系已初步形成。

我国汽车市场依据主要需求领域分为以下4种类型。

(1) 公务用车市场

从一般概念来讲,公务用车主要指国家权力机关、职能部门、科研事业单位和各种社会团体等的用车,以辅助政府机构的运行和职能部门、社会团体开展活动为主要功能的公务用车,具有非营利的特征,对用户来讲,车辆购置与运营费用不与其活动本身的经济效益挂钩,购车资金来源一般是财政拨款。从我国的现行情况来看,公务用车大体可划分为:

①政务用车,国家机关、各级政府和各种团体单位一般以辅助公务和各种社会活动为主要职能的用车。

②业务用车,公安、交通、司法、工商、税务、海关、商检、环境保护、科技普及等主要执行监督、检查等职能部门以及科研事业单位的用车。

(2) 商务用车市场

商务用车是指生产企业和经营单位为生产经营而使用的各种车辆。它所涉及的领域相当广泛,既有工业、农业、建筑等生产部门,也有贸易、金融、保险、商业等经营服务单位。其包括全民所有制和集体所有制企业,也包括外贸、合资以及私有制企业等多种成分的经济实体。

(3) 经营用车市场

经营用车是指以汽车为资本,直接通过汽车运营盈利和发展的用车。在经营用车的范围内,主要有城镇交通中的公共汽车、出租汽车、城镇间、乡村间的长途与中短途公路客货运输用车,以及与旅游设施配套、为旅游者提供服务的旅游用车等。

我国的城镇交通一直是由国家和地方财政支持承办的,即属于社会公益事业。近几年来,我国的城镇公共交通由国营、集体、个人全方位发展,改变了原来公交车一统天下的状况,加之地铁和出租车市场的增长,原来的公共交通发生了一些变化,但总体来看,城市公交车霸主地位不会动摇,公共交通用车仍将占有一定的比例。由于公路运输部门是经济实体,必须依靠汽车的运营来创造财富而实现其发展,故与公务用车存在不同。近几年来,由于高速公路里程的不断增加,公路客货运输对车辆的类型、性能等都提出了不同的要求。

在经营用车市场中,出租车用车市场占有很大一部分,占领这一市场不仅是增加汽车的销量,更重要的是要塑造企业形象。目前,大部分城市出租用车基本属于中、低档汽车,相当一部分城市是低档微型车,这与我国国民经济发展的现状是相符合的。但由于旅游用车主要用于各个风景点和城市与城市之间接送旅游者,因而在性能上要求安全、舒适和豪华。旅游用车量不仅随国内外旅游者的增加而扩大,而且人民生活水平的不断提高也会促进旅游业的发展,故这个需求将会进一步增加。

(4)私人用车市场

私人用车是指满足个人(或家庭)各种需要的各类汽车。从世界范围来看,分布最为广泛、需求最为强劲的就是私人用车市场,这一市场占据了每年世界汽车销量的绝大部分。

目前,我国的私人用车大体包括纯私人生活用车、兼有经营与私人生活双重用途的车辆和生产经营用车。兼有经营与私人用的车辆主要集中在城镇出租汽车行业,车型集中在微型轿车、微型面包车和低档轻型客车上。拥有这类车的目的是以车辆为资本通过车辆运营盈利,同时也为私人生活提供交通便利。纯私人用车的数量近两年来增长非常快,主要是在大中城市和一些富裕程度达到相当水平的农村。如今,我国的私人用车随着国家相关政策的出台和实施,已进入了一个销售高潮,尤其是单纯作为消费用的私人用车。私人用车如今已经占据汽车消费的主体,成为我国最大、最有潜力的汽车消费市场。

二、汽车营销

1. 汽车营销的概念

汽车市场营销是指汽车商品从生产领域到消费领域转移过程中所采取的经营方法、策略和销售服务。

汽车市场营销的任务就是通过努力解决汽车生产与消费的各种分离、差异和矛盾,使得汽车企业各种不同的供给与消费者或用户各种不同的需要与欲望相适应,最终实现汽车生产与消费的统一。

2. 汽车市场营销的特征

(1)政策性强

在我国,对汽车营销权有严格的限制和规定。从事汽车生产的企业,必须按规定报经主管部门批准,并列入国家年度汽车生产企业报告及产品报告内,方准生产。同样,从事汽车产品销售的企业必须事先报请国家工商总局或各省市工商局批准,给予汽车经营销售权后才能开展销售活动。各级工商局审批汽车营销权非常慎重,其营销权限往往严格控制在一定的范围内,企业不得超越权限经营。目前,汽车及零部件的销售权正在朝着以生产厂为中心而辐射的售后服务中心转移。由于汽车营销的政策规定很多,而且随时间经常变化,因此营销商必须十分注意学习有关政策规定,遵纪守法,文明经商。

(2)技术性较高

在汽车营销过程中,从进货时选择车型,提车时检查、验收产品质量情况,储运过程中汽车使用、停车维护,销售汽车时宣传性能特点,售后发生质量问题的处理等都涉及对各种汽车技术状况的了解程度。而且,大多数购买者会提出一系列技术问题,要解释清楚,弄明白后才决心购买。而对于汽车制造商来讲,科学技术水平已经成为企业获得生存和发展的重要因素之一,是企业核心竞争力的主要内容。

(3)需用资金多

现在买一辆汽车少则3万~5万元,多则100万元以上,还有更贵的高档汽车。所以,汽车营销必须要有足够的启动用流动资金,满足进料、进货、运输和储存的需要。对于汽车销售商来讲,为了使顾客有挑选的余地,要有一定数量的库存。由于占用资金多,随之而来的是银行贷款多,利息负担重,所以,汽车企业必须慎重地考虑如何加速资金周转问题,避免金融风险。

(4)商品车维护复杂

营销汽车必须有一定的库存车辆,以便客户选择,而且从外地远程进货时,一般是一批批运来,要求有较大的仓库。存放时间长的应当在室内存放,尤其是客车,长期放在露天,日晒雨淋,接触风沙泥土,对车子有损伤,塑料管和密封件也易老化。所以,库存车辆要有专人维护,机件要及时检查和涂油,冬天要把水箱中的水放干净以免冻坏汽缸体,蓄电池要定期充电等。如果将商品车放在储运公司,每年要付仓储费,又会增加流通费用。总之,这些工作都是区别于其他产品市场营销的。

3.汽车市场营销的功能

汽车市场营销作为汽车企业的一项经营管理活动,有4项基本功能。

(1)发现和了解消费者的需求

现代市场营销观念强调市场营销应以消费者为中心,汽车企业也只有通过不断满足消费者的需求,才能实现企业的最终目标。

(2)指导企业制定战略决策

企业战略决策正确与否是企业成败的关键,企业要谋得生存和发展,必须制定成功的经营决策。汽车企业应通过市场营销活动分析外部环境的动向,了解消费者的需求和欲望,了解竞争者的现状和发展趋势,并结合自身的资源条件,指导汽车企业在产品、定价、分销、促销和服务等方面做出相应的、科学的决策。

(3)开拓市场

通过对消费者现在需求和潜在需求的调查、了解与分析,充分把握和捕捉市场机会,积极开发产品,建立更多的分销渠道及采用更多的促销形式开拓市场,增加销售。

(4)满足消费者的需求

满足消费者的需要与欲望是企业市场营销的出发点和中心,也是市场营销的基本功能。汽车企业通过市场营销活动,从顾客需求出发,并根据不同目标市场的顾客,采取不同的市场营销策略,合理地组织企业的人力、财力和物力等资源,为顾客提供适销对路的产品,做好产品售后的各种服务,让消费者获得最大的满意。

4.汽车市场营销的目标

营销目标是对企业经营销售活动的未来成果所作的设想和努力发展的方向,通常以定量方式体现出来,它是营销战略的核心。汽车市场营销目标包括汽车销售额和销售增长率、汽车销售地区的市场占有率(市场份额)、利润和投资收益率、产品质量、劳动生产率、产品创新、企业形象等。其中,利润和投资收益率是企业最重要的核心目标。投资收益率是指一定时期内企业的纯利润与该企业全部投资(自有资金)的比率,这是衡量和比较企业利润水平的主要指标。市场占有率是指一定时期内一家企业汽车销售量(或销售额)在同一市场的同类产品销售总量(总额)中所占的比重,又称市场份额。营销目标有长期目标和短期目标之分。长期目标有3年、5年、10年不等;短期目标一般为当年所要实现的目标。确立营销目标可以为企业营销活动提供行动的指南,使企业实现外部环境、内部条件和战略任务三者之间的动态平衡;使企业获得长期、稳定、协调的发展;有助于建立企业风格,改进企业的公共关系。

第三节 汽车市场营销环境

一、汽车市场营销环境概述

1. 汽车市场营销环境概念

美国著名市场学家菲利普·科特勒将市场营销环境定义为:"企业的营销环境是由企业营销管理职能外部的因素和力量组成的。这些因素和力量影响营销管理者成功地保持和发展同其目标市场顾客交换的能力。"也就是说,市场营销环境是指与企业有潜在关系的所有外部力量与机构的体系。因此,对汽车营销来说,汽车市场环境是汽车营销活动的约束条件。

2. 汽车市场营销环境分析的意义

(1)汽车市场营销环境分析是汽车企业市场营销活动的立足点

汽车企业的市场营销活动是在复杂的市场环境中进行的。社会生产力水平、技术进步变化趋势、社会经济管理体制、国家一定时期的政治经济任务,都直接或间接地影响着汽车企业的生产经营活动,左右着汽车企业的发展。20世纪80年代,我国准备引进生产乘用车车型,以满足国内市场的需要。当时国内改革开放刚开始,国外大多数企业采取观望态度或由一些规模不大的汽车公司以即将淘汰的产品提供合作生产。德国大众汽车公司通过对中国市场环境的深入研究,决定与我国合作生产轿车,并且经过论证、谈判、筛选,确定与实力最强的第一汽集团和新发展的上汽集团合作生产适宜于中国制造、消费的轿车;经过十多年的发展,第一汽集团与上汽集团从20世纪80年代至今一直掌握着我国轿车消费相当份额的市场,取得了巨大的成功。

(2)汽车市场营销环境分析使汽车企业发现经营机会,避免环境威胁

汽车企业通过对汽车市场营销环境的分析,在经营过程中就能发现经营机会,取得竞争优势;同时,避免环境威胁就是避免汽车营销环境中对企业营销不利的影响。如果没有适当的应变措施,则可能导致某个品牌、某种产品甚至整个企业的衰退或被淘汰。1973年,石油输出组织(OPEC),联合起来减少石油供给,制造石油短缺,并使油价上涨。当时的美国汽车企业生产的汽车一般比日本和欧洲的汽车耗油量均大。美国汽车企业在环境发生变化时对

石油输出组织行动所导致的油价上涨缺乏准备,导致汽车销量的严重下降,而日本车因其省油、便宜,成功打入美国市场。

(3)汽车市场营销环境分析使汽车企业经营决策具有科学依据

汽车市场营销经营受到诸多环境因素的制约,是一个复杂的系统,企业的外部环境、内部条件与经营目标的动态平衡,是科学决策的必要条件。企业要通过分析,找出自己的优势和缺陷,发现由此带来的有利条件和不利因素,使企业在汽车营销过程中取得较好的经济效益。20世纪20年代,汽车已不再是富人的专利品,亨利·福特T型已走入家庭,致使大量汽车拥有者对汽车的要求不再仅局限于经济实惠,而是开始追求漂亮的颜色、四轮驱动、减振器、变速器、低压大胎和流线型车体。福特汽车公司只是对T型车进行局部改进;而通用汽车公司通过对汽车市场营销环境的研究分析,转向提供多姿多彩、线条优雅的新型汽车。当通用汽车公司推出新型车雪佛兰时,福特汽车公司的T型车只能黯然退出历史舞台。

根据营销环境中各种力量对企业市场营销的影响,汽车市场营销环境分为宏观环境(macro-environment)和微观环境(micro-environment)两方面:宏观环境间接影响企业营销活动的社会力量,通常指汽车企业面临的政治和法律环境、经济和市场环境、自然和人口环境、文化和科技环境等;微观环境直接影响与制约企业市场营销活动的环境因素,通常指汽车企业本身、竞争者、供应商、营销中介、消费者、社会公众。因此,汽车市场营销环境是一个多因素、多层次而且不断变化的综合体。各因素间相互关系,如图1-1所示。

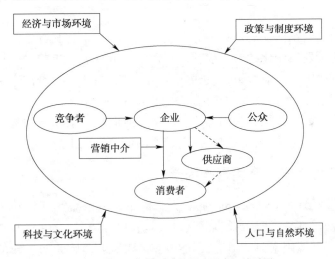

图1-1 汽车市场营销环境影响因素间关系图

3.汽车市场营销环境的特点

(1)差异性

汽车市场营销环境的差异性不仅表现在不同汽车企业受不同环境的影响,而且同样一种环境因素的变化对不同汽车企业的影响也不相同。例如,汽油价格的上升对于生产大排量的汽车企业而言是不利的因素,而对于生产经济型、小排量的汽车企业而言又是个机会。汽车企业为适应营销环境的变化所采取的营销策略也各不相同。例如,不同的国家、地区之间在人口、经济、社会文化、政治、法律、自然地理等各方面存在着广泛的差异性,这些差异性对企业营销活动的影响显然是很不相同的。再如,我国汽车企业虽处于相同的国内经济环境、政治法律环境、技术环境、竞争环境等,但这些环境对不同企业影响的程度是存在着差异的。由于外界环境因素的差异性,汽车企业必须采取不同的营销策略才能应对和适应这种情况。

(2)客观、多变性

企业总是在特定的社会经济和其他外界环境条件下生存、发展的。汽车企业也不例外,汽车企业只要从事市场营销活动,就不可能不面对着这样或那样的环境条件,也不可能不受到各种各样环境因素的影响和制约,包括微观的、宏观的。一般来说,汽车企业是无法摆脱营销环境影响的,它们只能被动地适应营销环境的变化和要求。如消费者消费收入、消费结构的变化等是客观存在的经济环境变化,在一定程度上影响了汽车消费,但这些变化并不是汽车企业可以主导的。因此,汽车企业决策者必须清醒地认识到这一点,要及早做好充分的思想准备,随时应对汽车企业将面临的各种环境的挑战,不断调整营销策略。

(3)相关性

汽车市场营销环境不是由某一个单一的因素决定的,还要受到一系列相关因素的影响。汽车市场营销环境是一个系统,在这个系统中各个影响因素是相互依存、相互作用和相互制约的。例如,汽车企业开发新产品时,不仅要受到经济因素的影响和制约,更要受到社会文化因素的影响和制约。再如,价格不但受市场供求关系的影响,而且还受到科技进步及财政政策、消费者心理等因素的影响。因此,要充分注意各种因素之间的相互作用。

(4)动态性

营销环境是企业营销活动的基础和条件,且总是处在一个不断变化的过程中。汽车市场营销环境是在不断发生变化的。当前的汽车营销环境与十多年前的营销环境相比已经有了很大的变化。例如国家产业政策,过去鼓励汽车消费,而如今随着汽车保有量迅速增长带来的大量的交通拥堵、尾气排放问题,现在一定程度上进行限购、燃油税的更改等均给营销活动带来了决定性的影响。再如我国消费者的消费倾向从追求物质的数量化为主流正在向追求物质的质量及个性化转变,也就是说,消费者的消费心理正趋于成熟。

二、汽车市场营销宏观环境影响因素

汽车市场宏观环境(macro-environment)是指能影响整个微观环境和企业营销活动的广泛性因素,即政策法律环境、经济市场环境、自然与人口环境、社会文化与科技环境。一般地说,汽车企业对宏观环境因素只能适应,不能改变。宏观环境因素对企业的营销活动具有强制性、不确定性和不可控制性等特点。汽车市场宏观环境影响因素如下。

1. 政治法律环境

政治法律环境指对汽车产品的营销活动产生明显影响的政府有关方针、政策与法律制度的总称。国家的汽车政策主要包括汽车产业发展政策、汽车企业政策、汽车产品政策和汽车消费政策4个方面。

(1)汽车产业发展政策

为适应不断完善社会主义市场经济体制的要求以及加入世贸组织后国内外汽车产业发展的新形势,推进汽车产业结构调整和升级,全面提高汽车产业国际竞争力,满足消费者对汽车产品日益增长的需求,促进汽车产业健康发展,特制定汽车产业发展政策。一般来说,国家的汽车产业发展政策可分为促进汽车产业发展的政策和抑制汽车产业发展的政策。了解国家的汽车产业发展政策有利于汽车企业制定适宜的营销方案。

(2)汽车企业政策

汽车工业是国家的支柱产业,重点汽车企业更是国家的栋梁。因此,不管是在西方发达国家,还是在发展中国家,对重点汽车企业都关爱有加,实行优待和保护的政策。如我国推出了优待重点汽车企业的政策。政策规定,凡国家重点汽车企业,可享受许多优惠政策:固定资产投资方向调节税为零税;优先安排其股票和债券的发行与上市;银行在贷款方面给予积极支持;在利用外资计划中优先安排;对经济型轿车、轿车关键零部件的模具、锻造工具,适当安排政策性贷款;企业集团的财务公司,经国家有关部门批准,可以扩大业务范围。

此处所提重点汽车企业或企业集团应当具备的条件及其发展的目标是:年产汽车 30 万辆,年销汽车 20 万辆,开发资金占年销售额的 2.5%,并向年产 60 万辆发展者;年产汽车 15 万辆,年销汽车 10 万辆,开发资金占年销售额的 2.5%,并向 30 万辆发展者;年产汽车 10 万辆,年销汽车 8 万辆,开发资金占年销售额的 2%,并向适度规模发展者;年产客车 0.15 万辆,年销客车 0.1 万辆,开发资金占年销售额的 2%,并向适度规模发展者;轿车关键零部件在同类产品国内市场中的占有率达到了 25% 或者尚属国内空白亟待发展的产品,国家支持其向规模经济目标发展者;摩托车产品,在国内市场的占有率达到了 10% 以上,国家支持其继续扩大产品产量并增加产品品种的企业。

(3)汽车产品政策

现代市场营销学把企业的产品结构划分为宏观结构和微观结构两部分。其中,宏观结构是指一个企业所拥有的产品种类的多少,就汽车而言,则是指货、客、轿 3 种汽车所占的比例;微观结构是指某种产品的整体结构,汽车的微观结构首先表现在汽车的功能方面,而汽车排量则是表现汽车功能的主要指标。为了降低污染,发展小排量汽车已经成为当今世界汽车技术发展的方向。为此,西欧和北美洲都是以提高燃油税的方法,来鼓励消费者积极使用小排量汽车。

(4)汽车消费政策

汽车消费即销售,汽车销售即发展。政府对汽车消费的态度以及相关的消费政策,往往可以更为直接地促进国家汽车工业的发展。一般来说,汽车消费政策可以分为鼓励汽车消费的政策和鼓励汽车更新的政策两种类型。

制定鼓励汽车消费的政策主要目的是对汽车消费的鼓励和支持。如德国不仅是汽车诞生之国,也是汽车生产大国,该国只有 8200 多万人口却拥有 5000 万辆汽车,而且多为轿车。德国之所以能够成为世界上汽车密度最高的国家之一,不但得益于其国民经济的高速发展,而且得益于德国政府制定的刺激汽车消费的政策。

当然,在世界上某些国家或城市也是不鼓励汽车消费的。如德国的吕贝克市是不鼓励汽车消费的,吕贝克市第一个宣布为"无汽车城"的城市;荷兰首都阿姆斯特丹也成为欧洲第一个将汽车逐出首都的城市。

2.经济和市场环境

经济是市场的支撑力量,而市场则是经济的直观表现。所谓市场,对于企业来说,则是指那些现实的或者潜在的消费者群。其中,现实的消费者群是指那些既有购买欲望也有购买能力的人;而潜在的消费者群则是指那些只具有购买欲望而缺乏购买能力,或者只具有购买能力而缺乏购买欲望的人。如果说,消费者的购买欲望可以通过企业的诱导来唤起的话,那么,购买能力则与一个国家或地区国民经济的发展和国民收入的水平有关。

(1)经济环境与汽车营销

经济环境为汽车市场营销提供了可能性。缺乏汽车消费和销售的经济基础,所谓汽车市场营销就只能是空中楼阁。经济环境对汽车市场营销影响较大的因素主要有国民经济的发展水平和国民收入的发展水平两个方面。

①经济发展水平。在经济学研究领域,通常用国民经济的发展阶段以及不同阶段的发展水平来表现国民经济的发展水平。

国民经济的发展阶段与汽车产销。经济学家通过研究认为,国民经济的发展与国民经济的生产总值紧密相关,是一个从量变到质变的过程。

国民经济的发展水平与汽车产销。西方经济学家在衡量某一国家和地区的经济发展水平时,往往从产品销售的角度划分为农产品自给自足阶段、前工业或商业生产阶段、初级制造业生产阶段、非耐用品或半耐用消费品生产阶段、耐用消费品与生产资料生产阶段和出口制成品生产阶段6种类型。在进入耐用消费品与生产资料生产阶段之后,不但人民生活必需的冰箱、彩电等会普及开来,而且价格相对昂贵的汽车也会先后走进我们的生产和生活。毫无疑问,我国的经济发展水平越过了耐用消费品与生产资料生产阶段,正迈步走在出口制成品生产阶段,汽车消费已经日益清晰地成为大众消费的主要目标。

②国民收入水平。国民收入不但是国民经济发展的必然结果,而且是国民经济发展的客观表现。收入影响消费,高收入引起高消费。在我国,汽车更是处在高消费的巅峰。在市场营销学领域,国民收入主要是指消费者的工资、奖金、补贴、福利等以及他们的存款利息、债券利息、股票利息、版权稿酬、专利拍卖、外来赠款、遗产继承等一切可以视之为收入的全部现金收入。但是,消费往往并不能将其全部收入用于消费,而是要首先扣除作为一个公民所必须承担的社会责任和义务。国民收入水平对汽车市场营销的影响主要表现在以下3个方面:

(a)经济收入决定汽车拥有程度。汽车更新的速度与国民收入的水平紧密相关。但是,国家的汽车产业政策和汽车消费政策也是影响汽车更新的重要因素。例如部分低收入国家,国民大多是潜在的汽车消费者,要想将他们的购买欲望转化为购买行为,必须改变他们的价值判断,即提高获益感,降低付出值。为此,不但要对车型和价格进行合理定位,而且要适当延长汽车的使用年限。只要车还符合环保和安全的标准,应当允许它在公路上继续奔驰。美国人的汽车拥有量是每千人800多辆,其他发达国家汽车的平均拥有量是每千人600辆,而中国却是每千人拥有不到100辆,但中国却占了全世界人口的20%多。当中国发展到汽车每千人拥有量接近600辆时,可以想象汽车的需求量是多么庞大的数字。

(b)经济收入决定车型选择。市场营销学家们在谈到大众轿车的车型定位时,曾经提出了一个为社会公认的"购买能力系数"分析理论,该理论认为,只有当轿车的销售价格与人均国民收入之比为1.4左右时,相应型号的轿车才能大规模地进入家庭。

(c)经济收入决定付款方式。发达国家比较重视信用消费,发展中国家比较重视现款消费;对于富有者提倡信用消费,贷款或者分期付款的购车方式比较宽松,对于贫穷者提倡现款消费,贷款或者分期付款的购车方式则相对严格。

(2)市场环境与汽车营销

市场环境对汽车市场营销影响较大的因素主要有汽车市场的发育状况和现在、潜在汽车消费市场的状况。

①汽车市场的发育状况。所谓汽车市场的发育状况,对于汽车生产厂家来说,主要是指目标市场的成熟程度。成熟的汽车市场应该是那些既具有消费欲望,同时也具有消费能力的消费者个体和群体。世界汽车行业以轿车市场的发育为例,认为汽车市场的生产和消费大致要经过5个阶段:生产高薪阶层使用的中高档和中档普及型轿车阶段;生产个体工商业者、自由职业者和高薪阶层使用的普及型和小型轿车阶段;轿车开始走向家庭阶段,小型车起步的比例明显增大;轿车向大型和豪华型发展阶段,小型车明显减少;轿车普及率更高阶段,家庭主妇、学生和老人用车增加,汽车再度趋向小型化。

②现在汽车消费市场。现在汽车消费市场是指那些已经拥有或者可以拥有汽车的消费者群体。这种在理论上存在的统计群体,以具有现实的购买能力为其基本特征。显然,在我国现实的经济条件下,这个消费者群体的市场容量是非常有限的。按照消费者购买汽车的资金来源,我们可以把现在汽车市场划分为公车消费市场和私车消费市场两种类型。

所谓公车消费市场,是指那些只拥有汽车乘坐权,不拥有汽车所有权的消费群体。这种乘坐权与所有权相分离的现象,是世界上不发达国家所特有的现象。乘坐者无能力或者无需购买汽车,但是,为了工作和生活的需要,却又要拥有乘坐的权利,这样只能由国家代为支付购车和维持的费用。但是,如果公车的享用者具有购买和维持汽车的支付能力,或者他已经享受了相应级别的劳动补偿,那就只能是一种特权。只有较高级别的国家公务员以及曾经为相应级别的公务员才能享受公车消费的待遇。一般来说,公车消费市场的容量是相对固定并相当稳定的,增加市场的容量比较困难,企业只有以变换车型或者重新定位的策略来赢得市场。

所谓私车消费市场,是指那些既拥有汽车乘坐权,也拥有汽车所有权的消费群体。

按照消费者购买汽车的购买动机,可以把现在汽车市场划分为生活消费市场和生产消费市场两种类型。

所谓生活消费市场,是指那些以代步为基本特征,将汽车用于生活和工作的消费者群。在西方国家,汽车具有较高的普及率,而且汽车的所有权大多属于个人。

所谓生产消费市场,是指那些以营运为基本特征,将汽车用于生产和盈利的消费者群。用于生产者,主要是一些需要借助汽车的速度特征或者载重功能进行生产的工商企业和农业组织的所有者。

③潜在汽车消费市场。潜在汽车消费市场是指那些还未拥有或者可能拥有汽车的消费者群体。这种在理论上存在的统计群体,以缺乏现实的购买能力为其基本特征。显然,在我国现实的经济条件下,这个消费者群体的市场容量是非常广阔的。可以说,潜在汽车消费市场主要是指私人购买、进入家庭、用于生活并以代步为特征的家用轿车市场。这个市场曾经长期被自行车所占据,后来又被摩托车所代替,将来,毫无疑问地会向家用轿车再转移。有关专家认为,这种以普通国民为销售对象的"汽车纯消费行为在汽车使用中的比重",将逐渐增大。

3. 自然与人口环境

(1) 自然环境与汽车营销

汽车企业营销的自然环境,是指影响汽车企业生产和经营的物质因素,如汽车企业生产需要的物质资料、汽车企业生产汽车产品过程中对自然环境的影响等。自然环境的变化,既可能带来严重的威胁,也可能创造有利的市场营销机会。汽车企业营销人员必须重视自然环境的变化趋势。一般来说,自然环境对汽车营销的影响主要表现在以下几个方面:

①自然资源的减少以及能源成本上涨对汽车企业的生产和销售造成巨大威胁。随着汽车工业的发展,生产消耗的原材料也越来越多,原材料的短缺与生产成本的矛盾就越来越突出。石油能源面临枯竭、铁矿日趋减少,给汽车产业带来严重的威胁和挑战,逼迫很多企业开始研究和生产新能源汽车,如电动汽车、太阳能汽车,同时积极研究各种合成材料代替钢铁,来降低成本,走可持续发展的道路。

②环境污染日益严重。目前,世界环境日益恶化,汽车尾气成为一些大城市的重要空气污染源,占总污染源的50%以上。为了减少汽车对环境造成的污染,各大汽车公司和各国对汽车造成的环境问题采取了一系列的措施,主要包括对汽车排气污染物的种类、生成机理、影响因素、控制技术措施及其对大气环境的危害的研究;制定新的汽车排放标准和试验规范;改进汽车的各种环境保护技术,特别是排气催化净化装置的原理及组成、车载诊断系统的组成、可有效控制柴油机排放的共轨喷油系统以及逆向再生方式的颗粒过滤装置等实用新技术;采用代用燃料汽车、蓄电池电动汽车、混合动力汽车、燃料电池汽车等来代替传统的燃油汽车。

③气候因素。自然气候条件的好坏对汽车的冷却、润滑、起动、充气效率、制动效能、功率的发挥以及对汽车机件的正常工作乃至使用寿命均产生直接的影响,同时对驾驶员的工作条件也有实质性的影响。如别克凯越汽车为在中国大陆上市,其发动机和变速器都经历了严格的本土化试验,证明该车适合气候差异悬殊的中国市场,才最终打上别克品牌。别克凯越先后在温度高达70℃以上的新疆吐鲁番作抗热爆震试验;在海拔4 500m以上的西藏德庆做抗高原动力性试验;在-30℃以下的黑龙江黑河做抗寒冷起动试验等,挑战并征服了恶劣环境的极端考验。因此,汽车企业在市场营销的过程中,应注意当地的气候条件,向市场推出适合当地气候特性的汽车,并做好相应的服务。

④地理因素。地理环境包括某个地区的地形、地貌等地理特征,也涵盖交通运输结构因素。一个地区公路运输的地位和作用,对该地区汽车市场容量以及汽车企业目标市场选择都有很大的影响;反过来,汽车生产企业也应根据不同的目标市场的地理环境,设计和生产适应该地区地理环境的汽车,最大限度地适应和满足消费者的要求。

为了使汽车更好地适应目标市场的地理环境,汽车生产厂家不但要针对地理环境进行设计,而且要针对驾驶环境进行测试。在西方发达国家的某些汽车生产厂家,有时还借助高新技术虚拟驾驶环境为汽车设计取得资料。世界上最大的汽车内部系统制造商之一的约翰逊控制装置公司,曾经投资办了自己的"舒适工程中心"。该中心的核心装置是一台汽车驾驶模拟装置,可以模拟不同条件下的汽车行驶环境,如道路上的景象、声响以及汽车的承受力和减震性等。通过此种研制手段,可以为产品开发人员切身体验怎样把汽车设计得更为舒适提供更好的条件。

⑤交通状况。交通环境是指公路交通在一个国家与地区的作用、各等级公路的里程和比例、公路交通量及紧张程度、公路网布局、主要附属设施状况等;交通状况好的地区更能促进汽车的销售;相反,差的交通状况对汽车销售有一定的制约。如在珠江三角洲、长江三角洲的一些城市,由于交通条件较好,公路多且质量高,在一定程度上带动了汽车的消费,而在交通状况较差的西部地区,汽车的消费明显不足。另一方面,交通状况还会影响到消费的汽车车型,如西部地区,由于交通条件相对较差,更适合使用卡车、SUV、MPV等车型。

在我国,土地利用与交通建设的矛盾越来越突出。汽车的发展要有限度,超过了"度"就会走向其反面;道路建设也要有限度,超过了"度"也会走向其反面。至于解决的方法,前者要着眼于公共交通,后者要着眼于高速公路。公共交通和高速公路的结合,将是现代社会物质文明和精神文明的理想结合。

(2)人口环境与汽车营销

人口是构成市场的基本要素。现代市场营销观念认为,企业必须密切注意自身所处的人的环境变化,因为市场是由那些有购买欲望并且有购买力的人构成的。在一定环境下,人口的多少直接决定着市场的潜在容量。但是,由于企业的市场营销不可能面向所有的人,因此对人口的考察必须是具体地研究人口的动向。这些因素变化都会对市场需求的格局产生影响。从市场营销的角度看,人口数量意味着消费数量,即市场容量和市场潜量;而人口结构,如年龄、性别、职业、地位以及文化程度、经济收入等,即人的个性心理特征和个性心理倾向等,显然意味着消费选择和消费结构。一般来说,人口环境对汽车市场营销的影响主要表现在以下两个方面:

①消费者的年龄结构。在传统观念里,汽车只是青年的大玩具。如果以此定位,汽车市场的容量显然非常有限。为了扩大市场容量,汽车生产厂家必须将目标市场向前和向后延伸。向前延伸的基本含义是占领少年汽车市场,生产出符合少年消费者需要的汽车。德国宝马汽车公司就曾经为小驾驶员设计并生产出了第三款"婴儿赛车"。该车型通体白色,点缀着黑色斑点,状如小狗,非常可爱。汽车虽然只是儿童用车,却仍然具有典型的宝马特征。肾形格栅、双圆形前灯并拥有宝马的品牌标志。一经推出,就受到了广大儿童消费者的欢迎。向后延伸的基本含义是占领老年汽车市场,生产出符合老年消费者需要的汽车。美国福特汽车公司率先推出了"福特老人"系列轿车。该类汽车是专门为老年人设计的。考虑到老年人大多腿脚不便、反应迟钝的特点,"福特老人"们不但车门较宽、门槛较低,而且特别配备了助动型驾驶座、放大的仪表盘和后视镜、按钮刹车以及自动锁车系统等以方便老人出入。当然,汽车价格也较正常价格低,以照顾退休老人收入有所降低的特点。

②消费者的性别结构。随着职业女性的增加和经济地位的提高以及其自立、自主意识的增强,已经有越来越多的女性,特别是西方国家的女性,成为现实的或者潜在的汽车消费者。在德国,57%的女性拥有自己的汽车,而且她们还希望与男性平分秋色,要求拥有专为女性生产的汽车。为此,妇女组织还以性别歧视为由,向政府递交了一份抗议书。在美国,女性消费者不但占据了汽车销售额的49%,而且影响着80%以上的购车决定。显然,女性已经成为汽车消费市场中一支举足轻重的力量。在我国,汽车拥有者女性占51.4%,高于男性。为此,汽车厂家和商家都开始将注意力转向女性消费者。一些著名汽车企业还专门聘请女性来担任企业的董事、经理和设计师等以顾及女性消费者的需要。

4. 社会文化和科技环境

(1) 社会文化与汽车营销

社会文化环境指一个国家、地区或民族的传统文化。市场营销学中所说的社会文化因素，一般指在一种社会形态下已经形成的信息、价值、观念、宗教信仰、道德规范、审美观念以及世代相传的风俗习惯等被社会所公认的各种行为规范。社会文化作为人们一种适合本民族、本地区、本阶层的是非观念强烈影响着消费者的购买行为，使生活在同一社会文化范围内的各成员的个性具有相同的方面，它是购买行为的习惯性和相对稳定性的重要特点。

汽车企业的市场营销人员应分析、研究和了解社会文化环境，以针对不同的文化环境制定不同的汽车营销策略。如1960年前，人们在经过二战后，心理比较庄重、严肃，汽车颜色多以深色为主（如黑色）。后来，由于日本汽车工业的崛起，追求自由自在的生活成为时尚，汽车流行色变得以轻快、明亮为主（日本人喜欢白色）。就汽车而言，虽然它只是一种具体的文化形态，但是，在它身上所表现出来的整体文化积淀，往往比其他产品更为强烈，具有鲜明的个性特征。美国人的奔放、日本人的精细、欧洲人的贵族遗风和中国人对权威的崇拜等，都会在消费的汽车产品上有所体现。因此，汽车的市场营销必须顾及市场细分和目标市场的文化环境，从而提高产品、定价、分销和促销策略的针对性。再如日本本田汽车公司，是日本汽车的后起之秀。该公司之所以成功，与他们所奉行的"本土化策略"分不开，即以文化的高度适应性来开拓市场。在他们进入美国市场的时候，并不是向美国人推销自己的产品，而是在美国本土建立研制和开发据点，致力于生产和销售符合美国人需要的汽车，从而取得了很大的成功。

此外，我国各地区之间在收入、文化、消费习惯等方面存在巨大差别，以前可选择的车型少，不同地区的消费者购车行为存在"趋同效应"，但现在他们对车型的喜好、对价格的敏感度、对品牌的认知度都出现了分化。例如，广东消费者偏爱日本车，中高档轿车的需求量较大；成都消费者喜爱经济型轿车；而在北京，几乎什么品牌的轿车都卖得掉。汽车消费文化的区域化特征，给汽车厂家的市场研究工作提出了更高的要求。一般来说，文化环境对汽车市场营销的影响主要表现在以下几个方面：

① 社会文化环境影响人们对汽车的态度。人们对待汽车的态度无疑与经济因素有关，但是，人们对待汽车的态度却不是由经济因素单独决定的。在相当多的情况下，文化环境往往更为强烈地影响着人们对待汽车的态度。许多国家和民族将汽车视为代步的工具，而美国则把汽车视为须臾不可离开的伴侣。有人说"美国是绑在汽车轮子上的国家"，也有人说"美国是汽车上的游牧民族"，生前与汽车相伴，死后与汽车同穴。相当多的人认为，汽车是美国人在居室和办公室之外第三个活动空间。一位美国作家在分析这种现象时指出，美国是一个自由奔放的民族，驾车兜风带来的畅快感觉，是其他任何物质的或者精神的东西都不能代替的。

② 文化环境影响人们对汽车品牌的选择。不同的文化环境下，人们对汽车品牌的理解是不同的。在西方发达国家，作为代步工具的汽车被称之为"乘用车"，作为运载工具的汽车被称之为"商用车"。但是，在中国人眼里，作为代步工具的东西就成了"轿车"。显然，轿车是由轿子派生而来，是与身份和权势密切相关的。这种文化传统根深蒂固，强烈地影响了桑塔纳和富康两轿车的命运。桑塔纳有"轿"，威风凛凛，尽管在国际市场上已经淡出，却在中

国轿车市场上独领风骚;富康车无"尾",小巧玲珑,尽管在国际市场上领先一步,却在中国轿车市场上知音难觅。只是后来添了尾巴,而且将"东风"改为"神龙",将"富康"改为"神龙富康"既得天助,又送吉祥,才渐渐引起了国人的青睐。

其实,文化环境不但影响人们对汽车品牌的选择,而且影响人们对汽车产地的选择。中国人酷爱"洋车",但收入颇丰的韩国人对洋车却不买账。大街上车流如涌,无论是小汽车和大卡车,清一色都是国产的现代、大宇、起亚。

文化环境还影响着人们的价值判断。不同的价值判断往往左右着人们对汽车结构,如功能、造型、品牌、商标的选择。中国人好面子,心目中的坐骑多为轿车。美国人重实用,反倒使皮卡和廉价车盛行起来。

③文化环境影响汽车的消费方式。在经济非常发达的西欧国家,现在却流行着"共享汽车"的时尚。毕竟,对上班族来说,除非你是一个需要在大街上来来往往的人,一个人全天候使用一辆汽车的时间基本是不存在的。闲着也是闲着,从价值工程的角度看,这是很不划算的。与其如此,何不汽车共用、费用共担呢。最先开展汽车共享业务的大型汽车厂商是德国戴姆勒公司,该公司从2009年起,利用小型车"Smart",开展了可异地还车的按需型汽车共享业务"Car2Go"。如今不仅是在德国国内主要城市,还开始在欧洲其他地区及美国开展业务。德国宝马公司也从2011年4月开始,开展了按需型汽车共享业务"DriveNow",以德国首都柏林及慕尼黑等大城市为中心,共运行了1000多辆车。德国最大的汽车厂商大众公司也从2011年11月开始,在汉诺威市实施设定租车站点的汽车共享项目"Quicar",成功进入了汽车共享市场。

④文化环境影响汽车的消费流行。消费流行是一种消费者在某一阶段共同追求某一事物的社会心理现象。它按照循环反应的刺激方式发展,并具有新奇和奢侈的特点。这种追求时髦的现象,有时还可以具有强烈的情绪色彩,大家互相攀比、人人趋之若鹜,这便是所谓的消费流行。消费流行集社会促进、社会规范和社会从众于一身,往往具有强大的制约力量。消费流行不但可以影响和改变一个人的行为模式,而且可以影响和改变一个人的审美观念,造成对企业的市场营销有利或者有害的结果。如21世纪初,世界发达国家流行着一股"复古风"。这种"复古风"在汽车消费上同样表现了出来。只是这种"复古车"并非倒退,外表虽然古典,内心却已摩登。德国大众汽车公司开风气之先,将现代高科技装进传统"甲壳虫"里,一经面市,就在全世界同行里引起一片喧嚷,并在欧美掀起一场不大不小的"甲壳虫"热。著名的保时捷和劳斯莱斯等汽车公司也紧随时其后,返璞归真、精雕细刻,延续着其古董般的汽车造型,吸引着好古者们的视线和钱袋。这种复古风由西向东吹来,在日本也引起了一股怀旧浪潮。

在同一个国家和地区中,民族、种族、民俗、民风、宗教、地域、职业、地位等多种因素的影响,也会使人们的价值观念和消费习惯表现出多样性的特征。其中任何一个具有共同特征的社会群体,我们都称之为亚文化群。不同亚文化群的消费者,其生活方式、消费习惯以及爱好和禁忌也各不相同。企业只有既了解大文化群的特点,也了解亚文化群的特点,才能真正做到投其所好、所向披靡。

就地域和地区而言,美国一家汽车咨询公司曾经对日本、中国台湾、中国香港、泰国、新加坡和马来西亚的驾车者进行一次民意调查,结果发现,亚洲的有车族们对汽车的看法有着惊人的相似之处。如知名度最高的是丰田、美誉度最佳的是奔驰、价格安全都看重、拥有汽车是资格象征等。为了符合亚洲人的心理需要,世界各大汽车公司纷纷推出了自己的"亚洲车"。

就民族和种族而言,有人曾以《汽车与民族个性》为题发表议论说,美国人霸气、英国人保守、德国人严谨、法国人新潮、瑞典人朴实、日本人善变。这种观点虽然有失偏颇,但是,以人看车,总还是有较高程度的相关。

汽车文化是一面镜子,它可以忠实地反映一个国家的特性,形成汽车史上的"三大派系"。如德国车的严谨、法国车的浪漫和人性化、英国车的高贵,日本车的精明,这些不同车系所具有的特殊文化气质在消费者心中早已形成了鲜明的差异化形象和产品定位。一定程度上来说,汽车文化的内涵对消费者的影响力度,在一定程度上要比厂商研发新车型的力度大得多。

(2)科技环境与汽车营销

科学技术环境指一个国家和地区整体科技水平的现状及其变化。众所周知,人类历史上经历了4次科技革命。第一次以蒸汽机技术为标志,第二次以电气技术为标志,第三次以电子技术为标志,第四次是以新能源、新材料为标志的绿色科技革命。现代科学技术是社会生产力中最活跃和决定性的因素,它作为重要的营销环境因素,不仅直接影响企业内部的生产和经营,而且还同时与其他环境因素相互依赖、相互作用,影响企业的营销活动。

科技环境对企业营销活动产生的影响有:

①科学技术的发展直接影响企业的经济活动。在现代,生产率水平的提高,主要依靠设备的技术开发(包括原有设备的革新,改装以及设计、研制效率更高的现代化设备),创造新的生产工艺、新的生产流程。同时,技术开发也扩大和提高了劳动对象的利用广度和深度,不断创造新的原材料和能源。这些不可避免地影响到企业的管理程序和市场营销活动。科学技术既为市场营销提供了科学理论和方法,又为市场营销提供了物质手段。

②科学技术的发展和应用影响企业的营销决策。科学技术的发展,使得每天都有新品种、新款式、新功能、新材料的商品在市场上推出。因此,科学技术进步所产生的效果,往往借助消费者和市场环境的变化而间接影响企业市场营销活动的组织。营销人员在进行决策时,必须考虑科技环境带来的影响。

③科学技术的发明和应用,可以造就一些新的行业、新的市场,同时又使一些旧的行业与市场走向衰落。如太阳能、核能等技术的发明应用,使得传统的水力和火力发电受到冲击。太阳能、核能行业的兴起,必然给掌握这些技术的企业带来新的机会,又给水力、火力发电行业带来较大的威胁。伴随着科学技术的进步,新行业替代、排挤旧行业,这对新行业技术拥有者是机会,但对旧行业却是威胁。

④科学技术的发展,使得产品更新换代速度加快,产品的市场寿命缩短。科学技术突飞猛进,新原理、新工艺、新材料等不断涌现,使得刚刚炙手可热的技术和产品转瞬间成过时产品。这种情况下,要求企业不断地进行技术革新,赶上技术进步的浪潮。否则,企业的产品跟不上更新换代的步伐,跟不上技术发展和消费需求的变化,就会被市场无情地淘汰。

⑤科学技术的进步,将会使人们的生活方式、消费模式和消费需求结构发生深刻的变化。科学技术是一种"创造性的毁灭力量"。一种新技术的应用,必然导致新的产业部门和新的市场出现,使消费对象的品种不断增加,范围不断扩大,消费结构发生变化。如在美国,

汽车工业的迅速发展,使美国成了一个"装在车轮上的国家",现代美国人的生活方式,无时无刻不依赖于汽车。再如,计算机及计算机网络的发明,打破了地域的界限,促使经济全球化。这些生活方式的变革,如果能被企业深刻认识到,主动采取与之相适应的营销策略,就较易能获得成功。

⑥科学技术的发展为提高营销效率提供了更新更好的物质条件。如新的交通运输工具的发明或旧的运输工具的技术改进,使运输的效率大大提高;信息、通信设备的改善,更便于企业组织营销,提高营销效率。现代商业中自动售货、邮购、电话订货、电视购物等方式的发展,既满足了消费者的要求,又使企业的营销效率更高。

科技环境对汽车市场营销的影响有:

①对汽车性能的影响。进入20世纪以后,科学技术的发展对汽车性能的改进起到了巨大的推动作用,从而不断地提高了汽车的安全性、舒适性、操控性,最大限度地满足了汽车消费者的要求,推动了汽车的消费。这些技术主要表现在汽车导航系统的运用;汽车电子技术的飞速发展,其运用领域包括自动变速系统、无级变速系统、雷达测距系统、指纹防盗系统等;汽车安全系统的升级,如ABS、EBD、ESP、安全气囊的运用,提高了汽车的安全性;电脑技术在汽车上的广泛运用,使汽车的发展进入了新的里程碑。

②对汽车材料的影响。传统的汽车材料多用钢材,而现在和未来的汽车将会更多地采用塑料、橡胶、玻璃、陶瓷等材料或者合成材料(如铝镁合金、铝碳合金、碳素纤维等)制成,以达到重量轻、耐磨损、抗撞击、寿命长、故障少、成本低的特点。目前,这种"非钢化"的趋势不但越来越明显,而且出现了越来越强的势头,它将对汽车工业的发展带来新的活力。

③对汽车销售的影响。传统的汽车销售是从直接销售开始的。先是产销合一,再是店铺直销。直接销售渠道虽然越来越接近消费者,但是,随着生产规模和销售任务的日益扩大,间接渠道的销售方法还是开始出现,经过销售商和代理商来销售汽车,起到了广泛的分销作用,目前,4S店的销售方式成了汽车销售的主要方式。随着网络技术的发展,网络营销又将成为汽车销售的新途径。

总之,科学技术的进步和发展,必将给社会经济、政治、军事以及社会生活等各个方面带来深刻的变化,这些变化也必将深刻地影响企业的营销活动。给企业造成有利或不利的影响,甚至关系到企业的生存和发展。因此,汽车企业应该特别重视科学技术这一重要的环境因素对企业营销活动的影响,以使企业能够抓住机会,避免风险,求得生存和发展。随着先进的传感技术、计算机技术、环保轻质材料等科学技术在汽车上的应用,汽车正朝着更加智能化、轻量化方向发展。

三、汽车营销微观环境影响因素

汽车企业不仅要关注汽车市场营销宏观环境的变化,而且要了解汽车市场营销活动的所有微观环境因素,这些因素影响汽车市场营销目标的实现。汽车市场营销决策的微观环境是指与汽车企业营销决策活动紧密联系,能够直接影响汽车企业为目标市场提供服务能力的各种因素。

汽车营销微观环境主要包括汽车企业本身内部环境即汽车企业本身内部各职能部门、汽车企业的供应商、营销中介、汽车企业的消费者、竞争者、社会公众等方面因素。这些环境因素往往与企业的具体营销活动有直接的密切关系。微观市场营销环境虽然与宏观市场营销环境一样都是企业影响因素的集合,但它与宏观市场营销环境是有区别的:第一,微观市场营销环境比宏观市场营销环境对汽车企业市场营销的影响更为直接;第二,微观市场营销环境中的一些因素在汽车企业经过努力后可以程度不同地加以控制。把市场营销环境分为宏观环境和微观环境,有利于掌握两类不同环境对市场营销的作用程度。汽车市场营销微观环境的主要影响因素有:

1. 汽车企业本身内部环境

汽车市场营销微观环境的一个重要因素是汽车生产企业内部的环境状况。汽车生产企业的市场营销并不是孤立的,它面对着许多职能部门,如高层管理、财务、研发、采购、制造等部门。这些部门、各管理层次之间的分工是否科学、协作是否和谐、目标是否一致、配合是否默契,都会影响营销管理的决策和营销方案的实施。企业管理者的管理能力、企业资源状况、企业的投资方式以及经营能力等内部因素都在很大程度上影响着汽车的市场营销。汽车企业本身内部环境的净化和优化,是汽车企业成功的关键因素之一。如美国第一大汽车公司通用汽车公司在经历了1920—1921年最严厉的经济危机后,被称为汽车企业"管理之父"的斯隆上任通用公司总经理,实施了一系列改革措施如:政策制定和行政管理的分开;分散经营与协调控制相结合;提倡"分期付款、旧车折旧、年年换代、密封车身"等,使通用汽车公司立于不败地位。

2. 供应商

供应商是指企业生产经营所需资源的提供者,包括企业或个人。供应商供应的原材料价格的高低和交货是否及时、数量是否充足等,都会在一定程度上影响汽车产品的成本、售价、利润和交货期。供应商应该有较强的供应能力,一定的价格优势和质量可靠的产品等。

从营销角度分析,处理与供应商的关系主要有两种方式:一是采用复数原则,分别从多家供应商那里采购原材料和零配件,避免对某一家供应商过分依赖,从而运用采购数量调控,对供应商施加影响,以保证采购物品质量稳定和交货及时;二是通过技术纽带、技术标准,尽量把供应商、生产、技术体系纳入公司控制范围,建立稳定长期的合作关系。供应商过少,汽车产品在供应过程中容易发生垄断现象,产生弊端和不利;但供应商过多则采购量分散,采购价格没有优势,且订单处理程序复杂,流通费用过高,同样不利。供应链管理成为关系企业生存和发展的关键,而供应商评估则是做好供应链管理,使供应链的合作关系正常运行的基础和前提条件。汽车企业应该认真地研究和分析供应商的情况,有效的、多方位的供应渠道是企业节约成本实现交易的重要前提。因此,应与供应商们建立良好的业务关系是市场竞争的关键因素之一。

3. 营销中介

营销中介机构是指企业将产品销售给最终用户的过程中,协助企业促销、销售和经销的各类组织和机构,包括中间商、物流公司、营销服务机构和金融机构等。中间商在企业的营销活动中扮演着重要的角色,它帮助企业寻找顾客并直接与顾客进行交易,从而实现产品向最终用户的转移。中间商又分为商人中间商和代理中间商。商人中间商拥有汽车的所有权,他们将汽车转卖给其他中间商或者消费者,从差价中获得利润;代理中间商没有汽车所有权,仅实现汽车生产厂商代理汽车销售业务,收取佣金。企业应该保持与中间商的良好关系,互相协调。物流公司是协助企业把货物从产地运送到目的地的经济实体。其基本功能是调节汽车生产与消费之间的空间矛盾。汽车企业要通过综合考虑成本、运输方式、速度及安全性等因素来决定运输和存储商品的最佳方式。营销服务机构是指调研公司、营销咨询公司、广告公司以及各种广告媒体,这些机构协助企业选择目标市场,推销汽车产品。金融中介机构包括银行、信贷公司、保险公司等,它们能够为汽车交易提供金融支持或在货物买卖中承担风险,对汽车企业的市场营销起到很重要的作用。

选择中间商并与之合作,并非是一件简单的事情。企业为了使自己的产品更加接近消费者,往往希望对中间商拥有较强的影响和控制力,一个实力较强的大企业面对众多的小中间商,它可以对中间商拥有控制力。然而,实力弱的企业却难以影响大中间商,甚至反过来会受制于中间商。例如在瑞士,全部食品销售的70%集中在合作联社和消费合作社两大中间商手里,这些中间商拥有巨大的力量及左右制造商的条件,甚至可以将某些制造商排斥出市场。因此企业必须对各种可选择的渠道模式结构及其成员状况作好调查、分析,以选择经济有效的方式与途径进入市场。

4. 消费者

消费者是指汽车企业为之服务的目标市场的对象,是汽车产品的购买者、使用者,包括个人、家庭、组织机构、政府部门等。汽车企业营销活动是以满足顾客需要为中心的,并通过消费者对本企业的汽车产品或服务取得补偿和利润。因此,消费者是汽车企业最重要的环境因素。按照购买动机和类别,消费者市场可以分为消费者市场、生产者市场、中间商市场、政府市场以及国际市场5种类型,每个市场都具有不同的销售特点,应认真地加以分析区别。

①消费者市场。消费者市场是指满足个人和家庭消费需要而购买商品和服务的市场。消费品是社会最终产品,它不需要经过生产企业再生产和加工,便可供人们直接消费。消费品市场广阔,购买人数多而分散,这些人的年龄、性别、民族、文化程度、地理区域、传统习惯、收入、心理动机等各不相同,对消费品的需求千差万别,消费品供应具有广泛性和复杂性。汽车作为一种耐用品,因为价格较高,人们的购买力成为影响其销售的主要因素。同时,它与人们的收入水平直接相关,也受收入分配结果的制约。

②生产者市场。生产者市场指组织机构作为再生产的投入而购买商品和服务的市场。生产者市场具有购买者数量较少规模较大、生产者市场的需求波动性较大、生产者市场的需求一般都缺乏弹性等特点。它对于国民经济的发展具有重要的作用。

在消费者市场上,购买者是个人和家庭,购买者数量很大,但规模较小。而生产者市场上的购买者,绝大多数都是企事业单位,购买的目的是为了满足其一定规模生产经营活动的需要,因而购买者的数量很少,但购买规模很大。

消费者市场需求的少量增加与减少,会导致生产者市场需求较大幅度的增加和减少;生产者市场的需求较容易受各种环境因素(尤其是宏观环境因素)的影响,且生产者市场内部的各种需求之间具有很强的连带性和相关性,因而消费需求易产生较大的波动。

在生产者市场上,因生产者不能在短期内明显改变其生产工艺,所以生产者市场的需求在短期内尤其缺乏弹性。如,汽车企业不能因钢材的涨价而选择不用,也不能完全用其他材料来代替。此外,生产者市场的需求是由消费者市场需求派生和引申出来的。例如,消费者对汽车产品的需求,引申汽车厂对汽车生产资料的需求。这种派生的需求引起的生产资料价格变动不会对产品的销量产生大的影响。如汽车产品通常是由成千上万的零件组成,如果某种零件的价值很低,这种零件的成本在整个产品的成本中所占比重很小,即使其价格变动,对产品的价格也不会有太大影响,因此对这些零件的需求也缺乏弹性。

③中间商市场。中间商市场是通过转售赚取进、销的差价,而购买商品和服务的市场。中间商购买属批量购买,购买目的是转手买卖,贱买贵卖,以"好卖"作为主要的购买决策标准。虽然中间商关心商品的质量与款式,但他们对购买价格更敏感。

中间商市场的需求受价格因素影响极大,购买价格的高低往往直接影响最终消费者的购买量,从而影响中间商的购买量;由于中间商往往财力有限,无力对所有产品进行推广,因此常常需要生产厂家协助其做产品推广,帮助其销售;且对产品技术不擅长,通常需要供应商协助其为最终消费者提供技术服务、产品维修服务和退货服务;技术复杂、知识含量大的产品需要供应商提供培训专业推销员的服务。

中间商对选购时间要求苛刻,对市场变化反应更加灵敏;中间商市场的需求应该与消费者需求的时间保持某种一致性(不一定完全同步),以抓住市场机会,满足消费者购买的需要。因此,中间商一旦发出订单,就要求尽快到货,以避免库存积压和失去时效。因此,营销人员应视其购买或销售的业绩给予恰当的回报。

中间商在整体市场中的分布状态较生产者分散,但比最终消费者集中。更值得注意的是,中间商及其类型的地域分布很有规律,而中间商与中间商之间彼此又构成竞争关系。因此,供应商寻找中间商是比较容易的,营销人员应注意中间商经营商品的搭配。

④政府市场。政府市场是指那些为执行政府的主要职能而采购或租用汽车产品的各级政府单位。政府市场上的购买者是政府的采购机构。政府市场是一个庞大的市场。政府采购市场是指因政府消费而形成的一个特殊市场,是国内市场的一个重要组成部分。政府采购市场的规模为政府财政支出中政府消费和政府投资的总和,在许多国家里,政府组织是商品和服务的主要购买者。在美国,政府市场由各种为执行政府的主要职能而采购或租用商品的联邦、州以及地方的政府单位组成。政府采购通常占一个国家或地区年度 GDP 的 10%以上,发展中国家规模还要大一些,一般为 20%～30%。政府采购市场不同于民间市场,有特定的采购主体,采购资金为政府财政性资金,采购的目的是为履行政府管理职能提供消费品或为社会提供公共品,没有营利动机,不具有商业性。由于在这个市场里,采购资金主要来自国家预算资金(纳税人缴纳的税金),按照财政收入取之于民、用之于民的原则,政府采购活动必须公开、公正、公平地开展,将政府采购形成的商业机会公平地给予每一个纳税人(包括供应商),不得采取歧视性措施,剥夺他们应有的权利。

⑤国际市场。国际市场是指国外购买组织和个人,包括国外消费者、生产者、中间商和政府等。通常意义上讲国际市场是商品交换在空间范围上扩展的产物,它表明商品交换关系突破了一国的界限。国际市场又是不同的文明、文化在时间、空间上交织而成的多维概念。从时间上看,国际市场是一个历史的概念,有其萌芽、形成和发展的过程;从空间上看,国际市场是一个地理的概念,它总是相对于某一个具体范围内的市场而言,即探讨商品交换、劳务交换和资源配置在一定范围内的特征。

5. 竞争者

企业在其目标市场进行营销活动的过程中,总会遇到竞争者的挑战和影响。竞争是商

品经济的基本特征,只要存在着商品生产和商品交换,就必然存在着竞争。从顾客的角度来看,企业在营销活动中面临以下4种类型的竞争对手:

①欲望竞争者。欲望竞争者指提供不同产品满足不同需要的竞争者。比如,对一个汽车制造商说,在消费者收入有限的情况下,顾客在同一时限如果购买汽车就可能放弃购买住宅,如果购买住宅就可能放弃购买汽车,那么住宅开发商就是汽车制造厂家的欲望竞争者。

②类别竞争者。类别竞争者指提供能够满足同一种需要的不同产品的竞争者。仍用上一个例子,电动自行车、摩托车、小轿车同为交通工具,都能满足家庭(个人)以车代步的需要,这三种产品之间存在一种平行竞争关系,对于汽车制造商来说,生产电动自行车和摩托车的企业便是类别竞争者。

③产品形式竞争者。产品形式竞争者指生产同种产品但提供不同规格、型号、款式以满足相同需求的竞争者。如同为汽车制造商,有的企业生产高档轿车,像奔驰;有的企业生产中档轿车,像凯越;有的企业生产经济型轿车,像捷达。虽然都生产轿车,但是不同层次轿车之间在排量、配置、尺寸等方面却不相同,这些厂商之间便互为产品形式竞争者。

④品牌竞争者。品牌竞争者指产品相同,规格、型号等也相同,但品牌不同的竞争者。比如,在中档轿车市场中,排量、尺寸、油耗、内置都基本相同的轿车有凯越、伊兰特、福美来等不同品牌,它们之间相互形成品牌竞争者的关系。再如中国的中高级轿车市场中,生产帕萨特轿车的上海大众与生产雅阁轿车的广州本田应该说就是互为品牌竞争者。

汽车企业在分析竞争对手时,要注意以下几个关键问题:

①辨别竞争者。企业参与市场竞争,不仅要了解谁是自己的顾客,而且还要弄清谁是自己的竞争对手。从表面上看,识别竞争者是一项非常简单的工作,但是,由于需求的复杂性、层次性、易变性,技术的快速发展和演进、产业的发展使得市场竞争中的企业面临复杂的竞争形势,一个企业可能会被新出现的竞争对手打败,或者由于新技术的出现和需求的变化而被淘汰。企业必须密切关注竞争环境的变化,了解自己的竞争地位及彼此的优劣势,只有知己知彼,方能百战不殆。依据划分角度的不同,竞争者有不同的类型。如从市场方面看,企业的竞争者有品牌竞争者、行业竞争者、需要竞争者、消费竞争者4类;从企业所处的竞争地位来看,竞争者的类型有市场领导者、市场挑战者、市场追随者、市场补缺者4类。因此,企业应从不同的角度,识别自己的竞争对手,关注竞争形势的变化,以更好地适应和赢得竞争。

②确认竞争者的经营战略。各企业采取的战略越相似,他们之间的竞争就越激烈。根据汽车企业所采取的主要战略不同,可将竞争者划分为不同的战略群体。根据战略群体的划分,可以归纳出两点:一是进入各个战略群体的难易程度不同。一般小型企业适于进入投资和声誉都较低的群体,因为这类群体较易打入;而实力雄厚的大型企业则可考虑进入竞争性强的群体。二是当汽车企业决定进入某一战略群体时,首先要明确谁是主要的竞争对手,然后决定自己的竞争战略。

除了在统一战略群体内存在激烈竞争外,在不同战略群体之间也存在竞争。因为:某些战略群体可能具有相同的目标客户;顾客可能分不清不同战略群体的产品的区别,如分不清高档货和中档货的区别;属于某个战略群体的汽车企业可能改变战略,进入另一个战略群体,如生产高中档汽车的通用汽车公司也能开发低档经济型轿车。

③研究竞争者的资源状况和优劣势所在。在市场竞争中,企业需要分析竞争者的优势

与劣势,做到知己知彼,才能有针对性地制定正确的市场竞争战略,以避其锋芒、攻其弱点、出其不意,利用竞争者的劣势来争取市场竞争的优势,从而来实行企业营销目标。竞争者优劣势分析的内容有:

(a)产品。竞争企业产品在市场上的地位;产品的适销性;以及产品系列的宽度与深度。

(b)销售渠道。竞争企业销售渠道的广度与深度;销售渠道的效率与实力;销售渠道的服务能力。

(c)市场营销。竞争企业市场营销组合的水平;市场调研与新产品开发的能力;销售队伍的培训与技能。

(d)生产与经营。竞争企业的生产规模与生产成本水平;设施与设备的技术先进性与灵活性;专利与专有技术;生产能力的扩展;质量控制与成本控制;区位优势;员工状况;原材料的来源与成本;纵向整合程度。

(e)研发能力。竞争企业内部在产品、工艺、基础研究、仿制等方面所具有的研究与开发能力;研究与开发人员的创造性、可靠性、简化能力等方面的素质与技能。

(f)资金实力。竞争企业的资金结构;筹资能力;现金流量;资信度;财务比率;财务管理能力。

(g)组织。竞争企业组织成员价值观的一致性与目标的明确性;组织结构与企业策略的一致性;组织结构与信息传递的有效性;组织对环境因素变化的适应性与反应程度;组织成员的素质。

(h)管理能力。竞争企业管理者的领导素质与激励能力;协调能力;管理者的专业知识;管理决策的灵活性、适应性、前瞻性。

④判断竞争者的反应模式。不同的竞争者对市场或企业竞争措施给予不同的反应模式。

反应模式有:

(a)迟钝型。某些竞争企业自身在资金、规模、技术等方面的能力的限制,对市场竞争措施的反应不强烈,行动迟缓;或竞争者对自己的竞争力过于自信,不屑于采取反应行为;还可能是因为竞争者对市场竞争措施重视不够,未能及时捕捉到市场竞争变化的信息。此些反应均属迟钝型反应模式。

(b)选择型。某些竞争企业对不同的市场竞争措施的反应是有区别的。例如,大多数竞争企业对降价这样的价格竞争措施总是反应敏锐,倾向于作出强烈的反应,力求在第一时间采取报复措施进行反击,而对改善服务、增加广告、改进产品、强化促销等非价格竞争措施则不大在意,认为不构成对自己的直接威胁。

(c)强烈反应型。竞争企业对市场竞争因素的变化十分敏感,一旦受到来自竞争挑战就会迅速地作出强烈的市场反应,进行激烈的报复和反击,势必将挑战自己的竞争者置于死地而后快。这种报复措施往往是全面的、致命的,甚至是不计后果的,不达目的决不罢休。

(d)不规则型。竞争企业对市场竞争所作出的反应通常是随机的,往往不按规则出牌,使人感到不可捉摸。例如,不规则型竞争者在某些时候可能会对市场竞争的变化作出反应,也可能不作出反应;他们既可能迅速作出反应,也可能反应迟缓;其反应既可能是剧烈的,也可能是柔和的。

6. 社会公众

社会公众是指对汽车企业市场营销目标的实现构成实际或潜在影响的一切社会团体和个人。汽车企业周围的公众一般包括媒介公众、融资公众、政府公众、群众公众、社会组织、一般公众及内部公众。

(1) 媒介公众。主要指报社、杂志社、广播电台、电视台、出版社等大众传播媒体。

(2) 融资公众。影响公司融资的财务机构,包括银行、投资公司、保险公司、信托公司、租赁公司、证券公司等。

(3) 政府公众。指政府有关的部门,如工商、税务、法律等。

(4) 群众公众。包括消费者组织、环境保护组织和其他有关的群众团体。

(5) 社会组织。是指企业所在地区附近的居民和社区组织。

(6) 一般公众。以上公众以外的其他公众。企业不能轻视一般公众,因为一般公众不但有可能是企业产品或服务的潜在购买者,也可能是企业潜在的投资者,比如通过购买企业股票而向企业投资。

(7) 内部公众。指企业内部的所有工作人员。

思考题

1. 如何理解市场的概念?
2. 汽车市场宏观营销影响因素有哪些?
3. 汽车市场微观营销影响因素有哪些?

第二章 汽车营销基础

第一节 市场营销理论

一、"4P"理论

1. "4P"理论内容

"4P"理论是一种营销理论,即 Product、Price、Place、Promotion 取其开头字母。中文意思为,产品、价格、渠道、促销。

(1) 产品(Product)

从市场营销的角度来看,产品是指能够提供给市场被人们使用和消费并满足人们某种需要的任何东西,包括有形产品、服务、人员、组织、观念或它们的组合。

(2) 价格(Price)

是指顾客购买产品时的价格,包括折扣、支付期限等。价格或价格决策,关系到企业的利润、成本补偿,以及是否有利于产品销售、促销等问题。影响定价的主要因素有 3 个:需求、成本、竞争。

最高价格取决于市场需求,最低价格取决于该产品的成本费用,在最高价格和最低价格的幅度内,企业能把这种产品价格定多高则取决于竞争者同种产品的价格。

(3) 渠道(Place)

所谓销售渠道是指在商品从生产企业流转到消费者手上的全过程中所经历的各个环节和推动力量之和。

(4) 促销(Promotion)

促销是公司或机构用以向目标市场通报自己的产品、服务、形象和理念,说服和提醒他们对公司产品和机构本身信任、支持和注意的任何沟通形式。广告、销售促进、人员推销、公共关系是一个机构促销组合的四大要素。

2. "4Ps"理论

由于社会的发展,"4P"理论逐渐发展为"4Ps"理论。"4Ps"营销理论实际上是从管理决策的角度来研究市场营销问题。从管理决策的角度看,影响企业市场营销活动的各种因素(变数)可以分为两大类:一是企业不可控因素,即营销者本身不可控制的市场;营销环境,包括微观环境和宏观环境;二是可控因素,即营销者自己可以控制的产品、商标、品牌、价格、广告、渠道等,而"4Ps"就是对各种可控因素的归纳。其主要内容如下:

(1) 产品策略

主要是指企业以向目标市场提供各种适合消费者需求的有形和无形产品的方式来实现

其营销目标。其中包括对同产品有关的品种、规格、式样、质量、包装、特色、商标、品牌以及各种服务措施等可控因素的组合和运用。

(2) 定价策略

主要是指企业以按照市场规律制定价格和变动价格等方式来实现其营销目标,其中包括对同定价有关的基本价格、折扣价格、津贴、付款期限、商业信用以及各种定价方法和定价技巧等可控因素的组合和运用。

(3) 分销策略

主要是指企业以合理地选择分销渠道和组织商品实体流通的方式来实现其营销目标,其中包括对同分销有关的渠道覆盖面、商品流转环节、中间商、网点设置以及储存运输等可控因素的组合和运用。

(4) 促销策略

主要是指企业以利用各种信息传播手段刺激消费者购买欲望,促进产品销售的方式来实现其营销目标,其中包括对同促销有关的广告、人员推销、营业推广、公共关系等可控因素的组合和运用。

二、"4C"理论

在以消费者为核心的商业世界中,厂商所面临的最大挑战之一便是:这是一个充满"个性化"的社会,消费者的形态差异太大,随着这一"以消费者为中心"时代的来临,传统的营销组合"4P"似乎已无法完全顺应时代的要求,于是营销学者提出了新的营销要素。"4C"理论是美国营销大师劳特朋所创,即顾客的需要与欲望、顾客获取满足的成本、顾客购买的方便性、沟通。从关注"4P"转变到注重"4C",是当前许多大企业全面调整市场营销战略的发展趋势。

1. "4C"理论内容

(1) 顾客(Customer)

"顾客(Customer)"指顾客的需要和欲望。企业应该建立以顾客为中心的营销观念,将"以顾客为中心"作为一条主线,贯穿于市场营销活动的整个过程,强调满足消费者的需要和欲望比产品功能更重要。例如,零售企业应站在顾客的立场上,帮助顾客组织挑选商品货源;按照顾客的需要及购买行为的要求,组织商品销售;研究顾客的购买行为,更好地满足顾客的需要;更注重为顾客提供优质的服务。

(2) 成本(Cost)

成本(Cost)指消费者获得满足的成本,或是消费者满足自己的需要和欲望所愿付出的成本价格。顾客在购买某一商品时,除耗费一定的资金外,还要耗费一定的时间、精力和体力,这些构成了顾客总成本。因此,顾客总成本包括货币成本、时间成本、精神成本和体力成本等。由于顾客在购买商品时,总希望把有关成本包括货币、时间、精神和体力等降到最低限度,以使自己得到最大限度的满足。因此,企业必须考虑顾客为满足需求而愿意支付的"顾客总成本"并努力降低顾客购买的总成本,例如,降低商品进价成本和市场营销费用从而降低商品价格,以减少顾客的货币成本;努力提高工作效率,尽可能减少顾客的时间支出,节约顾客的购买时间;通过多种渠道向顾客提供详尽信息,为顾客提供良好的售后服务,减少顾客精神和体力的耗费。

（3）方便（Convenience）

方便（Convenience）指购买的方便性。与传统的营销渠道相比较，4C理论更重视服务环节，在销售过程中，强调为顾客提供便利，让顾客购买到商品，也购买到便利。例如，零售企业在选择地理位置时，应考虑地区抉择、区域抉择、地点抉择等因素，尤其应考虑"消费者的易接近性"这一因素，使消费者容易到达商店。即使是远程的消费者，也能通过便利的交通接近商店。同时，在商店的设计和布局上要考虑方便消费者进出、上下，方便消费者参观、浏览、挑选，方便消费者付款结算等。为方便顾客，很多企业已经开设了24小时服务的热线电话。

（4）沟通（Communicate）

沟通（Communicate）指与用户的沟通。企业可以尝试多种营销策划与营销组合，如果未能收到理想的效果，说明企业与产品尚未完全被消费者接受。这时，不能依靠加强单向劝导顾客，要着眼于加强双向沟通，增进相互理解，实现真正的适销对路，培养忠诚的顾客。例如，零售业与消费者沟通包括：向消费者提供有关商店地址、商品、服务、价格等方面的信息；影响消费者的态度与偏好，说服消费者光顾商店、购买商品；在消费者的心目中树立良好的企业形象。

在4C理念的指导下，越来越多的企业更加关注市场和消费者，与顾客建立一种更为密切的动态关系。但4C理论也存在不足。首先，4C理论以消费者为导向，着重寻找消费者需求，满足消费者需求，而市场经济还存在竞争导向，企业不仅要看到需求，而且需要更多地注意竞争对手。冷静分析自身在竞争中的优劣势，并采取相应的策略，才能在激烈的市场竞争中立于不败之地。其次，在4C理论的引导下，企业往往失之于被动地适应顾客的需求，往往令它们失去了自己的方向，为被动地满足消费者需求付出更大的成本。如何将消费者需求与企业长期获得利润结合起来是4C理论有待解决的问题。

2."4C"营销理论注意事项

（1）瞄准消费者需求

只有探究到消费者真正的需求，并据此进行规划设计，才能确保营销的最终成功。由于消费者的生活经历、受教育程度、工作性质、家庭结构、个人审美情趣各不相同，每个人对商品品质需求的侧重点也大不相同，因此要了解并满足消费者的需求并非易事。4C理论认为了解并满足消费者的需求不能仅表现在一时一处的热情，而应始终贯穿于产品开发的全过程。

（2）消费者所愿意支付的成本

消费者为满足其需求所愿意支付的成本包括：消费者因投资而必须承受的心理压力以及为化解或降低风险而耗费的时间、精力、金钱等诸多方面。

（3）消费者的便利性

咨询销售人员是与消费者接触、沟通的一线主力。他们的服务心态、知识素养、信息掌握量、语言交流水平，对消费者的购买决策都有着重要影响，因此这批人要尽最大的可能为消费者提供方便。

（4）与消费者沟通

营销大战在很大程度上就是广告大战，广告与沟通的差别不只是说法不同，还有着创作思维基础上的本质区别。仔细审视各种广告就会发现,它们大多面貌相似、模式化、定式化趋势非常明显。不仅是广告文案、创意表现大同小异,就连报纸上的广告发布版面、日期选择都高度雷同。众所周知,广告的天职是创新,是树立个性,广告面貌雷同的结果必然是广告质量的低劣。造成这一现象的原因是厂商们都以"请消费者注意,而不是注意消费者"的4P模式为出发点的,广告创作的基础仍是对项目的简单认识和创作人员的瞬间灵感,而不是对目标消费者的了解和对消费者心理的深刻洞察。

三、"4R"理论

1. "4R"理论内容

21世纪伊始,艾略特·艾登伯格提出4R营销理论。4R理论以关系营销为核心,重在建立顾客忠诚。它阐述了4个全新的营销组合要素:关联(Relevancy)、反应(Reaction)、关系(Relationship)和回报(Return)。4R营销理论的最大特点是以竞争为导向,在新的层次上概括了营销的新框架,根据市场不断成熟和竞争日趋激烈的形势,着眼于企业与顾客的互动与双赢,不仅积极地适应顾客的需求,而且主动地创造需求,运用优化和系统的思想去整合营销,通过关联、关系、反应等形式与客户形成独特的关系,把企业与客户联系在一起,形成竞争优势。其主要内容为:

(1) 关联(Relevancy)

与消费者建立关联。在竞争性市场中,顾客具有动态性。顾客忠诚度是变化的,经常会转移到其他企业。要提高顾客的忠诚度,赢得长期而稳定的市场,重要的营销策略是通过某些有效的方式在业务、需求等方面与顾客建立关联,形成一种互助、互求、互需的关系,把用户与企业联系在一起,减少顾客流失的可能性。

(2) 反应(Reaction)

提高市场反应速度。面对迅速变化的市场,企业要站在顾客的角度及时地倾听顾客的希望、渴望和需求,并及时答复和迅速做出反应,这就要求企业必须建立快速反应机制,提高反应速度。这样可以最大限度地减少抱怨,稳定客户群,减少客户转移的概率。

(3) 关系(Relationship)

与消费者的关系营销。抢占市场的关键已转变为与消费者建立长期而稳固的关系。在产品同质化严重、信息爆炸的时代,企业要与顾客建立长期而稳固的关系,从交易变成责任,从管理营销组合变成管理和顾客的互动关系。

(4) 回报(Return)

以为消费者及股东回报为目的的营销目标必须注重产出,注重企业在营销活动中的回报。企业的一切经营活动是需要产生利润、带来回报的,更深层次看,需要企业与顾客建立双赢的关系,顾客得到企业优良的服务,企业通过与优质顾客长期的合作,赢得了长期利益和持久的发展。

2. "4R"理论实施注意事项

(1) 紧密联系顾客

企业必须通过某些有效的方式在业务、需求等方面与顾客建立关联,形成一种互助、互求、互需的关系,把顾客与企业联系在一起,减少顾客的流失,以此来提高顾客的忠诚度,赢得长期而稳定的市场。

（2）提高对市场的反应速度

多数公司倾向于说给顾客听，却往往忽略了倾听的重要性。在相互渗透、相互影响的市场中，对企业来说最现实的问题不在于如何制定、实施计划和控制，而在于如何及时地倾听顾客的希望、渴望和需求，并及时做出反应来满足顾客的需求，这样才利于市场的发展。

（3）重视与顾客的互动关系

4R 营销理论认为，如今抢占市场的关键已转变为与顾客建立长期而稳固的关系，把交易转变成一种责任，建立起和顾客的互动关系。此过程中沟通是建立这种互动关系的重要手段。

（4）回报是营销的源泉

营销目标必须注重产出，而达成回报是动力的源泉，注重企业在营销活动中的回报，企业要满足客户需求，为客户提供价值，不能做无用的事情。一方面，回报是维持市场关系的必要条件；另一方面，追求回报是营销发展的动力，营销的最终价值在于其是否给企业带来短期或长期的收入能力。

第二节　市场营销观念

一、市场营销观念的演变历程

市场营销观念伴随着社会生产力的进步和市场经济的发展而不断演变。在市场经济发展的不同阶段，市场营销观念也有所不同。

营销观念的核心问题是以什么为中心开展企业的生产经营活动，因此营销观念的正确与否，对企业的兴衰起决定性作用。营销观念是随市场的形成而产生，并不断演变的，其大致经历以下 5 个历程。

1. 生产中心观念

生产中心观念（Production Concept）是一种最早的营销观念，产生于 20 世纪 20 年代以前。这种观念认为企业的一切经营活动应以抓生产为中心，企业能生产什么就生产什么，市场也就卖什么，即所谓"以产定销"。

在这一经营观念指导下，企业经营要解决的中心课题是生产问题，表现之一就是如何扩大产量和降低产品成本。其基本经营理念是：产量扩大，成本和价格就会下降，于是顾客就会增多。这种观念似乎很有道理，但不能脱离具体条件，如果某种商品确因生产规模小、价格高而影响销路，企业坚持这种观念一定会取得成功。反之如果价格不是影响顾客购买的主要因素，产品的用途、功能不能满足顾客需要，即便是免费派送也未必能够赢得顾客。应当看到的是，随着现代社会生产力的提高，传统产业企业的实力越来越接近，市场竞争日益加剧，企业在规模和成本上的竞争空间已越来越小，这种生产观念作为指导企业经营的普遍观念已逐步退出历史舞台。生产中心的营销观念的适用条件一般要满足：

（1）市场需求超过供给，买方争购，商品选择余地不多。

（2）产品确有市场前景，但成本和售价太高，只有通过大力提高产量，降低成本，方能扩大销路。

2. 产品中心观念

这种观念产生于 20 世纪 20~30 年代,当时市场已开始由卖方市场向买方市场转化,消费者已不仅仅满足于产品的基本功能,而开始追求产品在功能、质量和特点等方面的差异性。产品中心观念的"以质取胜"替代生产中心观念的"以量取胜"。其基本理念是:企业经营的中心工作是抓产品质量,只要产品质量过硬,经久耐用,企业就会立于不败之地。

这种观念同样不能脱离具体条件,如果产品确实有市场,但因质量太差而影响销路,企业坚持这种观念就会大有作为。否则,其他因素不能满足顾客需要,即使质量再好的产品也不会畅销。在现代市场经济高度发达的条件下,这种"酒香不怕巷子深"的生产观念也是不适宜的。因为现代市场需求的层次是不断提高的,能够更好地满足市场需求的产品层出不穷,如果企业的产品不能及时满足市场的更高要求,质量再好的老产品也不可能持久地占领市场。

3. 推销观念

推销观念(Selling Concept)产生于 20 世纪 30 年代初期,表现为"我卖什么,顾客就买什么"。其产生背景为:当时由于资本主义世界经济大萧条,大批产品供过于求,销售困难,卖方竞争加剧,企业担心的已不是生产问题,而是销路问题,因而推销技术特别受到企业的重视,并逐步形成了一种推销经营哲学。其基本理念是:企业经营的中心工作不再是生产问题,而是销售问题。抓销售就必须大力施展推销和促销技术,激发顾客的购买兴趣,强化购买欲望,努力扩大销售。

推销观念以推销为重点,比生产中心观念前进了一大步。但它仍没有脱离以生产为中心,"以产定销"的范畴。因为它只是注重对既定产品的推销,至于顾客需要什么,购买产品后是否满意等问题,则未给予足够的重视。因此,在经济进一步发展、产品更加丰富、竞争更加激烈的条件下,推销观念就不合时宜了。但推销观念对后来市场营销观念的形成奠定了基础,正是由于推销人员和营销管理人员发现只是针对既定产品的推销,其效果越来越有限,才转而开始对市场需要予以足够重视和加以研究,并将营销活动视作企业经营的综合活动。

4. 市场营销观念

市场营销观念(Marketing concept)产生于 20 世纪 50 年代中期至 90 年代,是一种新型的经营哲学。它是一种以顾客需要为导向,"一切从顾客出发"的观念,即"顾客需要什么,就生产什么"。它把企业的生产经营活动看作是一个努力理解和不断满足顾客需要的过程,而不仅仅是生产或销售产品的过程;是"发现需要并设法满足",而不是"将产品制造出来并设法推销"的过程;是"制造适销对路的产品",而不是"推销已经制造出来的产品"的过程;因此"顾客至上""顾客是上帝""顾客永远正确"等口号,成为企业的座右铭。

市场营销观念较之传统的推销观念是一次质的飞跃,是企业经营思想上的一次深刻变革。推销观念与营销观念对比如图 2-1 所示。

与传统观念相比,根本区别有以下 4 点:

(1)起点不同。传统观念是在产品生产出来之后才开始经营活动,而市场营销观念则是以市场为出发点来组织生产经营活动。

(2)中心不同。传统观念是以卖方需要为中心,以产定销;而市场营销观念则是以市场需要为中心,以销定产。

(3)手段不同。传统观念主要采用广告为促销手段,而市场营销观念则强调协调的营销,主张通过整体营销(营销组合)的手段,来满足顾客的需要。

(4)终点不同。传统观念以扩大销售量,将产品售出来获取利润为终点,而市场营销观念转向通过满足顾客需要来获取利润。

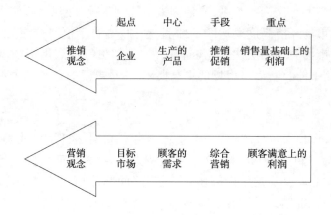

图 2-1　推销观念与营销观念对比

5. 社会营销观念

社会营销观念(Social marketing concept)产生于20世纪90年代,是对市场营销观念的一种修正和完善。

随着社会经济的发展,大量不可再生资源日益枯竭、生态环境遭到破坏、环境污染日益严重、通货膨胀、忽视社会服务等,严重威胁着社会公众的利益和消费者的长远利益,威胁着人类生活水准和福利的进一步提高,也威胁着经济的可持续发展。这种情况表明,现代市场营销活动有很多副作用,而市场营销观念又不能将其抑制或消除。因为只要企业从顾客需要出发,产品适销对路,就是符合市场营销观念的,这就要求修正市场营销观念,从而产生了人类观念(Human Concept)、理性消费观念(Intelligence Consumption Concept)、生态消费观念(Ecological Imperative Concept)等,其共同点就是注重社会公众利益,故统称为社会营销观念。

这种观念要求企业将自己的经营活动与满足顾客需求、维护社会公众利益和长远利益作为一个整体来对待,不急功近利,自觉(并不总是依靠政策和法律强行推进)限制和纠正营销活动的副作用,并以此为企业的根本责任。

现代营销观念的确立与发展,固然是资本主义经济发展的产物,但也是市场经济条件下企业经营经验的总结和积累。企业仅仅生产价廉物美的产品,仅仅靠生产出产品后再千方百计地去推销,并不能保证商品价值的实现。而只有深入地理解和适应消费者的需要,并以此组织营销活动,同时维护公众长远利益,保持经济的可持续发展才是真正的经营之道。对上述营销观念演变总结,见表2-1。

营销观念的演变过程　　　　　　　　表 2-1

营销观念	时间	市场特点	基本观念
生产中心观念	20 世纪 20 年代前	卖方市场	营销重心：大量生产，解决供需，降低成本，低价扩张，不重视消费者需求和欲望
产品中心观念	20 世纪 20 年代~30 年代	供求缓和，产品有了选择	营销重心：提供优质产品；有选择的市场，消费者会选择质量最好、性能最优和特点最多的产品
推销中心观念	20 世纪 30 年代初~50 年代	产量质量提高，买方市场形成	营销重心：推销技巧；要取胜就必须卖掉产品，要卖掉产品就必须吸引消费者兴趣和欲望，因而就要大力推销
市场营销观念	20 世纪 50 年代中期~90 年代	生产相对过剩，竞争激烈	营销重心：消费者(顾客)；注意研究消费者需求与欲望，研究购买行为；顾客是中心，竞争是基础，协调是手段，利润是结果
社会市场营销观念	20 世纪 90 年代至今	市场充分竞争，理性价值	营销重心：企业利益和社会利益兼顾；把企业长期利益和竞争战略与用户利益和社会利益结合起来

二、创新营销理论

随着新经济时代的到来，世界经济正以势不可当的趋势朝着全球经济一体化、企业生存数字化、商业竞争国际化、竞争对手扩大化等方向发展。国际互联网、知识经济、高新技术特征明显，企业的经营进一步打破了地域阻隔的限制，如何在全球贸易体系中占有一席之地，如何赢得更大的市场份额和更广阔的市场前景，如何开发客户资源和保持相对稳定的客户队伍，已成为影响企业生存和发展的关键问题。在这样的背景下，新型营销理念层出不穷。例如，基于健康发展的绿色营销，基于各种营销要素的整合营销，基于协调各种营销关系的关系营销，基于客户关系管理的营销(如一对一营销、直接营销等)，以及基于现代网络技术的网络营销、电子商务等。总的来看，这些理念是对现代营销观念及其指导下的营销方法的继承和发展，中心仍然是围绕顾客满意，并注重营销道德。

1. 绿色营销

绿色营销的概念产生于世纪之交。英国威尔斯大学肯·毕提教授在其所著的《绿色营销——化危机为商机的经营趋势》一书中指出："绿色营销是一种能辨识、预期及符合消费的社会需求，并且可带来利润及永续经营的管理过程。"我国学者也指出："所谓绿色营销，是指企业在营销中要重视保护地球资源环境，防治污染以保护生态，充分利用并回收再生资源以造福后代。"从这些界定中可知，绿色营销是以满足消费者和经营者的共同利益为目的的社会需求管理，以保护生态环境为宗旨的市场营销方式，它比传统的社会营销从更长远的生态环保角度来考虑社会的可持续发展，带有更强烈的绿色色彩。

面对环境的深刻变化,可持续发展是我国今后相当长的一段时间内,社会经济发展政策的基本取向。实施绿色营销的企业,对产品的创意、设计和生产,以及定价与促销的策划和实施,都要以保护生态环境为前提,力求减少环境污染,保护和节约自然资源,维护人类社会的长远利益,实现经济的可持续发展。随着汽车能源危机和环境污染的日益加剧,汽车销售业转入绿色销售的阵营。

(1)绿色营销的定义

绿色营销是指在企业的营销活动中,绿色的环境观念始终贯穿于营销全过程,企业的出发点不仅仅是市场的消费需求,同时也将满足这种需求可能造成的环境后果作为企业营销的出发点,营销的重点是企业、市场与环境之间的关系,以达到企业利益、社会利益与环境利益的一致。

绿色营销的三条宗旨是:节约材料耗费,保护地球资源;确保产品安全使用、卫生和方便,以利于人们的身心健康和生活品质提升;引导绿色消费,培养人们的绿色意识,优化人们的生存环境。绿色营销旨在达到人们从环境中获得绿色消费,并还环境以绿色。

(2)绿色营销的特点

绿色营销是在传统营销的基础上发展起来的,具有传统营销的一般特点,但它又是在特定的观念指导下进行的。它与传统的市场营销有许多不同之处。

①以绿色消费为前提。根据马斯洛的需求层次理论,消费需求是由低层次不断向高层次发展的,绿色消费可以说是较高层次的消费观念。人们的温饱等生理需要基本满足后,便会产生提高生活综合质量的要求,以及产生对清洁环境与绿色产品的需要。

②以绿色观念为指导。绿色营销以满足绿色需求为中心,为消费者提供能有效防止资源浪费、环境污染及损害健康的产品。绿色营销所追求的是人类的长远利益与可持续发展,重视协调企业经营与自然环境的关系,力求实现人类行为与自然环境的融合发展。

③以绿色机制为法律保障。绿色营销是着眼于社会层面的新观念,所实现的是人类社会的协调持续发展。在竞争性的市场上,必须有完善的政治与经济管理体制,制定并实施环境保护与绿色营销的方针、政策,制约各方面的短期行为,维护全社会的长远利益。

④以绿色科技为物质前提。技术进步是产业变革和进化的决定因素,新兴产业的形成必然要求技术进步,但技术进步如果背离绿色观念,其结果有可能加快环境污染的进程。只有以绿色科技促进绿色产品的发展,才能促进节约能源和资源可再生。无公害的绿色产品的开发,才是绿色营销的物质保证。

2. 体验式营销

(1)体验营销的定义

体验营销是指企业通过采用让目标顾客观摩、聆听、尝试、试用等方式,使其亲身体验企业提供的产品或服务,让顾客实际感知产品或服务的品质或性能,从而促使顾客认知、喜好并购买的一种营销方式。这种方式以满足消费者的体验需求为目标,以服务产品为平台,以有形产品为载体,生产经营高质量产品,拉近企业和消费者之间的距离。

(2)体验营销的体验形式

由于体验的复杂化和多样化,伯恩德·H·施密特将不同的体验形式称为战略体验模块,并将其分为5种类型。

①知觉体验。知觉体验即感官体验,将视觉、听觉、触觉、味觉与嗅觉等知觉器官应用在体验营销上。感官体验可区分为公司与产品(识别)、引发消费者购买动机和增加产品的附加价值等。

②思维体验。思维体验即以创意的方式引起消费者的惊奇、兴趣,对问题进行集中或分散的思考,为消费者创造认知和解决问题的体验。

③行为体验。行为体验指通过增加消费者的身体体验,指出他们做事的替代方法、替代的生活形态与互动,丰富消费者的生活,从而使消费者被激发或自发地改变生活形态。

④情感体验。情感体验即体现消费者内在的感情与情绪,使消费者在消费中感受各种情感,如亲情、友情和爱情等。

⑤相关体验。相关体验即以通过实践自我改进的个人渴望,使别人对自己产生好感。它使消费者与一个较广泛的社会系统产生关联,从而建立对某种品牌的偏好。

(3)体验营销的操作步骤

①识别目标客户。识别目标客户就是要针对目标顾客提供购前体验,明确顾客范围,降低成本。同时还要对目标顾客进行细分,对不同类型的顾客提供不同方式、不同水平的体验,在运作方法上要注意信息由内向外传递的拓展性。

②认识目标顾客。认识目标顾客就要深入了解目标顾客的特点、需求,知道他们担心什么、顾虑什么。企业必须通过市场调查来获取有关信息,并对信息进行筛选、分析,真正了解顾客的需求与顾虑,以便有针对性地提供相应的体验手段,来满足他们的需求,打消他们的顾虑。

③从目标顾客的角度出发,为其提供体验。要清楚顾客的利益点和顾虑点在什么地方,根据其利益点和顾虑点,决定体验式销售过程中重点展示的部分。

④确定体验的具体参数。要确定产品的卖点在哪里,顾客从中体验并进行评价。例如理发,可以把后面的头发修得是否整齐、发型与脸型是否相符等作为体验的参数,这样在顾客体验后,就容易从这几个方面对产品(或服务)的好坏形成一个判断。

⑤让目标对象进行体验。在这个阶段,企业应该预先准备好让顾客体验的产品或设计好让顾客体验的服务,并确定好便于达到目标对象的渠道,以便目标对象进行体验活动。

⑥进行评价与控制。企业在实行体验式营销后,还要对前期的运作进行评估。评估总结要从以下几方面入手:效果如何;顾客是否满意;是否让顾客的风险得到了提前释放;风险释放后是否转移到了企业自身,转移了多少;企业能否承受等。通过这方面的审查和判断,企业可以了解前期的执行情况,并重新修正其运作方式与流程,以便进入下一轮的运作。

3. 网络营销

网络营销是建立在互联网基础之上,借助于互联网来更有效地满足顾客的需求和欲望,从而实现企业营销目标的一种手段。网络营销包括新时代的互联网传播媒体、未来的信息高速公路、数字电视网和电子货币支付方式等。网络营销贯穿于企业经营的整个过程,包括市场调查、客户分析、产品开发、生产流程、销售策略、售后服务和反馈改进等环节。

网络营销是企业整体营销战略的一个组成部分,借助互联网来实现一定营销目标的一种营销手段,它是一种新生的营销方式。网络销售不单纯是网络技术,而是企业现有营销体系的有利补充。

(1) 网络营销的定义

网络营销是以互联网络为媒体,以新的方式、方法和理念,通过一系列魅力网络营销策划,制定和实施营销活动,更有效地促成个人和组织交易活动实现的新型营销模式。它是企业整体营销战略的一个组成部分,是为实现企业总体或者部分经营目标所进行的,以互联网为基本手段营造网上经营环境的各种活动。

(2) 网络营销的特点

①时域性。营销的最终目的是占有市场份额,由于互联网能够超越时间约束和空间限制进行信息交换,使得营销脱离时空限制进行交易变成可能,企业有了更多时间和更大的空间进行营销,可每周7天、每天24小时随时随地地提供全球性营销服务。

②交互式。互联网通过展示商品图像、商品信息资料库提供有关的查询,来实现供需互动与双向沟通,还可以进行产品测试与消费者满意调查等活动。互联网为产品联合设计、商品信息发布以及各项技术服务提供最佳工具。

③个性化。互联网上的促销是一对一的、理性的、消费者主导的、非强迫性的、循序渐进式的,而且是一种低成本与人性化的促销,避免推销员强势推销的干扰,并通过信息提供交互式交谈,与消费者建立长期良好的关系。

④整合性。互联网上的营销可由商品信息至收款、售后服务一气呵成,因此也是一种全程的营销渠道。另一方面,企业也可以借助互联网将不同的营销活动进行统一设计规划和协调实施,以统一的传播资讯向消费者传达信息,避免不同传播中不一致性产生的消极影响。

⑤超前性。互联网是一种功能最强大的营销工具,它同时兼具渠道、促销、电子交易、互动顾客服务及市场信息分析与提供的多种功能。它所具备的一对一营销能力,正是符合定制营销与直复营销的未来趋势。

⑥高效性。计算机可储存大量的信息,代消费者查询,可传送的信息数量与精确度远超过其他媒体,并根据市场需求,及时更新产品或调整价格,因此能及时有效了解并满足顾客的需求。

⑦经济性。通过互联网进行信息交换,代替以前的实物交换,一方面可以减少印刷与邮寄成本,可以无店面销售,免交租金,节约水电与人工成本;另一方面也可以减少由于迂回多次交换带来的损耗。

(3) 网络营销的优势

①网络媒介具有传播范围广、速度快、无时间地域限制、无时间版面约束、内容详尽、多媒体传送、形象生动、双向交流、反馈迅速等特点,有利于提高企业营销信息传播的效率,增强企业营销信息传播的效果,降低企业营销信息传播的成本。

②网络营销无店面租金成本,且有实现产品直销的功能,能帮助企业减轻库存压力,降低经营成本。

③互联网覆盖全球市场,通过它,企业可方便快捷地进入任何国家的市场。尤其是世贸组织第二次部长会议决定在下次部长会议之前不对网络贸易征收关税,网络营销更为企业架起了一座通向国际市场的绿色通道。

(4) 网络营销策略

①网上折价促销。折价又称打折、折扣,是目前网上最常用的一种促销方式。因为目前

网民在网上购物的热情远低于商场超市等传统购物场所,因此网上商品的价格一般都要比传统方式销售时低,以吸引人们购买。网上销售商品不能给人全面、直观的印象,也不可试用、触摸等原因,再加上配送成本和付款方式的复杂性,造成网上购物和订货的积极性下降。而幅度比较大的折扣可以促使消费者进行网上购物的尝试并做出购买决定。目前大部分网上销售商品都有不同程度的价格折扣。

②网上赠品促销。赠品促销目前在网上的应用不算太多,一般情况下,在新产品推出试用、产品更新、对抗竞争品牌、开辟新市场情况下利用赠品促销可以达到比较好的促销效果。通过赠品促销方式,不仅可以提升品牌和网站的知名度,鼓励人们经常访问网站以获得更多的优惠信息,而且企业还能根据消费者索取赠品的热情程度而总结分析营销效果和产品本身的反应情况等。

③网上抽奖促销。抽奖促销是网上应用较广泛的促销形式之一,是大部分网站乐意采用的促销方式。抽奖促销是以一个人或数人获得超出参加活动成本的奖品为手段进行商品或服务的促销,网上抽奖活动主要附加于调查、产品销售、扩大用户群、庆典、推广某项活动等。消费者或访问者通过填写问卷、注册、购买产品或参加网上活动等方式获得抽奖机会。

④积分促销。积分促销在网络上的应用比起传统营销方式要简单和易操作。网上积分活动很容易通过编程和数据库等来实现,并且结果可信度很高,操作起来相对较为简便。积分促销一般设置价值较高的奖品,消费者通过多次购买或多次参加某项活动来增加积分以获得奖品。通过积分促销,可以增加上网者访问网站和参加某项活动的次数,增加上网者对网站的忠诚度,还可以提高活动的知名度等。

4.整合营销

整合营销是一种更注重营销要素整体作用的观念。它比营销组合观念更强调营销因素(比组合要素更多)的整体作用,要求各种营销因素方向一致,形成合力,共同为企业的营销目标服务。整合营销观念打破了传统营销理念把营销活动只作为企业经营管理的一项职能的观点。它要求企业和相关利益主体的所有活动都整合和协调起来,以使企业按照既定战略向着预期目标运行。在整合营销理念指导下的企业,所有部门都在一起努力为相关利益主体的利益而服务,企业的营销活动成为企业各部门的工作。整合营销主要包括横向整合和纵向整合两个方面。

(1)横向整合

横向整合是浅层次的整合,主要是考虑一个消费者能够接触到多少种有关企业的信息。比如:在各种新闻报道中,他能够接触到企业赞助社会各种活动的报道;在生活中,看到了该企业各种各样的广告;在卖场,产品与品牌有机地进行了展示;与朋友的交谈中,互相传递着企业与品牌的各种信息。这样,尽管每家媒体同时在传播其他各种各样信息,但企业的信息都是连贯的,并且科学地整合了各种媒体,不同时间段的突出同一主题,这样一来,消费者就会对品牌形象产生情感上的认同,从而激发购买产品的欲望和动机,这也是整合营销传播抓住消费者、打动消费者的核心问题。以上是通过传播渠道的整合,当然如何在较大限度扩大知名度与影响力,更多地需要对传播渠道与网络的充分利用。

(2)纵向整合

纵向整合是整合营销传播的精髓,是一个深层次的整合。只有深层次地对企业的传播进行了整合,才能将品牌的可接受程度较大化。而品牌的美誉度与忠诚度都需要通过深层次传播整合而来。一些成功的国际知名企业,其品牌的深层次营销传播整合已经基本完成,比如麦当劳,在其深圳出售的食品出现安全问题后,市场本应形成轩然大波,消费者应该反应激烈,毕竟食品关系到生命。结果市场只是短暂地产生了一些波动,麦当劳品牌不倒,也许有人认为这是其公关策略的成功,其实,公关只是反抗品牌危机的一个方面,更重要的是品牌与消费者形成了血浓于水的关系,而这种关系是坚不可摧的。因为消费者相信,麦当劳品牌是值得信任的。而这些,恰恰是国内品牌营销传播所缺乏的。

5. 顾客满意

顾客满意,是顾客的一种主观感觉状态,是顾客对企业的产品和服务满足其需要程度的体验和综合评估。影响顾客满意的因素主要是顾客购买后实际感受到的价值是否与其期望得到的价值相符,或者说是顾客得到的总价值与其付出的各种成本相比是否令人满意。

通过满足需求达到顾客满意,最终实现包括利润在内的企业目标,是现代市场营销的基本精神。这是一种基于现代"双赢原则"的营销理念。其核心思想是向顾客提供价值更高、成本更低的产品(即"顾客让渡价值"最大的产品)。

客户让渡价值是指客户与企业的交往过程中,客户从企业那里获得的总价值与客户支付的总成本的差额。客户获得的总价值指客户购买企业的产品或服务所期望获得的一组利益,它包括产品价值(产品的功效价值)、服务价值(产品的附加价值)、人员价值(营销和服务人员的素质和工作质量带给顾客的价值)、形象价值(产品的精神价值)等。客户支付的总成本指客户为购买企业的产品或服务所支付的货币资金、耗费的时间、精力以及体力等成本的总和。

但追求顾客让渡价值最大化常常会增加成本,减少利润。因此,在市场营销实践中,企业应掌握一个合理的度,而不是片面强调顾客让渡价值最大化,以确保实现顾客让渡价值所带来的利益超过因此增加的成本费用。换言之,顾客让渡价值的大小应以能够实现企业的经营目标为原则。

6. 关系营销

关系营销的概念是美国学者巴巴拉·本德·杰克逊于1985年提出的。关系营销是把营销活动看成是一个企业与消费者、供应商、分销商、竞争者、政府机构及其他公众发生互动作用的过程,其核心是建立和发展与这些公众的良好关系,其目标在于建立和发展企业和相关个人及组织的关系,取消对立,成为一个相互依赖的事业共同体。关系营销的市场范围从顾客市场扩展到了供应商市场、内部市场、竞争者市场、分销商市场、影响者市场、招聘市场等,从而大大地拓展了传统市场营销的含义和范围。这就要求企业经营管理的范围从内部可控因素,扩展到外部环境的相关成员(包括供应商、中间商、竞争者、政府、社区等)。

关系营销更为注重的是维系现有顾客,认为丧失现有顾客无异于失去市场、失去利润的来源。有的企业推行"零顾客背离"计划,目标是让顾客没有离去的机会。市场营销学者研究表明,吸引一位新的消费者所花的费用是保留一位老顾客的5倍以上,顾客再次购买率提高5%,利润就增加25%。所以关系营销更注重与顾客的交流和沟通,强调通过对顾客的服务来满足、方便顾客,以提高顾客的满意度与忠诚度,达到提高市场份额的目的。

7. 客户关系营销

客户关系营销的概念源于关系营销,但又不同于关系营销。客户关系营销比关系营销更注重企业与客户的关系,它借助现代数据库和管理信息系统等手段,以客户价值(客户对企业的价值)和客户让渡价值为核心,通过完善的客户服务和深入的客户分析来满足客户的需求,在使客户让渡价值最大化的同时,实现企业的价值。这是一种基于现代"双赢原则"的营销理念。

由客户满意进一步发展到客户十分满意是企业营销的重点。有资料表明,仅仅是客户满意还不够,当出现更好的产品供应商时,客户就会更换供应商。例如:在一项消费品满意的调查中,44%宣称满意者经常变换品牌,而表示对丰田汽车十分满意的75%的顾客调查中,这些人愿意再次购买丰田产品。这一事实表明,高度的满意能对品牌产生忠诚乃至对企业产生情感吸引,客户满意便上升为顾客忠诚。忠诚的客户能给企业带来诸多的利益。与此相反,不满意的客户将带来相反的结果。据北京美兰德信公司的电话抽样调查显示:日本三菱帕杰罗汽车、日航歧视性服务以及松下GD92手机事件,有76%的人对日本公司事后的态度及采取的措施表示不满意和非常不满意,而有60%的居民认为这会影响到他们对日货的购买。可见,创造客户满意是非常重要的。在这一过程中,客户关系营销思想的重要性便凸现了。企业与客户的关系可以分为5种不同水平:

(1)基本关系

这种关系是指企业销售人员在产品销售后就不再与客户接触。

(2)被动关系

企业的销售人员在销售产品的同时,还鼓励消费者在购买产品后,如果发现产品有问题或不满时,及时向企业反映,如通过打电话联系。

(3)负责式的关系

企业的销售人员在产品售后不久,就应通过各种方式了解产品是否能达到消费者的预期,并且收集客户有关改进产品的建议,以及对产品的特殊要求,并把得到的信息及时反馈给企业,以便不断地改进产品。

(4)主动式的关系

企业的销售人员经常与客户沟通,不时地打电话与消费者联系,向他们提出改进产品使用中的建议,或者提出有关新产品的信息,促进新产品的销售。

(5)伙伴式的关系

企业与客户持续的合作,使客户能更有效地使用其资金或帮助客户更好地使用产品,并按照客户的要求设计产品。

8. 营销道德

营销道德是调整企业与所有利益相关者之间关系的行为规范的总和,是客观经济规律及法制以外约束企业行为的又一要素。营销道德最根本的准则,应是维护和增进全社会和人民的长远利益。凡有悖于此者,都属于非道德行为。目前,我国的营销道德问题值得引起重视,应当减少或消除经济生活中的不公平、不真实、资源过分浪费、强制推销、污染环境、不正当竞争等现象的发生。

树立良好的营销道德,离不开政府、司法和广大消费者,特别是广大企业的参与。企业界要切实地以先进的营销观念为指导,自觉端正企业的经营态度和营销行为。同时也要加强法制建设,建立健全法制体系,完善消费者权益保护机构,加大消费者权益保护的力度,认真解决信息不对称问题,提高消费者在商品交易中的地位。

9. 全球营销观念

全球营销观念是1983年西奥多·莱维特提出的,是20世纪90年代以后,市场营销观念的最新发展,它是指导企业在全球市场进行营销活动的一种崭新的营销思想。

全球营销观念在某种程度上完全抛弃了本国企业与外国企业、本国市场与外国市场的概念,而是把整个世界作为一个经济单位来处理。全球营销观念强调营销效益的国际比较,即按照最优化的原则,把不同国家中的企业组织起来,以最低的成本、最优化的营销去满足全球市场需要。也就是说,企业生产和销售单一产品服务,制定单一的标准化的营销组合策略,满足全球市场的需求,以求获得规模经济效益,从而提高企业产品的竞争能力。可口可乐就是实行这种营销观念成功的典范。

营销观念经过一百多年的发展,经历了生产观念、产品观念、推销观念、市场营销观念、社会营销观念、全球营销观念、整合营销观念和绿色营销观念,并向多元化发展。现今除了上述提到的营销观念之外,比较流行的营销观念还有文化营销观念、品牌营销观念、知识营销观念、网络营销观念、互动营销观念、形象营销观念、定制营销观念、服务营销观念、关系营销观念以及忠诚营销观念等。由于科学技术的迅猛发展,现在企业中有一种新的营销观念在逐渐流行开来,那就是如果完全依照消费者的需求来组织生产,会抑制产品的创新,因此企业除了顺应市场、发现新的需求之外,更要注重"创造市场,引导消费"。盛田昭夫在《索尼与我》一书中道出了索尼公司成功的秘密:"我们的政策是以新产品去引导消费,而不是先调查消费者喜欢什么产品,然后再投其所好。"正是由于一些企业奉行"创造市场,引导消费"这种营销观念,才不断开发新产品,使产品生命周期不断缩短,有的产品生命周期只有2~3个月,如电脑软件。企业在这种营销观念的指导下,既使企业获得良好的经济效益,又使消费者受益匪浅。

一些学者在总结成功企业经验中得出一条真理:企业应在长期中以供给为主,短期内以需求为主。"长期中以供给为主"是指企业要密切关注科学技术的发展方向,投入大量的人力、物力和财力去开发新产品,去创造市场,创造需求。"短期内以需求为主"是指企业要密切注意市场的短期,及时跟踪消费者的价值取向,适时投放新产品以满足消费者的需求。对汽车产品的营销,汽车企业应该掌握市场营销的理念并吸收最新的营销理念,结合汽车产品自身的特点,考虑汽车目标市场的实际情况,从实际出发开展合适的营销活动。

思考题

1. "4P""4C""4R"理论含义是什么?
2. 简述市场营销观念的演变过程。
3. 当代创新营销理论有哪些?

第三章　汽车市场营销调查与预测

　　市场营销面对的是不断变化和充满竞争的市场,为了企业发展,汽车营销者必须借助科学方法和手段,对市场的发展变化进行科学调查和科学预测,掌握市场发展变化的走势和规律,从而为寻找营销机会、避开和减少风险、测算市场容量、安排营销计划、谋划营销策略提供科学依据。

第一节　汽车市场调查

一、汽车市场调查概述

1. 市场调查的概念

　　市场调查亦称市场调研,指运用科学的方法,有目的地、系统地搜集、记录、整理有关市场营销信息和资料,分析市场情况,了解市场的现状及其发展趋势,为市场预测和营销决策提供客观的、正确的资料。所谓的汽车市场调查指运用科学的方法,有目的地、系统地搜集、记录、整理有关汽车市场营销信息和资料,分析汽车市场情况,了解汽车市场的现状及其发展趋势,为汽车市场预测和营销决策提供客观的、正确的资料。

　　美国市场营销协会将市场调查定义为:一种通过信息将消费者、顾客和公众与营销者连接起来的职能。

2. 市场调查的特点

　　现代的市场调查,一般具有以下几个方面的特点。

（1）目的性

　　市场调查是为了找出市场发展变化的规律,向用户提供决策依据。在每次市场调查之前,都必须预先确定调查的范围和所要达到的目标。市场调查的最终目的是为有关部门和企业进行有关预测和决策提供科学的依据。因而,市场调查目标必须明确。

（2）科学性

　　市场调查要提供反映真实情况的准确无误的信息。市场调查的方法必须是科学的,不带任何偏见,不受感情因素的影响,对事实、证据的阐述必须排除主观性,进行合乎逻辑的推断。

（3）时效性

　　市场调查应在用户对信息需求的有效时间内完成,并提供给用户。市场调查有一定的时间限制,若不能按期保质保量地完成,则会失去其应有的意义。

（4）实践性

　　市场调查具有鲜明的实践性。它要求工作人员必须深入实践才能获取具体的、全面的第一手资料。

（5）相关性

市场调查一般以某种产品的营销活动为中心开展具体工作。因此,它总与产品的营销业务直接有关。

（6）不确定性

市场调查所掌握的信息并不一定绝对准确、完整。市场上的情况是不断变化的,有的时候有些条件是稳定的,但大部分的情况下市场是在一直改变的。

3. 市场调查的作用

市场情况是在不断变化之中,无论在国民经济宏观管理中,还是在企业微观经营中,都要时刻掌握市场信息和市场动向,否则将会造成决策失误,最终导致国民经济的无序发展或企业经营亏损直至破产。因此,从某种意义上说,市场调查是企业经营的一项经常性工作,是企业增强经营活力的重要基础,它的作用有：

（1）市场调查是销售人员了解市场环境、掌握市场动态及开发潜在客户的重要手段。

（2）市场调查是企业获取信息的主要途径,有利于企业在科学的基础上制定营销战略与计划。通过市场调查,了解市场、分析市场,才能根据市场需求及其变化、市场规模和竞争格局、消费者意见与购买行为、营销环境的基本特征,科学地制定和调整企业营销规划。

（3）市场调查是企业进行科学营销决策的依据,有利于发现企业营销活动中的不足,保持同市场的紧密联系并改进营销管理。企业通过市场调查还可以及时掌握竞争对手的动态,掌握企业产品在市场上占有率大小,针对竞争对手的策略,对自己的工作进行调整和改进。

（4）市场调查有利于优化营销组合。企业根据市场调查的结果,分析研究产品的生命周期,开发新产品,制定产品生命周期各阶段的营销组合策略。如综合运用各种营销手段,加强促销活动、广告宣传和售后服务,增进产品知名度和顾客满意度；尽量减少不必要的中间环节,节约储运费用,降低销售成本,提高竞争力。

（5）有利于企业进一步挖掘和开拓新市场,开发新产品,发挥竞争优势。通过市场调查,企业可发现消费者尚未满足的需求,衡量市场上现有产品及营销策略满足消费需求的程度,从而不断开拓新的市场。市场调查,对于厂商开发新产品、进行技术改造、决定投资方向具有十分重要的意义。企业只有通过市场调查,分析产品所处的生命周期阶段,才能合理调整生产结构和产品结构,确定什么时候研制、生产、销售新产品,以满足消费者需要。

4. 汽车市场调查的种类

根据汽车市场调查目标的不同,汽车市场调研可以分为探索性调查、描述性调查、解释性调查及预测性调查4种类型。

（1）探索性调查

当企业对需要调查的问题所涉及的范围和内容尚不清楚时,就应采用探索性调查作为试探,以便进一步调研。例如,某汽车企业近一段时期的产品销售量下降,不知是什么原因,一时弄不清,是产品质量不好、价格偏高、服务不好,还是市场上出现了新的竞争性产品,对这些问题,可以先对一些用户、中间商或企业生产经营人员进行试探性调查,从中发现销售下降的主要原因,确定继续调研的方向。探索性调查是为了发现问题。

(2)描述性调查

描述性调查是针对需要调查的问题,采用一定的方法,对问题进行如实的记录,了解有关这一问题的实际情况和影响因素。这种调查研究是通过实际的资料,了解和回答"何时""何地""谁""如何"等方面的问题。多数市场调查都属于描述性调查,如对汽车市场需求的潜在量、市场占有率、促销方法和销售渠道等方面的研究。根据描述性调研的资料,找出一些相关因素,为进一步进行因果性调查和预测性调查提供资料。因此,描述性调查的资料对统计推论是十分有用的。它解决社会现象"是什么"的问题。

(3)解释性调查

解释性调查是在描述性调研已收集资料的基础上,研究各因素的因果关系。在市场调查中,经常会遇到一些要回答"为什么"的问题,例如,为什么该品牌的汽车产品的销售量会下降?为什么消费者在同类汽车中比较喜欢其他牌子的汽车?这一类问题要求找出问题的原因和结果。因此,解释性调查是解决"为什么"的问题。

(4)预测性调查

预测性调查是通过收集、分析和研究过去与现在的各种市场情况资料,运用预测方法,研究并估计未来一定时期内市场上某种汽车的需求量和变化趋势。这种调查已属于市场销售预测的范围。这种调查是为了解决"会怎么样"的问题。

5.汽车市场调查的内容

市场调查的内容很多,有市场环境调查,包括政策环境、经济环境、社会文化环境的调查;有市场基本状况的调查,主要包括市场规范、总体需求量、市场的动向、同行业的市场分布占有率等;有销售可能性调查,包括现有和潜在用户的人数及需求量、市场需求变化趋势、本企业竞争对手的产品在市场上的占有率、扩大销售的可能性和具体途径等;还可对消费者及消费需求、企业产品、产品价格、影响销售的社会和自然因素、销售渠道等开展调查。汽车市场调查的内容涉及厂商市场营销的各个方面,具体地说,可概括为以下4个方面。

(1)汽车市场环境调查

主要是对汽车市场的宏观和微观环境因素进行调查,以掌握环境的变化对市场营销的影响,从而指导企业的市场营销策略的制定和调整。从市场调查的角度,关注的调查内容主要包括:

①政治环境。主要了解政府对有关汽车方面的方针、政策和各种法令、条例等可能影响本汽车企业销售的诸因素的调查。

②经济环境。包括各种重要经济指标,如:全国及各主要目标市场的人口总数及构成,国民生产总值及其构成,社会商品零售总额,消费水平和消费结构,币值是否稳定及价格水平,重要输入品、输出品及其数量、金额,能源及其他资源情况等。

③科技环境。对国际国内新技术、新车型的发展速度、变化趋势、应用和推广等情况进行调查。

④社会文化环境。调查的内容有一个社会的文化、风气、时尚、爱好、习俗、宗教、当地人的文化水平、民族特点和风俗习惯等。

(2)目标客户情况调查

①汽车消费需求量。消费需求量直接决定市场规模的大小,影响需求量的因素是货币

收入及适应目标消费人群两个方面。估计市场需求量时,要将人口数量和货币收入结合起来考虑。

②消费结构调查。消费结构是客户将货币收入用于不同商品的比例,它决定了客户的消费投向,对消费结构的调研包括:人口构成;家庭规模和构成;收入增长状况;商品供应状况以及价格的变化。

③客户购买心理和购买行为调查。通过调查了解客户所思所想和购买行为的特征,使销售人员以积极主动的方法影响客户消费全过程,从而扩大销售。

④潜在市场调查。潜在市场调查的主要目的是发现潜在目标市场。调查渠道是驾驶学校、已有用户、目标群体、汽修场所等。

(3)汽车企业竞争对手调查

做好竞争对手调查是企业自身发展的重要一环。竞争对手可以分为现实竞争对手和潜在竞争对手。调查内容主要是对竞争对手的营销组合、其产品的市场占有率和企业实力等进行调查,以了解对手的情况。一般来说,汽车企业做竞争对手分析,大体包括以下几个方面:

①确认公司的竞争对手。公司可将制造相同产品或同级产品的公司都视为竞争对手。

②确定竞争对手的战略。公司战略与其他公司的战略越相似,公司之间的竞争越激烈。在多数行业里,竞争对手可以分成几个追求不同战略的群体。战略性群体即在某一行业里采取相同或类似战略的一群公司。确认竞争对手所属的战略群体将影响公司某些重要认识和决策。

③确认竞争对手的目标。竞争对手在市场里找寻什么?竞争对手行为的驱动力是什么?此外,还必须考虑竞争对手在利润目标以外的目标,以及竞争对手的目标组合,并注意竞争对手用于攻击不同产品/市场细分区域的目标。

④确认竞争对手的优势和弱势。这就需要收集竞争者几年内的资料,一般而言,公司可以通过二手资料、个人经历、传闻来弄清楚竞争对手的强弱。也可以进行顾客价值分析来了解这方面的信息。

⑤确定竞争对手的反应模式。了解竞争对手的目标、战略、强弱,都是为了解释其可能的竞争行动,及其对公司的产品营销、市场定位及兼并收购等战略的反应,也就是确定竞争对手的反应模式。此外,竞争对手特殊的经营哲学、内部文化、指导信念也会影响其反应模式。

⑥最后确定公司的竞争战略。

二、汽车市场的调查方法及步骤

1. 汽车市场的调查方法

(1)文案调查法

文案调查又称间接调查,是指通过搜集各种历史和现实的动态统计资料(第二手资料),加以整理、分析、研究,从中获取与市场调查课题有关的情报,在办公室内进行统计分析的调查方法。这种方法主要是通过调查人员向有关方面索取资料,或从网络中搜寻,或通过剪报、摘录等方式获得,也可以通过购买、交换、查问、索取等方法获得。获取资料来源主要有包括企业内部资料和企业外部资料。

①汽车企业内部资料。包括历年的统计资料,各种记录、统计报表,财务决算报告,工作总结生产销售资料,用户来函,竞争对手情况等。

②汽车企业外部资料。包括国家机关公布的国民经济发展计划,统计资料、政策、法令、法规、条例等,以及一些内部文件;各行业协会、各种经济信息中心、专业信息咨询机构、银行、消费者组织公布的和提供的各方面的信息资料;国内外公开出版物,包括报纸、杂志、书籍及图书刊登的新闻报道、市场信息、评论、调查报告、经济论述等资料;企业之间交流的有关资料;全国或地方不定期举办的展览会、交易会、洽谈会、订货会等。

文案调查法的优点是可以克服时空条件的限制;收集到的情报资料受各种因素影响小,费用低,效率高。缺点是对文案调查获得资料的加工、审核工作较难;文案调查资料难以与当前的调查项目吻合,调查结果的准确性受影响;文案调查要求更多的专业知识、实践经验和技巧,需要具有一定文化水平的人才能胜任,否则寸步难行。

(2)访问法

访问法就是将所拟调查的事项,以当面或电话或书面或其他方式向被调查者提出询问,以获得所需资料的调查方法。按照调查人员与被调查人员的接触方式不同,可以有面谈调研、电话调研、邮寄调研、计算机辅助电话访问(Computer Aided Telephone Interview)等方式。

①面谈法。面谈法就是派调研人员上门访问被调查人员,面对面地提出问题,征求意见,获取所需第一手资料的方法。这种方法具有回收率高、信息真实性强、搜集资料全面、灵活性强的优点;但所需费用高,对访问人员的监督、管理较困难,调研结果易受调研人员业务水平和态度的影响。

(a)面谈调查按被访问对象人数的多少,可分为个人访问和集体座谈两种形式。集体座谈又称小组访问法,是邀请一定量的被调查者(一般以8~10人为宜)参加集体讲座,由主持人提出各种问题,围绕调查研究目标展开,以达到收集资料的目的。小组座谈法的主要形式有头脑风暴法、专家会议法和德尔菲法。

(b)面谈调查按照问卷的填写形式,可以分为两种方法。一是调查员按照问卷向被调查者询问,然后将对方的回答记入问卷,所用问卷称访问式问卷。另一种是调查员将问卷交给被调查者,说明填写方法,请对方填写。可以当场填写完毕,也可以约定以后某个时间再来收取问卷(也叫置留问卷调查法),所用问卷称自填式问卷。

置留问卷调查法优点是调查人员可当面消除被调查者的思想顾虑和填写调查表的某些疑问,被调查者又有充分时间独立思考回答问题,节省了访问时间,并可避免受调查人员倾向意见的影响,因而能减少调查误差,提高调查质量和调查表的回收率。缺点为调查结果的准确性不能保证,调查范围有效,信息的时效性降低。

(c)面谈调查按照访问的地点和访问的形式,又可以分为入户(或单位)访问和拦截访问。入户访问是指调研员到被调研者的家中或工作单位进行访问,直接与受访者面谈。然后利用访问式问卷对逐个问题进行询问,并记录下对方的回答;或是将自填式问卷交给被调研者,讲明方法后,等待对方填写完毕或稍后再来收取问卷的调研方式。这是目前最常用的一种调查方法。

拦截式访问(街头访问、定点访问)是访问员指在某个事先选好的地点(如商业区、商场、街道、医院、公园等)拦截被访者进行调查。这种方法常用于商业性的消费者意向调研。例如,在汽车城的前台拦截顾客询问他(她)们对各种汽车品牌的偏好以及购买习惯、行为等。拦截式访问的优点是访问进程快,成功率高,成本较低廉。其缺点为现场访问的效果可能不理想,被访者的选取受访问者的影响较大,回访较难。

②电话调查法。电话调查法是选取一个被调研者的样本,以电话的形式向被调查者询问一系列的问题,从而获得信息资料的一种调查方法。电话调查常用于样本数量多,调查内容简单明了,易于接受,需快速获取信息的调查事项的调查。这种调研方法的优点是:可在短时间内调研多数样本,成本甚低;问卷较简单,对访问人员要求不高;适宜访问某些特殊的被访者;问卷资料易于汇总。其缺点是不易获得对方的合作;不能询问较为复杂的内容;难以辨别答案的真伪。

③邮寄问卷法。邮寄问卷法是邮寄调研人员将预先设计好的问卷或表格邮寄给被调研者,被调研者按要求填好后再邮回的一种调研方式。

这种调研方法的优点是:调研成本低;被调查者有充分的时间思考和回答问卷,并能与周围的人进行讨论和交换意见;调查范围广;对访问人员的要求低,不需专门的培训和管理。其缺点是:收回率通常偏低,影响调研的代表性;因无访问员在场,被调研者可能误解问卷意义;调查表的回收期长。

④计算机辅助电话访问(Computer Aided Telephone Interview)。计算机辅助电话访问使用一份按计算机设计方法设计的问卷,用电话向被调研者进行访问。在发达国家,特别是在美国,这种方法比传统的电话访问更为普遍。通过计算机拨打所要的号码,电话接通之后,调研员读出屏幕上显示出的问答题,并直接将被调研者的回答(用号码表示)用键盘记入计算机的记忆库之中。

(3)观察法

观察法是由调研人员在调查现场进行观察和记录的一种市场调研方法。在观察时,调研人员既可以耳闻目睹现场情况,也可以利用照相机、录音机、摄像机等设备对现场情况作间接的观察,以获取真实的信息。类型有如下3种:

①直接观察法。即到出售有关产品的商店、商场、展销会或消费者家中,观察并记录商品的实际销售情况,同行业同类产品的发展情况,新产品的性能、用途、包装、价格等情况。如汽车厂商派调查人员到4S店,直接观察顾客最喜欢哪几种车型,或派调查人员到销售现场观察顾客最喜欢什么样的装备配置和造型设计等。

②行为记录法。一般将录音机、录像机、照相机及其他一些监听、监视设备设置在现场,被调查对象的行为会被如实地记录下来。如美国的尼尔森公司,在全国各地1250个家庭的电视机里装了电子监听器,每90s扫描一次,每一个家庭的电视机,只要收看3min以上的节目,就会被记录下来。

③痕迹观察法。通过对某种行为留下的实际痕迹来观察调查情况。目前汽车销售商大都兼营汽车修理,为了解在哪个电台上做汽车广告效果好,他们观察记录来修理的汽车的收音机指针停放在哪个电台上,把记录的结果作统计,就可以知道,汽车用户最常听哪个电台,则在这些电台上做汽车广告的效果就最好。

观察法的主要优点:因被调查者没有意识到自己正在接受调查,一切动作均极自然,准确性较高;观察调查可以由观察人员在现场使用自己的视、听、触、味、嗅等感觉器官对事物进行观察,所以成本低,见效快。观察法的主要缺点:观察法仅局限于表象观察,难以了解被调查者的心理信息,如动机、价值观念等更深入、翔实的资料;观察法受时间和空间限制,所获得的信息资料往往有一定的局限性;调查人员的素质水平不同,获得的调查资料可能会出现较大的差别。

(4)实验法

实验法是一种特殊的观察方法,一般是指通过对某些条件加以控制,对调查对象进行实验,以获取所需资料的一种调查方法。它起源于自然科学的实验求证法,其目的是为了查明实验对象的因果关系。凡是新产品或某种产品改变品种、改变包装、改变外观造型、改变设计、改变广告、改变陈列、改变价格,以及改变分销渠道时,都可应用此种方法。常用的实验法有:

①实验室观察法。此方法在研究广告效果和选择媒介广告时常常被采用。例如,汽车厂商为了选择一种最能吸引大众的广告,可设计几种广告,请一些人来评判,看哪种广告设计对他们最有吸引力,以便为广告设计提供有用的信息。

②销售区域实验法。此法可分为:(a)试销。把少量产品先拿到几个有代表性的市场去试销、展销、看样订货。试销是商品大量上市之前的一个准备阶段,是新产品趋向成长的过渡过程。它要求厂商先生产一小批商品,有计划地投放到几个预定市场,摸清销路,听取顾客意见,经过改进,然后再扩大生产。(b)免费试用。厂商先拿出一部分产品让消费者先试用一段时间,然后再付款。例如,某厂生产一种新型车载电话,可将新型车载电话请一部分用户无偿试用一段时间,过一段时间收回,由试用者对产品提出改进意见。这就为厂商进一步改进产品和预测销售提供了有价值的资料。

③模拟实验法。模拟实验法是通过对市场情况充分了解,建立一定的模型,在计算机上进行模拟,也就是说,它所建立的假设和模型,必须以市场的客观实际为前提,否则就失去了模拟的意义。模拟实验的好处是,它可以较好地进行各种方案的对比,这是其他实验观察法难以做到的。

实验法的优点是收集到的原始资料比较客观、准确;实验法方式比较灵活;实验过程中可以主动引起某些因素的变化,并通过控制其变化来获得相关的资料,而不是被动、消极地等待某些因素的变化。其缺点是调查的时间比较长,成本比较高;市场的变化是由多种宏观和微观因素共同作用的结果,许多因素如政治、文化、自然等因素是人工无法控制的,而竞争对手、消费者等微观因素也是较难驾驭的,所以实验法调查的结果不可能完全准确无误;在实验室或局部范围内进行的实验结果,由于各种条件的影响,未必适合大范围市场条件下的运行,因此实验的结论难以完全被推行或采用。

(5)网上调查法

网上调查法是指在因特网上针对特定市场营销环境进行简单调查设计、收集资料和初步分析的活动。利用因特网进行市场调查(不妨称为网上市场调查,简称网上调查)有两种方式,一种方式是利用因特网直接进行问卷调查等方式收集一手资料,这种方式称为网上直接调查;另一种方式是利用因特网的媒体功能,从因特网收集二手资料。由于越来越多的传统报纸、杂志、电台等媒体,还有政府机构、企业等也纷纷上网,因此网上成为信息海洋,信息蕴藏量极其丰富,关键是如何发现和挖掘有价值信息,而不再是过去苦于找不到信息,对于第二种方式一般称为网上间接调查。

网上市场调查的实施可以充分利用因特网作为信息沟通渠道的开放性、自由性、平等性、广泛性和直接性的特性,使得网上市场调研具有传统的一些市场调研手段和方法所不具备的一些独特的特点和优势。这些特点和优势主要表现在以下几个方面:

①及时性和共享性。网上调查是开放的,任何网民都可以进行投票和查看结果,而且在投票信息经过统计分析软件初步自动处理后,可以马上查看到阶段性的调查结果。

②便捷性和低费用。实施网上调查节省了传统调研中耗费的大量人力和物力。

③交互性和充分性。网络的最大好处是交互性,因此进行网上调查时,被调查对象可以及时就问卷相关问题提出自己更多看法和建议,可减少因问卷设计不合理而导致调查结论偏差。

④可靠性和客观性。实施网上调查,被调查者是在完全自愿的原则下参与调查,调查的针对性更强,因此问卷填写信息可靠、调研结论客观。

⑤无时空、地域限制。网上市场调查是全天候的调查,这就与受区域制约和时间制约的传统调查方式有很大区别。

⑥可检验性和可控制性。利用因特网进行网上调查收集信息,可以有效地对采集信息的质量实施系统进行检验和控制。

2.汽车市场调查的步骤

为了保证市场调研的准确性、客观性和工作质量,必须遵循一定的调研工作程序。汽车市场调查一般可分为调查准备、调查实施和分析总结3个阶段。

(1)调查准备阶段

调查准备阶段非常重要,准备工作充分与否,直接关系到整个调查工作的成败。这一阶段主要做如下工作。

①确定调查目标。在进行市场调研之前,先要确定调研的目的、范围和要求,即把调研的主题确定下来。为了保证市场调查的成功有效,首先要明确所要调查的问题,既不可过于宽泛,也不宜过于狭窄,要有明确的界定并充分考虑调查成果的实效性;其次,在确定问题的基础上,提出特定调查目标。

确定调查目标必须先搞清以下几个问题:为什么要调查;调查中想要了解什么;调查结果有什么用处;谁想知道调查的结果。企业一般是为解决生产经营中某些方面的问题才需要进行市场调查的,如新产品开发问题、企业产品的市场占有率下降原因等。根据问题来确定调查目标,使整个调查过程围绕明确的调查目标而展开,否则便会使调查工作带有盲目性,造成人、财、物的浪费。

②拟订调查计划。调查目标确定之后就要拟订调查计划,也就是要确定实现调查目标的行动计划和方案。具体内容包括确定调查项目、选择调查方式、确定调查方法、确定经费预算、安排调查进度和编写调查计划书等。

(a)确定调查项目。与调查目标有关的因素很多,在不影响调查结果的大前提下,应综合考虑人力、时间和费用等诸多因素,选择重要的进行调查。

(b)选择调查方式。应根据调查项目选择具体的调查地点、调查对象。调查对象的确定要以能客观、全面地反映消费者的看法和意见为宗旨。

（c）确定调研方法。每种调查方法都有一定的优点、缺点和适用的条件。调研者应根据资料的性质、精确度及经费预算情况来确定调查方法。

（d）确定经费预算。每次汽车市场调研都需要支出一定的费用，因此在制订计划时，应编制调研费用预算，合理估计调研的各项开支。在进行预算时，要认真核算、合理估计，尽可能考虑全面，以免影响进度。调研费用一般包括总体方案策划费、抽样方案设计费、调研问卷设计费、印刷费、调研实施费（包括调研员培训费、差旅费、礼品费、劳务费等）、数据统计分析费、办公费、咨询费等。

（e）安排调查进度。日程安排要根据调研过程中所要做的各项工作和每项工作所需要的时间来确定。合理安排调查进度是调查工作能按质、按期完成的有力保证。调查进度的安排要服从于调查项目，将各个调查项目具体化、明确化。每一进度中所要完成的工作内容，所需人力、经费、时间限定等都应在进度表中表现出来。

（f）编写调查计划书。在进行正式调查之前，应把前几个步骤的内容编成调查计划，以指导整个调查的进行。

(2) 调查实施阶段

此阶段包括收集、整理和分析信息资料等工作。调查中的数据收集阶段是花费时间最多且又最容易出现失误的阶段。为了保证调研工作按计划顺利进行，应事先对有关工作人员进行培训，而且要充分估计出调研过程中可能出现的问题，并要建立报告制度。提高调查人员的素质，使调查人员在计划实施过程中，按计划去进行，使获取的数据尽可能反映事实，在整个信息搜集过程中能排除干扰，获得理想的信息资料。

由于从问卷和其他调查工具获取的原始资料是杂乱无章的，所以无法直接使用。调查人员应协同营销人员利用计算机等现代数据处理方法和分析系统，按照调查目标的要求进行统计分析，以整理出那些有助于营销管理决策信息。

(3) 分析总结阶段

①调查资料的汇总整理。资料的汇总整理工作主要有资料校核、资料编码、数据统计和资料分析。

（a）资料校核。对资料进行校核，剔除不必要的、不可靠的资料，以保证资料的可靠性和准确性。在核校时，如发现资料不清楚、不完整、不协调之处，就应采取各种措施予以澄清、补充和纠正。

（b）资料编码。为了调查资料方便查阅、统计和利用，经过审核，调研资料合乎要求后，应分类编码汇总，按不同的标志分门别类进行资料编码。

（c）数据统计。累计计算某一问题选择各个答案的人数，计算相应的百分比，即答案的分布情况。

②资料分析。资料分析是整个市场调研工作中资料工作的最后阶段。市场调查人员应运用统计方法对资料做必要的分析，并将分析结果提供给有关方面作为参考。一般使用的统计方法有多维分析法、回归分析法和相关分析法等。

整理分析资料是一项烦琐而艰辛的工作，因而调研者必须有耐心、细致的工作作风。同时，要注意工作的有条不紊和提高效率。现在一般应采用计算机等先进手段辅助信息处理。

③编写调查报告。市场调研的最后一道工序就是编写调研报告,这是市场调研的最终成果,报告的内容、质量决定了它对企业领导据此决策行事的有效程度。

调研报告一般包括以下一些内容:

(a)题目、调研人、调研日期。

(b)目录,最好有内容提要。

(c)序言,说明调查研究的原因、背景、目的、任务、意义。

(d)调查概况,说明调研地点、对象、范围、过程、方法、步骤、查表内容、统计方法及数据、误差估计、在技术上无法克服的问题、调查结果等。

(e)调研结论与建议,这是调研报告的主要部分。根据调研的第一手资料、数据,运用科学的方法对调研事项的状况、特点、原因、相互关系等进行分析和论证,提出主要理论观点,做出结论,提出建设性意见。

(f)调研的不足、局限性与今后工作的改进意见。

(g)有关资料、材料的附件。调查表副本、统计资料原稿、访问者约会的记录、参考资料目录等有关论证和说明正文的资料。

调研报告撰写前,需要做大量的实地调查工作,以大量的资料为依托;然后要对材料予以取舍、分析、加工;在编写调研报告时,要注意紧扣调研主题,力求客观、扼要并突出重点,使企业决策者一目了然;避免使用或少用专业的技术性名词,必要时可用图表形象说明。

第二节 汽车市场预测方法

一、市场预测概述

1. 市场预测种类

市场预测就是运用科学的方法,对影响市场供求变化的诸因素进行调查研究,分析和预见其发展趋势,掌握市场供求变化的规律,为经营决策提供可靠的依据。划分的标准不同,市场预测有不同的分类,具体如下:

(1)依据预测范围的分类

①宏观市场预测。宏观市场预测对整个市场的预测分析,研究总量指标、相对数指标以及平均数指标之间的联系与发展变化趋势。宏观市场预测对企业确定发展方向和制定营销战略具有重要的指导意义。

②微观市场预测。微观市场预测对一个生产部门、公司或企业的营销活动范围内的各种预测。微观市场预测是企业制定正确的营销战略的前提条件。微观市场预测是宏观市场预测的基础和前提,宏观市场预测是微观市场预测的综合与扩大。

(2)依据预测时间的分类

①近期预测。近期预测是指时间在1周~1季度的预测。

②短期预测。短期预测是指时间在1季度~1年的预测,有助于企业适时调整营销策略,实现企业经营管理的目标。

③中期预测。中期预测是指时间在1~5年的预测,有助于企业确定营销战略。

④长期预测。长期预测是指时间在5年以上的市场变化及其趋势的预测,为企业制定总体发展规划和重大营销决策提供科学依据。

(3)依据预测对象的分类

①单项产品预测。单项产品预测是市场预测的基础。按照产品的品牌、规格与型号进行预测,为企业编制季度计划、年度计划与安排生产进度提供科学依据。

②同类产品预测。同类产品预测是按照产品类别进行预测,一般按照同大类产品的具体标志性特征进行具体预测。

③产品总量预测。产品总量预测是对消费者需要的各种产品的总量进行预测,一般属于行业预测。

(4)依据预测的性质分类

①定性预测。定性预测是研究和探讨预测对象在未来市场所表现的性质。主要通过对历史资料的分析和对未来条件的研究,凭借预测者的主观经验、业务水平和逻辑推理能力,对未来市场的发展趋势做出推测与判断。定性预测简单易行,在预测精度要求不高时较为可行。

②定量预测。定量预测可以确定预测对象在未来市场的可能数量。以准确、全面、系统、及时的资料为依据,运用数学或其他分析手段,建立科学合理的数学模型,对市场发展趋势做出数量分析。定量预测主要包括时间序列预测与因果关系预测两大类。

2.市场预测的内容

市场预测的内容十分广泛丰富,从宏观到微观,二者相互联系、相互补充。具体讲主要包括以下几个内容:

(1)预测市场容量及变化

市场商品容量是指有一定货币支付能力的需求总量。市场容量及其变化预测可分为生产资料市场预测和消费资料市场预测。生产资料市场容量预测是通过对国民经济发展方向、发展重点的研究,综合分析预测行业生产技术、产品结构的调整,预测工业品的需求结构、数量及其变化趋势。消费资料市场容量预测重点有:

①消费者购买力预测。预测消费者购买力要做好两个预测:一是人口数量及变化预测。人口的数量及其发展速度,在很大程度上决定着消费者的消费水平。二是消费者货币收入和支出的预测。

②预测购买力投向。消费者收入水平的高低决定着消费结构,即消费者的生活消费支出中商品性消费支出与非商品性消费支出的比例。消费结构规律是收入水平越高,非商品性消费支出会增大,如娱乐、消遣、劳务费用支出增加,在商品性支出中,用于饮食费用支出的比重大大降低。另外还必须充分考虑消费心理对购买力投向的影响。

③预测商品需求的变化及其发展趋势。根据消费者购买力总量和购买力的投向,预测各种商品需求的数量、花色、品种、规格、质量等。

(2)预测市场价格的变化

企业生产中投入品的价格和产品的销售价格直接关系到企业盈利水平。在商品价格的预测中,要充分研究劳动生产率、生产成本、利润的变化,市场供求关系的发展趋势,货币价值和货币流通量变化以及国家经济政策对商品价格的影响。

(3)预测生产发展及其变化趋势

对生产发展及其变化趋势的预测,这是对市场中商品供给量及其变化趋势的预测。

3．市场预测的基本步骤

预测应该遵循一定的程序和步骤以使工作有序化、统筹规划和协作。市场预测的过程大致包含以下的步骤:

(1)确定预测目标

明确预测目标,根据经营活动存在的问题,拟定预测的项目,制定预测工作计划,编制预算,调配力量,组织实施,以保证市场预测工作有计划、有节奏地进行。

(2)搜集资料

进行市场预测必须占有充分的资料。有了充分的资料,才能为市场预测提供进行分析、判断的可靠依据。在市场预测计划的指导下,调查和搜集预测有关资料是进行市场预测的重要一环,也是预测的基础性工作。

(3)选择预测方法

根据预测的目标以及各种预测方法的适用条件和性能,选择出合适的预测方法。有时可以运用多种预测方法来预测同一目标。预测方法的选用是否恰当,将直接影响到预测的精确性和可靠性。运用预测方法的核心是建立描述、概括研究对象特征和变化规律的模型,根据模型进行计算或者处理,即可得到预测结果。

(4)预测分析和修正

分析判断是对调查搜集的资料进行综合分析,并通过判断、推理,使感性认识上升为理性认识,从事物的现象深入到事物的本质,从而预计市场未来的发展变化趋势。在分析评判的基础上,通常还要根据最新信息对原预测结果进行评估和修正。

(5)编写预测报告

预测报告应该概括预测研究的主要活动过程,包括预测目标、预测对象及有关因素的分析结论、主要资料和数据,预测方法的选择和模型的建立,以及对预测结论的评估、分析和修正等。

二、汽车市场预测的方法

汽车企业在汽车市场预测时,常采用的方法是定性预测和定量预测。

1．定性预测法

定性预测是指预测者根据已经掌握的部分历史和直观的资料,运用个人的经验和主观判断能力对事物的未来发展做出性质和程度上的预测。汽车市场定性预测又可以分为以下几种方法:

(1)个人经验判断法

个人经验判断法是凭借个人的知识经验和分析综合能力,对预测目标做出未来发展趋向的推断。推断的成功和准确与否取决于个人所掌握的资料,以及分析、综合和逻辑推理能力。个人经验判断法有两种:

①相关推断法。根据因果性原理,从已知的相关经济现象和经济指标,去推断预测目标

的未来发展趋向。例如,汽车保有量的增加与经济水平、人口数量等有关。因此,在调查中国汽车保有量的增加率时,就可以推断出购买汽车的人数和购买力均提高。

②对比类推法。依据类比性原理,从已知的相类似经济事件去推断预测目标的将来发展趋向。例如,需要预测今后一段时间全国汽车市场需求状况,只需选取若干大、中、小城市进行调查分析,以类推全国总需求的情况。这是一种应用较广泛的局部总体类推法,除此之外,对比类推法还有产品类推法(根据产品的相似性类推)、地区类推法(根据地区的相似性类推)、行业类推法(根据行业的相似性类推)等。

在应用对比类推法时,应注意相似事物之间的差异。因相似不等于相等,在进行类推时,根据相似事物的差异往往要作一定的修正,才能提高类推预测法的精度。

(2) 集体经验判断法

集体经验判断法是利用集体的经验、智慧,通过思考分析、判断综合,对事物未来的发展变化趋势做出估计和判断的一种方法。企业集体经验判断法,相对于个人经验判断法有十分明显的优点,它利用了集体的经验和智慧,避免了个人掌握的信息量有限和看问题片面的缺点。集体经验判断法预测步骤为:

①由若干个熟悉预测对象的人员组成一个预测小组,并向小组人员提出预测目标和预测的期限要求,并尽可能地向他们提供有关资料。

②小组人员根据预测要求,凭其个人经验和分析判断能力提出各自的预测方案。同时每个人说明其分析理由,并允许大家在经过充分讨论后,重新调整其预测方案,力求在方案中有质的分析,也有量的分析,有充分的定性分析,又有较准确的定量描述。在方案中着重研究探讨未来市场的可能状况、各种可能状态出现的概率及每种状态下市场销售可能达到的水平。

③预测组织者计算有关人员的预测方案的期望值,即各项主观概率与状态值乘积之和。

④将参与预测的有关人员分类,并赋予不同的权数。由于预测参加者对市场了解的程度以及经验等因素不同,因而他们每个人的预测结果对最终预测结果的影响作用也不同。所以要对每个人员分别给予不同的权数表示这种差异,最后采用加权平均法获得最终结果。若给每个预测者以相同的权数,表示各预测者的预测结果的重要性相同,则最后结果可直接采用算术平均法获得。

⑤确定最终预测值。

(3) 德尔菲法

德尔菲法是在20世纪40年代由赫尔默(Helmer)和戈登(Gordon)首创,1946年,美国兰德公司为避免集体讨论存在的屈从于权威或盲目服从多数的缺陷,首次用这种方法用来进行定性预测,后来该方法被迅速广泛采用。20世纪中期,当美国政府执意发动朝鲜战争的时候,兰德公司又提交了一份预测报告,预告这场战争必败。政府完全没有采纳,结果战争一败涂地。从此以后,德尔菲法得到广泛认可。

德尔菲法是采用背对背的通信方式征询专家小组成员的预测意见,经过几轮征询,使专家小组的预测意见趋于集中,最后做出符合市场未来发展趋势的预测结论。德尔菲法也称专家调查法,是一种采用通信方式分别将所需解决的问题单独发送到各个专家手中,征询意见,然后回收汇总全部专家的意见,并整理出综合意见。随后将该综合意见和预测问题再分别反馈给专家,再次征询意见,各专家依据综合意见修改自己原有的意见,然后再汇总。这样多次反复,逐步取得比较一致的预测结果的决策方法。

德尔菲法依据系统的程序,采用匿名发表意见的方式,即专家之间不得互相讨论,不发生横向联系,只能与调查人员发生关系,通过多轮次调查专家对问卷所提问题的看法,经过反复征询、归纳、修改,最后汇总成专家基本一致的看法,作为预测的结果。这种方法具有广泛的代表性,较为可靠。德尔菲法的具体实施步骤如下:

①组成专家小组。按照课题所需要的知识范围,确定专家。专家人数的多少,可根据预测课题的大小和涉及面的宽窄而定,一般不超过20人。

②向所有专家提出所要预测的问题及有关要求,并附上有关这个问题的所有背景材料,同时请专家提出还需要什么材料。然后,由专家做书面答复。

③各个专家根据他们所收到的材料,提出自己的预测意见,并说明自己是怎样利用这些材料并提出预测值的。

④将各位专家第一次判断意见汇总,列成图表,进行对比,再分发给各位专家,让专家比较自己同他人的不同意见,修改自己的意见和判断。也可以把各位专家的意见加以整理,或请身份更高的其他专家加以评论,然后把这些意见再分送给各位专家,以便他们参考后修改自己的意见。

⑤将所有专家的修改意见收集起来,汇总,再次分发给各位专家,以便做第二次修改。逐轮收集意见并为专家反馈信息是德尔菲法的主要环节。收集意见和信息反馈一般要经过3~4轮。在向专家进行反馈的时候,只给出各种意见,但并不说明发表各种意见的专家的具体姓名。这一过程重复进行,直到每一个专家不再改变自己的意见为止。

⑥对专家的意见进行综合处理。

德尔菲法在应用时由于专家组成成员之间存在身份和地位上的差别以及其他社会原因,有可能使其中一些人因不愿批评或否定其他人的观点而放弃自己的合理主张。要防止这类问题的出现,必须避免专家们面对面的集体讨论,而是由专家单独提出意见。对专家的挑选应基于其对企业内外部情况的了解程度。专家可以是第一线的管理人员,也可以是企业高层管理人员和外请专家。例如,在估计未来企业对劳动力需求时,企业可以挑选人事、计划、市场、生产及销售部门的经理作为专家。此外,还应注意以下问题:

①为专家提供充分的信息,使其有足够的根据做出判断。例如,为专家提供所收集的有关企业人员安排及经营趋势的历史资料和统计分析结果等。

②所提问的问题应是专家能够回答的问题。

③允许专家粗略地估计数字,不要求精确。但可以要求专家说明预计数字的准确程度。

④尽可能将过程简化,不询问与预测无关的问题。

⑤保证所有专家能够从同一角度去理解员工分类和其他有关定义。

⑥向专家讲明预测对企业和下属单位的意义,以争取他们对德尔菲法的支持。

德尔菲法同常见的召集专家开会、通过集体讨论、得出一致预测意见的专家会议法既有联系又有区别。德尔菲法能发挥专家会议法的优点,即能充分发挥各位专家的作用,集思广益,又能把各位专家意见的分歧表达出来,取各家之长,避各家之短。但德尔菲法易受权威人士的意见影响;且有些专家碍于情面,不愿意发表与其他人不同的意见;或出于自尊心而不愿意修改自己原来不全面的意见。这些是德尔菲在实施过程中要需注意的。

(4)购买者意向调查法

购买者意向调查法,国外也称"买主意向调查法",是指通过一定的调查方式(如抽样调查、典型调查等)选择一部分或全部的潜在购买者,直接向他们了解未来某一时期(即预测期)购买商品的意向,并在此基础上对商品需求或销售做出预测的方法。在缺乏历史统计数据的情况下,运用这种方法,可以取得数据资料,做出市场预测。

在预测实践中,这种方法常用于中高档耐用消费品的销售预测,如汽车销售量的预测就常采用此种方法。调查预测时,应注意取得被调查者的合作,要创造条件解除调查对象的疑虑,使其能够真实地反映商品需求情况。购买者意向调查法的步骤为:

①把消费者的购买意向分为不同等级,用相应的概率来描述其购买可能性大小。一般分为5个等级:"肯定购买",购买概率是100%;"可能购买",购买概率是80%;"未确定",购买概率是50%;"可能不买",购买概率是20%;"肯定不买",购买概率为0。具体见表3-1。

购买意向等级概率描述表　　　　　　　　　　　　　　　　　　　表3-1

购买意向	肯定购买	可能购买	未确定	可能不买	肯定不买
概率描述(P)	100%	80%	50%	20%	0

②向被调查者说明所要调查的商品的性能、特点、价格,市场上同类商品的性能、价格等情况,以便使购买者能准确地做出选择判断,并请被调查者明确购买意向,即属于表3-1中5种购买意向中的哪一种。

③对购买意向调查资料进行综合,列出汇总表,见表3-2。根据购买意向调查资料汇总表可以分别统计出肯定购买的人数、可能购买的人数、未确定购买人数、可能不买人数及肯定不买人数。

购买意向调查资料汇总表　　　　　　　　　　　　　　　　　　　表3-2

购买意向	肯定购买	可能购买	未确定	可能不买	肯定不买
概率描述(P)	100%	80%	50%	20%	0
人数(户数)x_i	x_1	x_2	x_3	x_4	x_5

④计算购买量预测值计算公式为(3-1)。

$$Y = \sum P_i x_i \tag{3-1}$$

式中:Y——购买量预测值;

P_i——不同购买意向的概率值;

x_i——不同购买意向的人数(户数)。

(5)销售人员意见法

销售人员意见法是利用销售人员对未来销售进行预测。有时是由每个销售人员单独做出这些预测,有时则与销售经理共同讨论而做出这些预测。预测结果以地区或行政区划汇总,逐级汇总,最后得出企业的销售预测结果。销售人员最接近消费者和用户,对商品是否畅销、滞销比较了解,对商品花色、品种、规格、式样的需求等都比较了解。所以,许多企业都通过听取销售人员的意见来预测市场需求。汽车销售人员意见法就是将汽车市场划分子市场,每个子市场由销售员来预测,整个市场的预测值是个子市场的预测值总和。

销售人员意见法的优点是:
①比较简单明了,容易进行。
②销售人员经常接近客户,对客户意向有较全面深刻的了解,对市场比其他人有更敏锐的洞察力,因此,所作预测值可靠性较大,风险性较小。
③适应范围广。
④对商品销售量、销售额和花色、品种、规格都可以进行预测,能比较实际地反映当地需求。
⑤销售人员直接参与公司预测.从而对公司下达的销售配额有较大信心去完成。
⑥运用这种方法,也可以按产品、区域、顾客或销售人员来划分各种销售预测值。

销售人员意见法的缺点是:
①销售人员可能对宏观经济形势及企业的总体规划缺乏了解。
②销售人员受知识、能力或兴趣影响,其判断总会有某种偏差,有时受情绪的影响,也可能估计过于乐观或过于悲观。
③有些销售人员为了能超额完成下年度的销售配额指标,获得奖励或升迁机会,可能会故意压低预测数字。

2. 定量预测法

定量预测法是根据比较完备的历史和现状统计资料,运用数学方法对资料进行科学的分析、处理,找出预测目标与其他因素的规律性联系,对事物的发展变化进行量化推断的预测方法。定量预测法可以分为两大类,一类是时间序列分析法,另一类是因果关系分析法(如回归分析法)。

(1)时间序列分析法

时间序列是指同一经济现象或特征值按时间先后顺序排列而成的数列。时间序列分析法是运用数学方法找出数列的发展趋势或变化规律,并使其向外延伸,预测市场未来的变化趋势。时间序列分析法应用范围比较广泛,如对商品销售量的平均增长率的预测、季节性商品的供求预测、产品的生命周期预测等。时间序列分析是定量预测方法之一,它的基本原理是承认事物发展的延续性。应用过去数据,就能推测事物的发展趋势。汽车市场定量预测法通常使用的时间序列分析法有简单平均法、移动平均法、指数平滑法等。

①简单平均法。简单平均法是通过对一定观察期时间序列的数据求得平均数,以平均数为基础确定预测的方法,是市场预测中最简单的定量预测方法。这种预测方法简单,当预测对象变化较小且无明显趋势时,可采用此法进行短期预测。

简单平均法实质是依据简单平均数的原理,认为各值出现的概率相同,简单地相加后除以个数。简单平均法有很多种,最常用的有算术平均法、加权平均法等。

(a)算术平均法。算术平均法是求出一定观察期内预测目标的时间数列的算术平均数作为下期预测值的一种最简单的时序预测法。算术平均法的数学计算公式为

$$y_{n+1} = \frac{\sum_{i=1}^{n} y_i}{n} = \frac{y_1 + y_2 + \cdots + y_n}{n} \tag{3-2}$$

式中：y_{n+1}——第 $n+1$ 期销售量的预测值；

y_i——第 i 期实际销售量；

n——所选资料期数。

(b)加权平均法。加权平均法是指标综合的基本方法，又称"综合加权平均法"。加权平均法是利用过去若干个按照时间顺序排列起来的同一变量的观测值并以时间顺序数为权数，计算出观测值的加权算术平均数，以这一数字作为预测未来期间该变量预测值的一种趋势预测法。加权平均法，在市场预测里，就是在求平均数时，根据观察期各资料重要性的不同，分别给以不同的权数加以平均的方法。加权平均法特点是所求得的平均数，已包含了长期趋势变动。加权平均法的计算公式为

$$y_{n+1} = \frac{\sum_{i=1}^{n} \omega_i x_i}{\sum_{i=1}^{n} \omega_i} \tag{3-3}$$

式中：y_{n+1}——第 $n+1$ 期销售量的预测值；

x_i——第 i 期实际销售量；

ω_i——第 i 期权重系数；

n——所选资料期数。

例 3-1 某汽车营销企业 2016 年 1~6 月的销售额分别为（单位：万元）：260，270，240，280，260，250，依据时间时效性，假定赋予这 6 个月观察值相应的权数依次为：1，2，3，4，5，6，试用加权平均法预测该营销企业 7 月份的销售额。

解： 用加权平均法预测该汽车营销企业 7 月份的销售额为

$$y_{n+1} = \frac{\sum_{i=1}^{n} \omega_i x_i}{\sum_{i=1}^{n} \omega_i} = \frac{1 \times 260 + 2 \times 270 + 3 \times 240 + 4 \times 280 + 5 \times 260 + 6 \times 250}{1+2+3+4+5+6} = 259 \text{（万元）}$$

即该汽车营销企业 7 月份的销售额为 259 万元。

②移动平均法。移动平均法就是将已有的时间序列数据分段平均，并逐期移动，来对产品的需求量、公司产能等进行预测的一种方法。移动平均法适用于即期预测。当产品需求既不能快速增长又不快速下降，且不存在季节性因素时，移动平均法能有效地消除预测中的随机波动，是非常有用的。移动平均法根据预测时使用的各元素的权重不同，可以分为：简单移动平均、加权移动平均。

(a)简单移动平均法。简单移动平均法亦称一次移动平均法，其计算公式为

$$y_{n+1} = \frac{1}{k} \sum_{i=n-k+1}^{n} y_i \tag{3-4}$$

式中：y_{n+1}——第 $n+1$ 期的一次移动平均预测值；

y_i——第 i 期的实际销售值；

n——所选资料期数;

k——移动跨期。

例 3-2 某汽车企业 2016 年前 10 个月的销售额如表 3-3 所示,试用一次移动平均法分别在移动跨期为 5 和 7 的情况下,预测该企业第 11 个月的销售额。

某汽车企业 2016 年前 10 个月的销售额　　　　表 3-3

期数	实际销售额	五期移动平均数 ($k=5$)	七期移动平均数 ($k=7$)	期数	实际销售额（万元）	五期移动平均数 ($k=5$)	七期移动平均数 ($k=7$)
1	50			7	68	49.4	52.1
2	51			8	58	52.8	53.3
3	49			9	48	54.6	52.9
4	40			10	78	56.2	57
5	55			11		60.8	
6	52			12			

解: 用一次移动平均法预测该企业第 11 个月的销售额

$$y_{n+1} = \frac{1}{k} \sum_{i=n-k+1}^{n} y_i$$

当 $k=5$ 时,则第 11 个月的预测值为

$$y_{11} = \frac{1}{5} \times (52+68+58+48+78) = 60.8 (万元)$$

当 $k=7$ 时,则第 11 个月的预测值为

$$y_{11} = \frac{1}{7} \times (40+55+52+68+58+48+78) = 57 (万元)$$

(b)加权移动平均法。加权移动平均法就是根据同一个移动段内不同时间的数据对预测值的影响程度,分别给予不同的权数,然后再进行平均移动以预测未来值。加权移动平均法计算方法为

$$y_{n+1} = x_1 y_n + x_2 y_{n-1} + x_3 y_{n-2} + \cdots + x_k y_{n-k+1} \tag{3-5}$$

$$x_1 + x_2 + \cdots x_k = 1$$

式中:x_i——第 $y_{(n-k+1)}$ 期实际销售额的权重;

y_i——第 i 期实际销售额;

y_{n+1}——第 n 期实际销售额的移动平均数;

k——移动跨期。

加权移动平均给固定跨越期限内的每个变量值以不相等的权重。其原理是:历史各期产品需求的数据信息对预测未来期内的需求量的作用是不一样的。远离目标期的变量值的影响力相对较低,故应给予较低的权重。

在运用加权平均法时,权重的选择是一个应该注意的问题。经验法和试算法是选择权重的最简单的方法。一般而言,最近期的数据最能预示未来的情况,因而权重应大些。例如,根据前一个月的利润和生产能力比起根据前几个月能更好地估测下个月的利润和生产

能力。但是,如果数据是季节性的,则权重也应是季节性的。

③指数平滑法。指数平滑法是生产预测中常用的一种方法,也用于中短期经济发展趋势预测,所有预测方法中,指数平滑是用得最多的一种。也就是说指数平滑法是在移动平均法基础上发展起来的一种时间序列分析预测法,它是通过计算指数平滑值,配合一定的时间序列预测模型对现象的未来进行预测。其原理是任一期的指数平滑值都是本期实际观察值与前一期指数平滑值的加权平均。据平滑次数不同,指数平滑法分为:一次指数平滑法、二次指数平滑法和三次指数平滑法等。在此仅介绍一次指数平滑法,一次指数平滑法的数学计算公式为

$$s_t^{(1)} = \alpha x_t + (1-\alpha) s_{t-1}^{(1)} \tag{3-6}$$

式中:$s_t^{(1)}$——第 $t+1$ 期的平滑值;

x_t——第 t 期的观察值;

α——一次平滑系数,$0 < \alpha < 1$。

在应用一次指数平滑法进行预测时,第 $t+1$ 期的预测值就等于第 t 期的一次指数平滑值[$s_t^{(1)}$]。此外需注意一次平滑指数 α 和初始值 $s_0^{(1)}$ 的确定,一次平滑指数 α 根据公式(3-7)确定。

$$\alpha = \frac{2}{N+1} \tag{3-7}$$

式中:α——一次平滑系数,$0 < \alpha < 1$;

N——样本数据观察值数目。

确定初始值 $s_0^{(1)}$ 时需考虑样本数据的观察期数,当观察期的数据超过了 15 个,则可以直接令初始值 $s_0^{(1)}$ 等于 x_1;观察期的数据不足 15 个时,可以直接将前几个观察值的平均值作为初始值。

综上所述,简单平均法是对时间数列的过去数据一个不漏地全部加以同等利用;移动平均法则不考虑较远期的数据,并在加权移动平均法中给予近期资料更大的权重;而指数平滑法则兼容了全期平均和移动平均所长,不舍弃过去的数据,但是仅给予逐渐减弱的影响程度,即随着数据的远离,赋予逐渐收敛为零的权数。

(2)回归分析法

回归分析预测法是通过研究分析一个应变量对一个或多个自变量的依赖关系,从而通过自变量的已知或设定值来估计和预测应变量均值的一种预测方法。通过分析市场现象自变量和因变量之间相关关系,建立变量之间的回归方程,并将回归方程作为预测模型,根据自变量在预测期的数量变化来预测因变量关系。因此,回归分析预测法是一种重要的市场预测方法,当我们在对市场现象未来发展状况和水平进行预测时,如果能将影响市场预测对象的主要因素找到,并且能够取得其数量资料,就可以采用回归分析预测法进行预测。它是一种具体的、行之有效的、实用价值很高的常用市场预测方法。回归分析预测法的步骤为:

①根据预测目标,确定自变量和因变量。明确预测的具体目标,也就确定了因变量。如预测具体目标是下一年度的销售量,那么销售量 Y 就是因变量。通过市场调查和查阅资料,寻找与预测目标的相关影响因素,即自变量,并从中选出主要的影响因素。

②建立回归预测模型。依据自变量和因变量的历史统计资料进行计算,在此基础上建

立回归分析方程,即回归分析预测模型。

③进行相关分析。对具有因果关系的影响因素(自变量)和预测对象(因变量)进行的数理统计分析。进行相关分析,一般要求出相关关系,以相关系数的大小来判断自变量和因变量的相关的程度。

④检验回归预测模型,计算预测误差。回归预测模型是否可用于实际预测,取决于对回归预测模型的检验和对预测误差的计算。回归方程只有通过各种检验,且预测误差较小,才能将回归方程作为预测模型进行预测。

⑤计算并确定预测值。利用回归预测模型计算预测值,并对预测值进行综合分析,确定最后的预测值。

回归分析预测法有多种类型。依据相关关系中自变量的个数不同分类,可分为一元回归分析预测法和多元回归分析预测法。一元线性回归分析预测法是通过研究分析一个应变量对一个自变量的依赖关系,从而通过自变量的已知或设定值来估计和预测应变量均值的一种预测方法。一元线性回归分析法的计算公式为

$$y_i = a + bx_i \tag{3-8}$$

式中:x_i——自变量$(i=1,2\cdots n)$;

y_i——因变量$(i=1,2\cdots n)$;

a——常数项,$x=0$时的y值;

b——回归系数,因素x对结果y的影响程度。

常数项a的计算公式为

$$a = \frac{1}{n}\sum_{i=1}^{n}y_i - b\frac{1}{n}\sum_{i=1}^{n}x_i \tag{3-9}$$

回归系数b的计算公式为

$$b = \frac{n\sum_{i=1}^{n}x_iy_i - \sum_{i=1}^{n}x_i\sum_{i=1}^{n}y_i}{n\sum_{i=1}^{n}x_i^2 - \left(\sum_{i=1}^{n}x_i\right)^2} \tag{3-10}$$

相关系数的计算公式为

$$r = \frac{\sum_{i=1}^{n}x_iy_i - \frac{1}{n}\sum_{i=1}^{n}x_i\sum_{i=1}^{n}y_i}{\sqrt{\sum_{i=1}^{n}x_i^2 - \frac{1}{n}\left(\sum_{i=1}^{n}x_i^2\right)^2}\sqrt{\sum_{i=1}^{n}y_i^2 - \frac{1}{n}\left(\sum_{i=1}^{n}y_i^2\right)^2}} \tag{3-11}$$

相关系数r的绝对值的大小表示相关程度的高低。当$r=0$时,说明是零相关,所求回归系数无效;当$|r|=1$时,说明是完全相关,自变量x与应变量y之间的关系为函数关系;当$0<|r|<1$时,说明是部分相关,r值越大表明自变量x与应变量y相关程度越高。

估计标准差s_y的计算公式为

$$s_y = \sqrt{\frac{\sum_{i=1}^{n}y_i^2 - a\sum_{i=1}^{n}y_i - b\sum_{i=1}^{n}x_iy_i}{n-2}} \tag{3-12}$$

(3)消费需求弹性预测法

消费需求弹性预测法,是指预测者依据商品价格变化与商品需求量的变化关系,进行市

场预测的方法。市场商品需求受多种因素的影响,主要因素有:

①价格因素。一般地说,价格上升,需求量要下降,价格下降,需求量就会增加。

②消费者收入因素。大多数商品随着消费者收入的增加,其需求量也随之增加,收入减少,商品需求量也随之下降。

③市场商品需求还受消费者心理、消费的环境等因素的影响。

在影响商品需求的诸多因素中,价格因素无疑是一个主要因素。商品价格的变动会引起市场对商品需求的变化。早在19世纪,西方经济学家马歇尔就看到这一点,提出需求弹性理论和价格弹性理论。从此,价格变动成了市场商品供求理论和分析价格与供求关系的重要工具。消费需求弹性预测法就是以这一理论为依据的。应用消费需求弹性预测法进行市场预测,必须要确定需求弹性系数。

需求弹性系数,指的是商品需求量对价格变动的反应程度。一般用价格变动的相对量与需求变动的相对量之比求得,即等于需求量变动的百分比除以价格变动的百分比。这两个变动的百分率的比值称为弹性系数,其计算公式为

$$E = \frac{\frac{Q_1 - Q_0}{Q_0}}{\frac{P_1 - P_0}{P_0}} = \frac{\Delta Q}{\Delta P} \times \frac{P_0}{Q_0} \tag{3-13}$$

式中:P_0——商品变动前的价格,即原来价格;

P_1——商品变动后的价格;

Q_0——价格变动前的需求量;

Q_1——价格变动后的需求量。

其中价格变动量 ΔQ 计算公式为

$$\Delta Q = \frac{E \times \Delta P \times Q_0}{P_0} \tag{3-14}$$

需求弹性预测法的基本计算公式为

$$Y = Q_0 + \Delta Q = Q_0 + \frac{E \times \Delta P \times Q_0}{P_0} \tag{3-15}$$

需求弹性系数 E 一般为负数,它表示商品价格下降时,销售量或需求量上升,为了说明的方便,对 E 取绝对值。E 的取值不同,表明需求弹性对价格变动反应不同。它主要有三种类型:

①富于弹性。当需求量变动百分数大于价格变动百分数,即需求弹性系数大于1时,叫做需求富有弹性。比如,价格下降2%,需求量增加4%。

②单一弹性。需求变动百分数等于价格变动百分数,也就是需求弹性系数等于1。例如,价格下降2%时,需求也增加2%。

③缺乏弹性。当需求量变动百分数小于价格变动百分数,也就是需求弹性系数小于1时,称为需求缺乏弹性。例如,价格减少2%,只引起需求量增加1%。

思考题

1. 汽车市场的调查内容是什么?
2. 汽车市场的调查步骤是什么?
3. 汽车市场的调查方法有哪些?
4. 德尔菲预测法的实施步骤是什么?

第四章 汽车定价

第一节 汽车价格

菲利普·科特勒在《营销学管理》一书中说过:"在营销组合中,价格是唯一能产生收入的因素。其他因素则表现为成本。价格因素也是营销组合中最灵活的因素,它的变化是异常迅速的。"产品的价格是整个营销组合的基本组成部分,因为它是产品之间可以进行快速比较的一个因素。消费者通常广泛地把它用来判断产品及其服务。在现代市场营销中,价格带有很强的竞争意识,许多企业都视运用价格杠杆为取得市场的重要策略。价格直接关系着市场对产品的接受程度,影响企业利润多少,是营销组合策略中的一个重要组成部分,但价格在市场上却最容易受到外界干扰,又最难控制。因此,企业如何把价格定到消费者、企业能接受的位置,就需要讲究科学性和艺术性。

一、汽车产品定价影响因素

"价值"的本义是指某种东西对人的意义和用处。一种商品,人们可以自己使用它,这叫商品具有"使用价值";还可以用来与别人交换,这叫商品具有"交换价值"。一件商品的交换价值是体现在它所交换得来的商品上,因此通常把通过交换得来的商品叫做一件商品的"交换价值"(exchange value),简称"价值"。一件商品可以和别的许多商品进行交换,也就是商品价值具有许多表现形式,其中用货币来表现的商品价值,就是"价格"(price)。价格与价值之间是形式与内容的关系,两者不能进行"量"的比较。

在现代市场营销学中,价格是企业营销4P组合中最灵活的组成部分,汽车产品的价格不仅是汽车产品价值的货币表现形式,而且是可以随着市场需求变动而变动,也正因为如此,定价具有很强的科学性,同时也具有很强的艺术性。

在中国车市竞争日益激烈的今天,价格策略成为国内汽车企业重要的营销手段。产品价格是企业向外界发出的最真实的营销信息,传递了企业营销战略、战术意图。同时价格策略也可以考核企业管理水平。特别是国外汽车企业加入中国市场的竞争,更使价格在市场扩张、吸引顾客、参与竞争、维护企业地位等方面是其他营销策略所不能取代的。

价格作为参与竞争的主要手段之一,具有双重性,一方面企业稳健的价格策略有利于企业产品快速地进入市场、占领市场;有利于企业防止新的竞争者产生,有利于维护企业的市场地位等;另一方面盲目的价格策略也直接或间接地损害着企业的利润来源,甚至是企业的整体形象。也就是说,企业定价的原则必须是在遵循客观经济规律的基础上,合理地、自由地、富有想象力地及富有创造力地设定产品价格。

中国汽车市场经历过"井喷"行情的风光,也遭遇了市场"寒流"的痛苦。2004年随着国产中高档汽车车型的不断丰富,车价却在不断地下降。究其原因,是因为国产汽车相对于进口汽车的竞争优势逐渐增大,另外一些畅销进口车的国产化也使得进口汽车市场受到很大影响,这吸引了相当部分原计划购买进口车的消费者。进口汽车在这种情况下只能通过降低价格来和国产车抗衡。而真正导致车市量增而价跌的主要因素包括汽车产品出厂的成本高低、汽车供求关系的换位、市场竞争者和消费者的心理状况以及政府的政策法规等。

1. 生产成本

所谓汽车产品生产成本是指汽车企业为生产一定数量和一定种类的汽车产品所发生的各种生产费用的总和。它主要包括厂房、机器等固定资产,也包括生产汽车所需要购买的原材料、钢板、轮胎,还包括隐性成本如知识产权等。它们不仅是企业定价的依据,同时也是制定产品价格的最低界限。

汽车工业的固定投资是十分巨大的,一个汽车工厂的资本投入动辄便是数十亿。而这些多少都会分摊在每台车的造车成本之中。作为一个汽车工业起步很晚的国家,我国的多数汽车厂商都还处于投资期,车商每年都将数十上百亿的资金投在工厂和生产线上,而这些投入哪怕是部分分摊在每年的造车成本上,都将带来成本的快速增加。而反观日本、美国和德国等一些老牌汽车制造国,其工厂和生产线大都有数十年的历史,当初的投资基本已经回收,追加的投入也只是改进生产线就行了,因此,这部分的成本分摊到每一台车便微乎其微。简而言之,上马一个新车型,在海外也许只需投入数几千万改造一下旧生产线就行了,而在中国却需要花上百亿新建一个工厂,成本自然是有明显不同。

另外,现阶段我国汽车市场,汽车知识产权成本也是汽车生产成本的主要组成部分。海外各大厂商的车型都拥有自主知识产权,核心部件也是自行生产,因此能够将成本降至最低。而国内几大汽车制造厂家的主力车型都是合资生产,且不说海外合资方的技术和设备转让费用,单是一些零部件的进口费用便让车价难以降下来。

2. 制造商规模

一般说来,制造商的生产规模越大,分摊到每辆汽车的生产成本就越低,制造商的利润空间和降价空间就越大,只有赢利能力强的制造商才能将自身的事业做大做好,才能向消费者提供良好的产品和服务。制造商的生产规模大,汽车的产量高,意味着社会上拥有该种品牌汽车的用户比较多,备品备件购置、车辆修理和维护保养就会比较方便。因此,制造商的生产规模是影响其所产汽车生产成本的重要因素。

3. 汽车产品供求关系

2004年汽车的需求并没有和汽车厂商预想的一样快速增长。由于2000年以前积累的私人消费能力在2002年和2003年得到了集中的释放,2004年私人消费没能继续2003年的势头,而宏观调控使得消费信贷缩减,公务车的消费也有所减少,需求泡沫破灭,实际需求也被部分抑制。在这种情况下,汽车供需开始失衡,库存压力频显,各汽车厂商都有了通过降价来带动销售、扩大市场份额的迫切需求。在通用和南北大众降价之后,各汽车厂商纷纷跟进,汽车价格开始了大范围、大幅度下降,然而消费者却有了"持币待购"心态,使得汽车的需求进一步减少。其他如油价上涨、道路拥堵、停车困难、保险免赔条款、新交通法规的全责条款等因素都对消费者购车产生了不利的影响,受这些因素的综合影响,在汽车产能大幅度提高的同时,汽车的需求较以前却有了很大的回落。虽然有这么多需求下降的不利因素,但是汽车厂商没有采取果断措施控制汽车供给,仍试图按照年初预定计划进行生产,使得汽车市场严重供过于求。

4. 汽车产品的生命周期

企业的市场营销是一个整体过程,一种产品的市场营销也是一个不断变化的过程,由于在市场营销过程处于产品生命周期的不同阶段上,企业产销、市场需求、竞争状况、外部环境、企业能力、企业目标等方面存在着重大的差异。因此,企业定价时要从市场营销过程、产品生命周期阶段的角度来加以分析和考虑。

汽车产品的生命周期对于汽车产品的定价有显著影响,但生命周期的各个阶段对定价的影响又有很大不同。例如,在产品生命周期中投入期时,汽车产品常采用高价策略;而对于产品生命周期中衰退期的汽车产品常采用低价策略。另外,在产品生命周期的各个阶段之间又都会出现一个拐点,当拐点开始突变时,这时产品销售量、大众普及率、消费者购买愿望等都将不同,价格也就成了制约购买的瓶颈。因此,拐点前后的企业定价策略会出现较大的差别,企业能否正确认识到这个拐点,以及能否及时调整定价战略,会导致完全不同的竞争结果。

5. 市场竞争者

所谓市场竞争者是指在市场上对自己产品构成威胁或潜在威胁的产品生产企业。市场竞争是产品进入市场的主要形式,产品定价体现企业产品的定位。当前,由于中国市场的消费者整体收入并不是很高,价格是影响消费者购买汽车产品的主要因素之一。汽车产品的定价往往在很大程度上都要考虑市场竞争状况,特别是竞争对手和自己产品相似时,竞争对手的价格也反映了市场对产品的认可程度。

一般来讲,当竞争对手产品无论是品牌价值还是产品设计理念都和自己的产品相仿时,加强竞争对手价格研究,对企业产品顺利占据市场地位有至关重要作用。但也有些企业的竞争对手的价格策略是背道而驰的。日本凌志车以"一样的性能,一半的价格"作为广告诉求,对奔驰车发动了市场进攻,奔驰的营销主管反其道而行之,并没有采用降价策略跟进,而是调高了奔驰车的价格,不仅提升了奔驰的品牌形象,也稳定其重要的高端顾客,保证了企业利润。同样是奔驰车,2004 年奔驰在美国市场创下了其 40 年销售收入的新高,但这主要是由于其基本型 C 级车(价格低于 26000 美元)的快速增长引起的,由于其投资集中于低价的高档车,其竞争对手乘虚而入,使奔驰车的 5 种高档豪华车销售下降了 25%,在高档车的排名也跌至第三位。更为严重的是,面对低价车畅销所带来的诱惑,奔驰的主管陷入了维持品牌价值与快速增加短期业务量的困局之中,这给竞争对手创造了更多的机会。

6. 消费者心理状况

消费者的心理状况直接关系着市场需求今后的走向,消费者会从适合自己利益角度来考虑今后是否要购车。一方面在现行的中国汽车市场,消费者继续保持着"持币待购"的心态。为此,汽车需求进一步减少,在这种供求关系不平衡的情况下,厂商若是直接通过降低价格来直接应对,却反而使这种"持币持购"现象得到了进一步的加剧,出现了汽车厂商和消费者之间越不买越降价,越降价越不买的尴尬局面,汽车价格下降幅度越来越大。另一方面消费者还关心未来汽车的使用环境,如燃油税和消费税等。2011 年,几次燃油涨价使得油价成为关注热点,消费者对油价的担忧已取代了汽车降价时期的浓郁的"持币待购"心理。而珠三角地区一段时间来出现的燃油紧张,也让市民对油价的恐慌上升到对能源危机的恐慌。显然,节能、环保的汽车势必成为消费者购车的导向。新的消费税征税办法体现国家对小排量汽车的鼓励政策,将在一定程度上促进小排量汽车的消费,限制大排量汽车、SUV的消费,从而也会导致中国汽车产品结构实现一次大规模的调整。

7. 营销策略的选择

汽车产品在进入市场前,企业会对营销组合策略进行选择,良好的营销策略将直接影响到汽车产品的价格体系。首先,产品的特点将直接影响到企业价格策略的选择。企业产品的特点包括产品的性质、需求价格弹性、产品的生命周期状况、市场上的相关产品以及品牌的知名度等。其次,分销渠道对价格策略也会产生影响。分销策略的长短、宽窄,以及分销的方式和中间商的构成,都是定价应该考虑的重要因素。最后,促销也是影响价格的一个重要因素。如果企业的促销费用高,这时的汽车产品成本也会相应上升,价格自然也就较高,相反企业的产品价格就可以有很大的回旋余地。

8. 国家相关政策法规

目前,我国的汽车市场价格更多的是在政府物价部门审批下制定的。在社会主义市场经济下,有限地加强对价格进行管理,对于整个汽车产业、消费者以及国家都具有很重要的意义。如沈阳奥克斯汽车有限公司是2003年"借壳"进入汽车领域,新政策要求厂家实现欧Ⅱ转欧Ⅲ排放标准,对于资金还有技术都还不够完善的企业来说,由此产生的运营成本就会相应地增加,而这部分费用最终还是会反映到汽车价格上来。

综上所述,汽车的定价除了受到以上几种因素的影响之外,还受到国家的金融策略、汽车的使用环境、地区,以及国际大背景等因素的制约。因此,汽车定价企业必须综合考虑各方面影响价格的因素,进一步改善我国家用汽车市场的供求关系,提高供给能力,保障供给质量,创造和刺激对家用汽车的需求,从而促进我国汽车工业的健康稳步发展。

9. 成本构成

在实际工作中,产品的价格是按成本、利润和税金三部分来制定的。成本又可分解为固定成本和变动成本。固定成本是在短期内不随企业产量和销售收入的变化而变化的生产费用。如:厂房设备的折旧费、租金、贷款利息、行政人员薪金等。可变成本是随生产水平的变化而直接变化的成本。如:原材料费、工资等,企业不开工生产,可变成本等于零。成本有时又分为社会平均成本和企业个别成本。就社会同类产品市场价格而言,主要是受社会平均成本影响。在竞争很充分的情况下,企业个别成本高于或低于社会平均成本,对产品价格的影响不大。

在一定生产规模范围内,随着产销量不断扩大,单位产品的总成本趋于降低,这就是人们常说的规模经济效益。汽车工业是典型的规模经济产业,不断扩大规模,发挥生产设备潜能,降低产品成本,是很多汽车厂家致力追求的目标。反之,当生产潜能发挥殆尽,产量继续扩大时,势必要增加新的固定投资,或者造成企业管理成本增加,从而又导致产品的平均总成本上升,人们称之为规模不经济。

根据统计资料显示,目前工业产品的厂家成本在产品出厂价格中平均约占70%。厂家成本主要取决于三个环节,一是设计环节,不断改进的设计总是可以用最小的成本实现最优的功能;二是零部件采购环节,整车厂商基本上要外购70%~80%的零部件;三是企业内部运营管理环节,其中包括对人员、设备、生产、储运等管理。

成本是构成价格的主要因素,也是制定价格时要考虑的最重要的因素之一。因为如果价格远远高于成本会有失社会公平,价格过分低于成本,不可能长久维持。企业定价时,不应将成本孤立地对待,而应同产量、销量、资金周转等因素综合起来考虑。成本因素还要与影响价格的其他因素结合起来考虑。

企业最后确定的价格必须同企业定价政策相符合;必须考虑是否符合政府的政策和法规;考虑消费者的心理;考虑企业内部有关部门(如销售部门、广告部门等)对定价的意见;考虑经销商、供应商等对所定价格的意见;考虑竞争对手对所定价格的反应。

二、汽车产品的定价目标

企业的定价目标是指企业通过定价期望达到的效果,规定了企业定价的目的和水平。现实中,任何企业都不能孤立地定价,而必须按照企业的市场定位和竞争战略来进行合理定价。不同企业有不同的定价目标,不同定价目标对产品的价位又有不同的要求。一般来讲,企业具有以下定价目标。

1. 获取最大利润目标

最大利润有长期和短期之分,还有单一产品最大利润和企业全部产品综合最大利润之别。一般而言,企业追求的应该是长期的、全部产品的综合最大利润,这样,企业就可以取得较大的市场竞争优势,占领和扩大市场份额,拥有更好的发展前景。当然,对于一些中小型企业、产品生命周期较短的企业、产品在市场上供不应求的企业等,也可以谋求短期最大利润。

在成熟的市场经济环境中,投资流向利润较高的行业,加剧竞争进而引发价格战,直至行业利润率与社会平均利润率持平。国外汽车制造行业5%左右的平均利润率,就是竞争的结果。目前,我国的汽车行业特别是一些高档轿车处于高利润阶段。然而,高利润对产业发展也带来了危害:消费者购车要花费更大代价,不利于扩大市场;造出汽车就能赚大钱,不利于汽车企业提高开发能力、降低成本、提升服务水平,也不利于企业优胜劣汰和行业结构调整。

最大利润目标并不意味着采用高价策略,价格太高,会导致销售量下降,利润总额可能因此而减少。有时,高额利润是通过采用低价策略,待占领市场后再逐步提价来获得的;企业也可以采用招徕定价,对部分产品定低价,赔钱销售,以扩大影响,招徕顾客,带动其他产品的销售,进而谋取最大的整体效益。

2. 获取适度利润为目标

它是指企业在补偿社会平均成本的基础上,适当地加上一定量的利润制定商品价格,以获取合理利润的一种定价目标。以最大利润为目标在实际运用时常常会受到各种限制。因此,很多企业按适度原则确定利润水平,并以此为目标定价。以适度利润为目标可以使产品价格不会太高,从而可以在激烈的市场竞争中占有优势,可以在相当长的时间内保持价格稳定,较好地协调了企业与消费者的关系;有利于树立良好的企业形象,树立消费者对品牌的信心和忠诚度;符合政府的价格指导方针,兼顾企业利益和社会利益的定价目标。适度利润目标的实现,必须充分考虑产销量、投资成本、竞争格局和市场接受程度等因素,否则,适度利润目标不可能实现。

3. 市场占有率为目标

市场占有率，又称市场份额（market share），是指企业的销售额占整个行业销售额的百分比，或者是指某企业的某产品在某市场上的销量占同类产品在该市场销售总量的比重。市场占有率是企业经营状况和企业产品竞争力的直接反映。作为定价目标，市场占有率与利润的相关性很强，从长期来看，较高的市场占有率必然带来高利润。

市场占有率目标有保持和扩大两种，保持市场占有率是根据竞争对手的价格水平不断调整价格，以保证足够的竞争优势，防止竞争对手占有自己的市场份额。扩大市场占有率是从竞争对手那里夺取市场份额，以达到扩大市场占有率乃至控制整个市场的目的。

市场占有率目标被国内外许多企业所采用，有时企业会通过较长时间的低价策略来保持或扩大市场占有率，增强企业竞争力，最终获得最优利润。但是，这一目标的顺利实现至少应具备三个条件。

（1）企业有雄厚的经济实力，可以承受一段时间的亏损，或者企业本身的生产成本本来就低于竞争对手。

（2）企业对其竞争对手情况有充分了解，有从其手中夺取市场份额的绝对把握。否则，企业不仅不能达到目的，反而很有可能会受到损失。

（3）在企业的宏观营销环境中，政府未对市场占有率作出政策和法律的限制。比如美国制定有"反垄断法"，对单个企业的市场占有率进行限制，以防止少数企业垄断市场。在这种情况下，盲目追求高市场占有率，往往会受到政府的干预。

4. 稳定价格为目标

稳定价格为目标的实质是通过本企业产品的定价来左右整个市场价格，避免不必要的价格波动。这种目标定价可以使市场价格在一个较长的时期内相对稳定，减少企业之间因价格竞争而造成的损失，价格越稳定，经营风险也就越小。

通常情况下，为达到稳定价格的目的，那些拥有较高的市场占有率、经营实力较强或具有较强竞争力和影响力的领导者先制定一个价格，其他企业的价格则与之保持一定的距离或比例关系。对大企业来说，这是一种稳妥的价格保护政策；对中小企业来说，由于大企业不愿意随便改变价格，竞争性减弱，其利润也可以得到保障。

第二节 汽车价格定价方法

定价方法，是企业在特定定价目标指导下，依据对成本、需求及竞争状况等方面的研究，运用价格决策理论，对产品价格进行计算的方法。定价方法主要包括成本导向、竞争导向和需求导向三种类型。

一、成本导向定价法

成本是企业生产经营过程中所发生的实际耗费，通过商品的销售而得到补偿，并且要获得大于其支出的收入，超出的部分表现为企业利润。以每辆车的成本为基本依据，再加上预期利润来确定价格的方法称为成本导向定价法。成本导向定价法又可分为总成本加成定价法、目标收益定价法、边际成本定价法、盈亏平衡定价法等几种具体的定价方法。

1. 总成本加成定价法

总成本加成定价法是把所有生产汽车的耗费均计入成本,计算每辆车的变动成本,合理分摊相应的固定成本,再按一定的目标利润率来决定价格。其计算公式为

$$每辆车的价格 = 每辆车的总成本 \times (1 + 目标利润率) \quad (4-1)$$

例4-1 某汽车厂生产2000辆汽车,总固定成本80000000元,每辆汽车的变动成本为10000元,确定目标利润率为15%。试采用总成本加成定价法确定其价格。

解: 每辆车的固定成本 80000000÷2000 = 40000元

每辆车的变动成本 10000元

每辆车的总成本 50000元

每辆车的价格 50000×(1+15%) = 57500元

应用总成本加成定价法时,确定合理的目标利润率是一个关键问题,而目标利润率的确定,必须考虑市场环境、行业特点等多种因素。多种汽车在特定市场以相同的价格出售时,成本低的企业能够获得较高的利润率,并且在进行价格竞争时可以拥有更大的回旋空间。

在用总成本加成方式计算价格时,对成本的确定是在假设销售量达到某一水平的基础上进行的。因此,若产品销售出现困难,则预期利润很难实现,甚至连成本补偿都不可能。但是,这种方法简化了定价工作,便于企业开展经济核算。其次,若某个行业的所有企业都使用这种定价方法,他们的价格就会趋于相似,因而价格竞争就会最少。再者,在成本加成的基础上制定出来的价格对买方和卖方来说都比较公平,卖方能得到正常的利润,买方也觉得物有所值。即使不用这种方法定价,许多企业也将利用此法确定的价格作为参考价格。

2. 目标收益定价法

目标收益定价法又称投资收益率定价法,是根据企业的投资总额、预期销量和投资回收期等因素来确定价格。

例4-2 某汽车厂生产2000辆汽车,总固定成本80000000元,每辆汽车的变动成本为10000元,目标利润率为15%,汽车厂的总投资额为90000000元,投资回收期为5年,试用目标收益定价法确定价格。

解:(1)确定目标收益率

目标收益率 = 1/投资回收期 ×100% = 1/5×100% = 20%

(2)确定每辆车的目标利润额

每辆车的目标利润额 = 总投资额 × 目标收益率 ÷ 预期销量

90000000×20%÷2000 = 9000元

(3)计算每辆车的价格

每辆车的价格 = 企业固定成本 ÷ 预期销量 + 单位变动成本 + 每辆车的目标利润额

= 80000000÷2000 + 10000 + 9000 = 59000元

与总成本加成定价法相类似,目标收益定价法很少考虑到市场竞争和需求的实际情况,只是从保证生产者的利益出发制定价格。先确定产品销量,再计算产品价格的做法完全颠倒了价格与销量的因果关系。尤其是对于那些价格需求弹性较大的产品,用这种方法制定出来的价格,无法保证销量的必然实现,预期的投资回收期、目标收益等也有可能不能实现。

3. 边际成本定价法

边际成本是指每增加或减少单位产品所引起的总成本的变化量。由于边际成本与变动成本比较接近,而变动成本的计算更容易一些。因此,在定价中多用变动成本代替边际成本,而将边际成本定价法称为变动成本定价法。

采用边际成本定价法是以单位产品变动成本作为定价依据和可以接受价格的最低界限。在价格高于变动成本的情况下,企业的收入除了完全补偿变动成本外,尚可用来补偿一部分固定成本,甚至可能提供利润。

例 4-3 某一品牌的汽车在一定时期内发生固定成本 80000000 元,单位变动成本 38000 元,预计销量为 2000 辆。在当时市场条件下,同类产品的价格为 75000 元/辆。那么,企业是否应该继续生产呢?

解: 其决策过程为

$$固定成本 = 80000000 \text{ 元}$$

$$变动成本 = 38000 \times 2000 = 76000000 \text{ 元}$$

$$销售收入 = 75000 \times 2000 = 150000000 \text{ 元}$$

$$企业盈亏 = 150000000 - 76000000 - 80000000 = -6000000 \text{ 元}$$

按照变动成本定价,企业出现了 6000000 元的亏损,但是作为已经发生的固定成本,在不生产的情况下,已支出了 80000000 元,这说明按变动成本定价时可减少 74000000 元固定成本的损失,并补偿了全部变动成本 76000000 元。若低于变动成本定,如市场价格降为 38000 元/辆以下,则企业应该停产,因为此时的销售收入不仅不能补偿固定成本,连变动成本也不能补偿,生产的越多,亏损便越多,企业的生产活动便变得毫无意义。

边际成本定价法改变了售价低于总成本便拒绝交易的传统做法,在竞争激烈的市场条件下具有极大的定价灵活性,对于有效地应对竞争者、开拓新市场、调节需求的季节差异、优化产品组合可以发挥巨大的作用。但是,过低的定价有可能被指控为不正当竞争,并招致竞争者的报复,在国际市场则易被进口国认定为"倾销",产品价格会因"反倾销税"的征收而急剧上升,失去其最初的意义。

4. 盈亏平衡定价法

在销量既定的条件下,企业产品的价格必须达到一定的水平才能做到盈亏平衡、收支相抵。既定的销量就称为盈亏平衡点,这种制定价格的方法就称为盈亏平衡定价法。在已知固定成本、变动成本的前提下,科学地预测销量是盈亏平衡定价的前提。

在此方法下,为了确定价格可利用如下公式

$$盈亏平衡点价格 = 固定总成本 \div 销量 + 单位变动成本 \qquad (4-2)$$

例 4-4 某企业年固定成本为 12000000 元,每辆车的变动成本为 13000 元/辆,年产量为 2000 辆,试计算此企业该产品的盈亏平衡点价格。

解: 企业盈亏平衡点价格 = 12000000 ÷ 2000 + 13000 = 73000 元

以盈亏平衡点确定价格只能使企业的生产耗费得以补偿,而不能得到收益。因此,在实际中均将盈亏平衡点价格作为价格的最低限度,通常再加上单位产品目标利润后才作为最终市场价格。有时,为了开展价格竞争或应对供过于求的市场格局,企业采用这种定价方式以取得市场竞争的主动权。

从本质上说,成本导向定价法是一种卖方定价导向。它忽视了市场需求、竞争和价格水平的变化,在有些时候与定价目标相脱节,不能与之很好地配合。此外,运用这一方法制定的价格均是建立在对销量主观预测的基础上,从而降低了价格制定的科学性。因此,在采用成本导向定价法时,还需要充分考虑需求和竞争状况,来确定最终的市场价格水平。

二、竞争导向定价法

在竞争十分激烈的市场上,企业通过研究竞争对手的生产条件、服务状况、价格水平等因素,依据自身的竞争实力、参考成本和供求状况来确定商品价格。这种定价方法就是通常所说的竞争导向定价法。其特点是:价格与商品成本和需求不发生直接关系;商品成本或市场需求变化了,但竞争者的价格未变,就应维持原价;反之,虽然成本或需求都没有变动,但竞争者的价格变动了,也应相应地调整价格。当然,为实现企业的定价目标和总体经营战略目标,谋求企业的生存或发展,企业可以在其他营销手段的配合下,将价格定得高于或低于竞争者的价格,并不一定要求和竞争对手的产品价格完全保持一致。竞争导向定价主要包括随行就市定价法和产品差别定价法两种方法。

1. 随行就市定价法

在垄断竞争和完全竞争的市场结构条件下,任何一家企业都无法凭借自己的实力在市场上取得绝对优势,为了避免竞争特别是价格竞争带来的损失,大多数企业都采用随行就市定价法,即将本企业某产品价格保持在市场平均价格水平上,利用这样的价格来获得平均利润。

此外,采用随行就市定价法,企业就不必去全面了解消费者对不同价差的反应,从而为营销、定价人员节约了很多时间。

采用随行就市定价法,最重要的就是确定目前的"行市"。"行市"的形成有两种途径:第一种途径是在完全竞争的环境中,各个企业都无权决定价格,通过对市场的无数次试探,相互之间取得一种默契而将价格保持在一定的水准上。第二种途径是在垄断竞争的市场条件下,某一部门或行业的少数几个大企业首先定价,其他企业参考定价或追随定价。

2. 产品差别定价法

从根本上来说,随行就市定价法是一种防御性的定价方法,它在避免价格竞争的同时,也抛弃了价格这一竞争的"利器"。产品差别定价法则是指企业通过不同的营销努力,使同种同质的产品在消费者心目中树立起不同的产品形象,进而根据自身特点,选取低于或高于竞争者的价格作为本企业产品价格。因此,产品差别定价法是一种进攻性的定价方法。

产品差别定价法的运用,首先要求企业必须具备一定的实力,当其产品在某一细分市场占有较大的市场份额,消费者能够将企业产品与企业本身联系在一起时,该企业的实力才能得以体现。其次,在质量大体相同的条件下实行差别定价是有限的,尤其对于定位为"质优价高"形象的企业来说,必须支付较大的广告、包装和售后服务方面的费用。从长远来看,企业只有通过提高产品质量,充分做好售前、售中和售后服务,才能真正赢得消费者的信任,才能在竞争中立于不败之地。

三、需求导向定价法

企业的一切生产经营必须以消费者需求为中心,并在产品、价格、分销和促销等方面予以充分体现,只考虑产品成本,而不考虑竞争状况及顾客需求的定价,不符合现代营销观念。根据市场需求状况和消费者对产品的感觉差异来确定价格的方法叫做需求导向定价法,又称市场导向定价法、顾客导向定价法。其特点是灵活有效地运用价格差异,对平均成本相同的同一产品,价格随市场需求的变化而变化,不与成本因素发生直接关系。需求导向定价法主要包括理解价值定价法、需求差异定价法和逆向定价法。

1. 理解价值定价法

所谓"理解价值"是指消费者对某种商品价值的主观评判。理解价值定价法是指企业以消费者对商品价值的理解度为定价依据,运用各种营销策略和手段,影响消费者对商品价值的认知,形成对企业有利的价值观念,再根据商品在消费者心目中的价值来制定价格。一项针对汽车购买者对汽车价格和质量感知关系的研究表明,消费者认为价格较高的汽车质量较好。同样,消费者对较高质量的汽车的感知价格,甚至会高于它们的实际定价。当消费者可以检查产品质量或者通过过去的经验判断产品质量时,他们不怎么用价格衡量质量。当他们缺乏必要的信息和技能来判断产品质量时,价格就成为重要的质量标志。

理解价值定价法的关键和难点,是获得消费者对有关商品价值理解的准确资料。企业如果过高估计消费者的理解价值,其价格就可能定得过高,难以达到应有的销量;反之,若企业低估了消费者的理解价值,其定价就可能低于应有水平,使企业收入减少。因此,企业必须通过广泛的市场调研,了解消费者的需求偏好,根据产品的性能、用途、质量、品牌、服务等要素,判定消费者对商品的理解价值,制定商品的初始价格。然后,在初始价格条件下,预测可能的销量,分析目标成本和销售收入。在比较成本与收入、销量与价格的基础上,确定该定价方案的可行性,并制定最终价格。

2. 需求差异定价法

所谓需求差异定价法,是指产品价格的确定以需求为依据。首先,强调适应消费者需求的不同特性,而将成本补偿放在次要的地位。这种定价方法,适用同一商品在同一市场上制定两个或两个以上的价格,或使不同商品价格之间的差额大于其成本之间的差额,其好处是使企业定价最大限度地符合市场需求,促进商品销售,有利于企业获取最佳的经济效益。

根据市场需求特性的不同,需求差异定价法通常有以下几种形式:

(1) 以用户为基础的差别定价

它指对同一产品针对不同的用户或顾客,制定不同的价格。比如,对老客户和新客户、长期客户和短期客户等,分别采用不同的价格。

(2) 以时间为基础的差别定价

同一种产品,成本相同,而价格随季节不同而变化,这类商品在定价之初就应考虑到淡、旺季的价格差别。

(3) 以产品为基础的差别定价

不同外观、型号、配置、性能的汽车,也许成本有所不同,但它们在价格上的差异并不完全反映成本之间的差异,而主要区别在于需求的不同。例如,对于同一型号而仅仅是颜色不同的汽车,由于消费者偏好的不同,也可以制定不同的价格。

(4) 以流转环节为基础的差别定价

企业产品出售给批发商、零售商和用户的价格往往不同,通过经销商、代销商和经纪人销售产品,因责任、义务和风险不同,佣金、折扣及价格等都不一样。

(5)以交易条件为基础的差别定价

交易条件主要指交易量大小、交易方式、购买频率、支付手段等。交易条件不同,企业可能对产品制定不同价格。比如,交易批量大的价格低;现金交易价格可适当降低,支票交易、分期付款、以旧车更换新车的价格适当提高;预付定金、连续购买的价格一般低于偶尔购买的价格。

由于需求差异定价法针对不同需求而采用不同的价格,实现顾客的不同满足感,能够为企业谋取更多的利润,在实践中得到广泛的运用。但是,也应该看到,实行区别需求定价必须具备一定的条件,否则,不仅达不到差别定价的目的,甚至会产生副作用。这些条件包括:

①从购买者方面来说,购买者对产品的需求有明显的差异,市场能够细分,需求弹性不同,不会因差别价格而导致顾客的反感。

②从企业方面来说,实行不同价格的总收入要高于同一价格的收入。因为差别定价的目的是获取更高的利润,所以企业必须进行供求、成本和盈利分析。

③从产品方面来说,各个市场之间是分割的,低价市场的产品无法迅速向高价市场转移。这种现象可能是交通运输状况造成的,也可能是产品本身特点造成的。

④从竞争状况来说,无法在高价市场上进行价格竞争。这可能是部分企业已垄断市场,竞争者极难进入,也可能是产品需求弹性小,高价不会对消费者需求产生较大的影响;还可能是消费者对企业产品已产生偏好。

3.逆向定价法

逆向定价法主要不是考虑产品成本,而是重点考虑需求状况。依据消费者能够接受的最高销售价格,逆向推算出中间商的批发价和生产企业的出厂价格。逆向定价法的特点是:价格能反映市场需求情况,有利于加强与中间商的良好关系,保证中间商的正常利润,使产品迅速向市场渗透,并可根据市场供求情况及时调整,定价比较灵活。

1.汽车定价的影响因素有哪些?
2.汽车定价常用的方法有哪些?

第五章 汽车促销

第一节 广　告

广告作为一种特殊的信息传播现象,在现代市场营销中占有重要的地位,已经成为企业促销活动的先导和现代社会生活中不可缺少的一个部分,尤其是现在的经济时代。它特别是对人民的生产生活、商业组织、大众传媒、政策推广等有关的个人和组织产生了广泛而深刻的影响。汽车广告是汽车企业用以对目标消费者和公众进行说服性传播的工具之一。汽车广告要体现汽车企业和汽车产品的形象,从而吸引、刺激、诱导消费者购买该汽车产品。

一、广告概述

1. *广告的概念*

广告,即广而告之之意,它首先源于拉丁文 adverture,意思是诱导和留意,后来随着发展逐渐演变为 Advertise,其含义衍化为"使某人注意到某件事"或"通知别人某件事",以引起他人的注意。广告在不同的学科角度,也产生了不同形态的定义。例如,在宣传学中,广告被意为有效的宣传手段;在传播学中,广告被总结为通过大众的传播媒介,使目标受众产生广告主期望的购买行为。这些定义都是在特定时期从不同的角度为我们提供了对广告的理解,既有合理性,同时也有一定的片面性。

今天,广告的定义已经大为扩展。广告的概念是基于其与信息社会紧密相连的范畴,是维持与促进现代社会生存与发展的一种大众信息传播活动,是为了某种特定的需要,通过一定形式的媒体,公开而广泛地向公众传递信息的宣传手段。

在市场营销活动中,汽车广告是指由特定的汽车广告主有偿使用一定的媒体,传播汽车产品和汽车劳务信息给目标顾客的促销行为。

汽车广告与其他商业广告一样,具有以下特征:

(1)广告的主体是企业

广告是企业为了推销商品或者服务而向消费者传递信息的一种促销活动,因而它是一种企业行为。

(2)广告是以非人员方式进行

广告活动必须通过一定的媒介形式传播。它是以群体为对象进行的一系列信息沟通活动。

(3)广告的内容是商品或服务

企业通过广告活动唤起消费者对有关商品与服务的需求,从而诱导和促进他们的购买动机的产生,达到促销的目的。

(4)广告的目的是为了增加商品销售而作的有效传播

企业将事先准备的所要传递的信息内容有目的地传达给信息接受者,达到修正消费者对企业、商品或服务等的态度和行为的目的。

(5)广告是一种由广告主付费的经济行为

任何形式的广告都需要支付一定的费用,包括广告制作费和刊播费等。免费广告仅仅是广告宣传的特殊形式,这也是广告与其他宣传方式的根本区别。

2. 广告的作用

(1)传递信息,沟通产需

在市场经济中,谁掌握了市场信息谁就掌握了市场的主动权。对于汽车生产企业来说,面临众多竞争对手的激烈竞争,要想使自己的产品尽快地让消费者知晓,必须借助于广告向消费者传递自己汽车产品的性能、特点、质量、使用方法、购买地点、购买手续以及售后服务等信息,使消费者对企业的产品留下深刻的印象,为其购买选择提供信息需要。消费者如果掌握到了必要的汽车产品信息,就可以根据汽车产品信息进行购买决策,选择物美价廉的汽车产品,使购买效用达到最大化。

(2)激发需求,促进销售

广告的最终目的就是激发需求,促进销售。消费者的需求开始一般处于潜在状态,这种需求并不能形成直接的购买行为。通过广告宣传,可以引起消费者的注意,进行购买说服,促使消费者产生兴趣,使消费者处于潜在状态的需求被激发起来,促成其购买行为产生。实践证明,一则生动活泼、具有说服力的广告,能够激发消费者的购买欲望,培养新的需求和创造新的消费方式,明确选择目标,促使其产生购买行为,从而有利于扩大企业的产品销售。

(3)介绍产品,指导消费

广告是无声的推销员,它比人员推销所接触的市场范围要大得多,具有广泛的传播范围。消费者在数量、种类众多的商品世界中很难做出选择,因此,他们购买商品往往带有盲目性。此时,企业可以运用广告来介绍产品,指导消费。通过运用多种广告媒体向消费者介绍产品的种类、功能、款式、使用方法等,帮助消费者根据广告信息来选择符合自身需求的商品,既扩大企业的产品销售,又扩展自己的目标市场。

(4)树立形象,赢得市场

企业的产品进入市场,通过广告宣传产品的特色、企业的质量保证和服务措施,树立良好的企业形象,提高产品的知名度,从而赢得市场。对于汽车这种高档的耐用消费品,消费者在购买汽车时,企业的形象(包括信誉、名称、商标等)是其作出选择的重要依据。可见,企业的良好形象对其产品销售关系重大,甚至影响到其市场份额。

广告不仅对消费者具有激发购买作用,对中间商还能起到鼓励作用,争取更多的中间商分销本企业产品。在同类产品竞争激烈的市场条件下,中间商的进货具有很大的选择性,他们对那些市场知名度低的产品一般不愿意经营。只有那些经过有效广告攻势,建立一定市场知名度的产品,他们才愿意进货。

3. 广告种类

目前,我们可以按照不同的目的和要求将广告进行详细分类和研究,例如,按照广告的定义、广告的诉求方式、广告的覆盖区域、广告使用媒介、广告传播对象、广告营销目的、商品生命周期阶段等将广告划分为不同的类型。

（1）按照广告的定义划分

广告作为向大众宣传与传播信息的广泛的有效手段之一，从界定范围来看，可以分为狭义的广告和广义的广告两大类。

①狭义的广告。

狭义的广告被定义为专指经济广告，又称商业广告，是指以盈利为目的的广告，通常是商品生产者、经营者和消费者之间沟通信息的重要手段，或企业占领市场、推销产品、提供劳务的重要形式，为了付费广告主的利益去寻求经由说服来销售商品的服务或者观念，主要目的是宣传销售商品或者服务，扩大经济量产，从而获得更高的经济效益，例如，企业的相关广告，如可口可乐、苹果手机等。

②广义的广告。

广义的广告，泛指一切营利性和非营利性广告，可以理解为一切面向大众的广而告之的具有宣传作用的活动。非营利性经济广告指不以营利为目的的广告，又称效应广告，如政府行政部门、社会事业单位乃至个人的各种公告、启事、声明等，主要目的是推广。营利性经济广告就是通过广泛的有效的传播效应来扩大知名度进行大规模的生产或者服务，例如，可口可乐、苹果手机等。

（2）按照广告诉求方式划分

所谓的诉求方式是指广告采用什么样的表达方式来诱导和引发广大的消费者的购买欲望，并采取相应的购买行动。按照诉求方式划分，广告可分为理性诉求广告、感性诉求广告和感性与理性并用的诉求广告。

①理性诉求广告。

理性诉求广告指的是广告诉求定位于受众的理智动机，通过真实、准确、公正地传达企业的产品或者服务的客观情况，使受众经过概念、判断、推理等思维过程，理智地作出判断与决定，理性地权衡利与弊，最终促成购买行动。如白色力士润肤沐浴露：含有天然杏仁油及丰富滋养成分，清香怡人，令肌肤柔美润泽，适合中性和油性肌肤。这则广告，简单明了，将产品的特性和由此产生的功效一一准确阐述，可以使消费者对这种产品产生全面认识。这种广告策略可以作正面表现，即在广告中告诉受众"如果购买某种产品或接受某种服务会获得什么样的利益"，也可以作反面表现，即在广告中告诉消费者不购买产品或不接受服务会对自身产生什么样的影响。

②感性诉求广告。

感性说服方法的广告形式，又称情感诉求。它通过诉求消费者的感情或情绪来达到宣传商品和促进销售的目的，也可以叫作兴趣广告或诱导性广告。感性诉求的广告不作功能、价格等理性化指标的介绍，而是把商品的特点、能给消费者提供的利益点，用富有情感的语言、画面、音乐等手段表现出来。"德芙，纵享丝滑"广告语中的巧克力的"丝滑"，可以勾起消费者对德芙巧克力的美好想象，进而激发购买欲望，采用感性诉求方式。

通常感性诉求广告所介绍的产品或企业都是以感觉、知觉、表象等感性认识为基础，是消费者可以直接感知的或是经过长期的广告宣传，消费者已经熟知的。采用感性诉求，最好的办法就是营造消费者使用该商品后的欢乐气氛，使消费者在感情获得满足的过程中接受广告信息,保持对该商品的好感,最终能够采取购买行为。

③感性与理性并用的诉求广告。

所谓感性与理性并用的诉求广告就是将以上两者的优点进行结合的诉求广告,它既有情感的诉求,也有理性的判断和思维方式,这种广告是较为难做的,也是在熟悉的产品或服务的情况下,在对之前的产品或者服务进行历史性的总结才能构思出较为完美的感性与理性广告创意,才能更有创意地去推广产品或者服务。例如,Jeep曾经的广告宣言——"把一件事做彻底,这是理智与情感的默契统一,并非绝对的可望而不可即"。

(3)按照广告的覆盖范围划分

因媒介有其自身的传播范围和广度,由此媒介渠道传播的广告自然也就有了相应的传播范围。一般而言,根据媒介的传播范围和广度可以把广告划分为全球性广告、区域性广告和地区性广告4大类。

①全球性广告。

全球性广告又称为国际性广告,这是国际市场一体化之后涌现出来的广告形式。这种广告在媒介选择与制作技巧上要特别考虑国际受众消费者的特点与需要,选择具有国际性影响力的广告媒介进行发布。典型的例子有美国的麦当劳、匡威、星巴克等产品广告。这类广告产品大多针对通用性强、销售量多、选择性小的具有国际影响力的知名品牌。

②全国性广告。

此类广告选择全国性的传播媒介发布广告,此媒介包括全国性的报纸、杂志、电视和广播等,例如通过《人民日报》、中央人民广播电台、中央电视台来发布广告。其目的就是引发和诱导国内消费者的普遍反应,激发并产生购买的欲望与需求。同国际广告一样,这种广告所宣传的产品也多是通用性强、销售量大、地区选择性小的商品与服务,或是专业性强、使用区域分散的商品。全国性广告受众人数多,影响范围广,覆盖面大,因此广告收费高。由于全国性广告的受众地域跨度大,所以要充分考虑到不同地区受众的接受习惯,注重广告信息的通用性和适应性,不宜使用方言等带有地方特色的语言表达形式。

③区域性广告。

区域性广告是指选用区域性传播媒体,如地方报纸、杂志、电台、电视台开展的广告宣传,这种广告采用信息传播只能覆盖一定区域的媒体所做的广告,借以刺激某些特定地区消费者对产品的需求。在省、县报纸、杂志、广播、电视上所做的广告,均属此类;路牌、霓虹灯上的广告也属地区性广告。这种广告的产品销量有限,选择性强,中小型企业使用概率较高。

④地方性广告。

地方性广告比区域性广告传播范围更窄,市场范围更小,辐射面更窄,选用媒介多是市级报纸、电台、电视台、路牌等地方性传播媒介。这类广告主要是零售企业和地方企业性工业企业,广告宣传的重点是促使人们使用地方性产品,提升卖点的形象,广告语句中一般有地方特色的方言以及文化特点。

(4)按照广告目的划分

按照广告目的确定广告的内容和广告投放时机、广告所要采用的形式和媒介,可以将广告分为产品广告、企业广告、品牌广告、观念广告等类别。

①产品广告。

产品广告,又称商品广告。是以促进产品的销售为目的,通过向目标受众介绍有关商品信息,突出商品的特性,以引起目标受众和潜在消费者的关注。力求产生直接和即时的广告效果,在他们的心目中留下美好的产品形象,从而提高产品的市场占有率,最终实现企业的目标效益与规模效益。

②企业广告。

企业广告,又称企业形象广告。它是以树立企业形象,宣传企业理念,提高企业知名度为直接目的的广告。虽然企业广告的最终目的是为了实现利润,但它一般着眼于长远的营销目标和效果,侧重于传播企业的信念、宗旨或是企业的历史、发展状况、经营情况等信息,以改善和促进企业与公众的关系,增进企业的知名度和美誉度。它对产品的销售可能不会有立竿见影的效果。但企业声望的提高,使企业在公众心目中留下了较好的印象,对加速企业的发展具有其他类别的广告所不可具备的优势,是一种战略意义上的广告。具体还可以分为企业声誉广告、售后服务广告等类别。

③品牌广告。

品牌广告,是以树立产品的品牌形象、提高品牌的市场占有率为直接目的,突出传播品牌的个性以塑造品牌的良好形象。品牌广告不直接介绍产品,而是以品牌作为传播的重心,从而为铺设经销渠道、促进该品牌下的产品销售起到很好的配合作用。

④观念广告。

观念广告,即企业对影响到自身生存与发展的,并且也与公众的根本利益息息相关的问题发表看法,以引起公众和舆论的关注,最终达到影响政府立法或制定有利于本行业发展的政策与法规,或者是指以建立、改变某种消费观念和消费习惯的广告。观念广告有助于企业获得长远利益。

按照广告媒介的自身物理性质进行分类也是较常使用的一种广告分类方法。使用不同的媒介,广告就具有不同的特点。在实践过程中,选用何种媒介作为广告载体是制定广告媒介策略所要考虑的一个核心内容。传统的媒介中被我们大众所熟知的是报纸、杂志、广播、电视、电台等,相应地也就演变成今天我们所熟知的报纸广告、杂志广告、广播广告、电视广告、电台广告等。传统媒介的划分是结合传播性质、传播方式较接近的广告媒介归为一类。因此,一般传统媒介可分为7大类广告:印刷媒介广告,也称为平面媒体广告,即刊登于报纸、杂志等媒介上的广告;电子媒介广告,它是以电子媒介如广播、电视、电影等为传播载体的广告;户外媒介广告,是利用路牌、交通工具、霓虹灯等户外媒介所做的广告;还有利用热气球、飞艇甚至云层等作为媒介的空中广告;直邮广告,是通过邮寄途径将传单、商品目录、订购单、产品信息等形式的广告直接传递给特定的组织或个人;销售现场广告,又称为售点广告或POP广告(Point of Purchase),就是在商场或展销会等场所,通过实物展示、演示等方式进行广告信息的传播,包括一些橱窗展示、商品陈列、模特表演、彩旗、条幅、展板等形式;数字互联媒介广告,它是利用互联网作为传播载体的新兴广告形式之一,具有针对性、互动性强、传播范围广,反馈迅捷等特点,发展前景广阔。

随着科技技术与电子产品的不断提高与发展,广告的媒介也日新月异。新时代的媒介广告是指利用新闻发布会、体育活动、年历、各种文娱活动(微信、爱奇艺、微博等视频社交等

APP软件)等形式而开展的广告。当今针对目标受众的活动区域和范围,将广告分为:家中媒介广告如报纸、电视、杂志、直邮等媒介形式的广告;途中媒介广告如路牌、交通、霓虹灯等媒介形式的广告;购买地点媒介广告等等。从而也能看出广告的媒介逐渐成为产品形式日益丰富的催化剂,也让各式各样的产品有了越来越多的媒介平台进行推广与宣传。表5-1所列为主要广告媒介的优缺点。

主要广告媒介的优缺点　　　　　　　　　　　　　　　　　　　　　　表5-1

媒　体	优　点	局　限
报纸	信息传播可以限制在所希望的区域内;覆盖面宽,读者稳定,传递灵活迅速;新闻性、可读性、知识性、指导性和记录性"五性"显著;便于保存,可以多次传播;制作成本低廉	广告版面不占突出地位;广告有效时间短;广告设计、制作较简单粗糙;图片运用较少,广告用语模式化;展现方式较呆板单调
杂志	阅读有效时间长,便于长期保存;内容专业性较强,有独特的、固定的读者群	篇幅成本和创意成本高,周期较长,不利于快速传播;截稿时间早,时间性、季节性不够鲜明
电视	覆盖面广,信息接收效果佳;形声兼备,视觉刺激强	制作成本高;播放费用高;信息量有限,观众选择性少;信息不能保存
广播	传收同步,听众容易收听到最快最新的商品信息;每天重播频率高,信息接收对象层次广,速度快,空间大;广告制作费低	只有听觉刺激;广告的频段、频道相对不太固定,需要经常调寻
邮寄	针对性强,直接指向目标顾客,可以充分表达要传播的信息;属于"隐蔽"媒介,竞争对手很难获得你的信息	时间长;成本较高;需要事先获得目标顾客的邮寄信息
户外	灵活,到达范围广,曝光频率高,展示时间长;费用低;竞争少	观众无法选择,很难对准目标市场;曝光时间短,传达信息量少
POP(Point of Purchase)	灵活多样;成本低廉;直接影响消费者的购买行为	只能在指定空间内展示
网络	信息交互性强;消费者可控制广告获取的信息量和信息率;短时间内覆盖范围广;成本低廉	目标受众规模有限;消费者信息选择权太大

依据广告所指向的传播对象不同,可以将广告划分为工业企业广告、经销商广告、消费者广告、专业广告等类别。总之,不同的广告分类方法具有不同的目的和出发点,但最终都取决于广告主的需要或企业营销策略的需要,都为了更好地提高广告的知名度从而增加销售量,实现企业利益的最大化。特别是对企业而言,广告是其市场营销的有力配合手段和工具。

按照广告营销的手段不同也可划分不同类别。所谓的广告营销是指企业通过广告对产品展开宣传推广,通过动态图像来吸引消费者,加大其购买欲望,促成消费者的直接购买,扩大产品的销售,提高企业的知名度、美誉度和影响力的活动。这一系列的商业广告营销活动的最终目的都是为了推销产品,增加销售量从而取得更多的利润。但是在这过程中,直接目的有时是不同的,即达到最终目的的手段具有不同的表现形式。以广告营销的手段不同来划分商业广告,又可以把其分为告知广告、劝说广告和提示广告3类。

①告知广告。

告知广告的目的在于激发目标受众的初级需求,主要用于新产品开拓阶段。也就是为了向市场介绍一种新产品,向潜在顾客说明产品的新功能和新用途。告知性广告一般用于新产品上市,起到信息传达的目的,使消费者对产品产生初步感知。例如,恒源祥的导入期告知广告——"恒源祥,羊羊羊""恒源祥,羊羊羊""恒源祥,羊羊羊",几乎没有人不知道这个广告,毋庸置疑,在恒源祥产品的导入期,它起到了很好的效果。这个广告在中央电视台黄金时间播放,每次重复三遍,让全国人民迅速知道了这个品牌。在众多产品的选择中必然会选择那些消费者本身耳熟能详的品牌。

②劝说广告

劝说广告是以说服为目标的广告,一般也称为竞争式广告。企业从消费者的切身利益出发,告诉消费者该品牌商品优于其他品牌商品的独到之处,改变消费者的看法,形成消费者对本企业产品或服务的特殊偏爱,从而判定选择本企业的产品或服务。这类劝说广告是配合产品生命周期进入成长期或成熟期阶段而实施的,开发消费者对商品选择性需求的广告目标。在内容上突出产品品牌或者服务的差异化特色,也可以由名人进行代言来提高自己品牌的可信度与知名度,例如,陈道明先生为奶制品特仑苏代言——不是所有牛奶都叫特仑苏,简单而明确的广告语让人朗朗上口,配上陈道明先生的自身品质与知名度,两者浑然天成。广告导致消费者的拥有欲越强,消费者购买的可能性也就越大。

③提示广告

提示广告是指加强消费者对已有购买和使用习惯的商品的了解和印象,保持消费者对该产品的持续印象与记忆,提示他们不要忘记这个商品的商标、品牌及特色,刺激重复购买,巩固原有市场占有率,吸引产品的后期使用者的购买,引导消费者形成稳固的、长期的习惯需求的广告。在市场经济的时代里,产品日新月异、推陈出新,提示广告就是配合产品的生命周期进入成熟期和衰退期而实施的广告目标。曾经某畅销饮料经理曾经说过,如果半年不做广告的话,该品牌的销售量就会随之减少,因为整个市场行业的竞争环境下,新的品牌被大家所熟知,同时老品牌在消费者中的印象也随之减少或者是健忘,进而该品牌的消费者就会不断地流失,尤其是那些季节性较强的产品,例如端午节的粽子——五芳斋、月饼——好利来,这些品牌都会提前投放提示广告,提高自己的点名销售率。

按照广告所处商品的不同生命周期划分,广告可分为开拓期广告、竞争期广告和维持期广告。

①开拓期广告。

产品生命周期以产品销量的年增长率(N)作为判断目标。若$N<10\%$,则产品处于导入期,此时的开拓期广告是指新产品刚进入市场期间的宣称,已经有了一定的消费者群众的阶段,该产品或者服务的销售率已经达到了一个相对稳定的阶段。它主要是介绍新产品的功能、特点、使用方法等,以吸引消费者购买使用(此阶段也是创牌阶段)。

②竞争期广告。

若产品销量的年增长率$N \geq 10\%$,则产品处于成长期;若$0.1\% < N < 10\%$,则产品处于

成熟期。这两个时期的广告统一称为竞争期广告,主要是介绍产品优于竞争产品的优点特色,比如价格便宜、功能技术先进、质量好、售后服务好等,以在竞争中取胜,扩大自己的产品或者服务在行业的市场占有率,提高自己的规模效益化。

③维持期广告。

维持期广告主要是指商品在衰退期阶段所做的广告。这个阶段产品销量的年增长率 $N<0$,产品属于衰退期。广告主要是宣传本身的厂牌、商标来提醒消费者,增加消费者对其该产品的记忆和印象,使其消费者继续购买与使用其产品,其目的是延缓销售量的下降速度。如果在维持期广告阶段中,其广告的创意成功,很大可能让其产品进入热销期,所以维持期的广告是对一个品牌来说是至关重要的。

二、广告应用注意事项及技巧

1. 广告投入时考虑的因素

(1) 产品所处的生命周期阶段

对处于导入期的产品,需要较多的广告投入以提高消费者对产品的认知程度,建立品牌知名度。主要投放信息包括:介绍产品、价格、功能、品牌、售后承诺等方面,灌输企业经营观念,以提高产品知名度和可信度,激发购买欲望。对处于成长期已经建立了一定知名度和销售网络的产品,其广告活动频率可以适当降低,以节约广告费用。此时,广告的重点应转向"个性诉求",以引起目标用户的观念认同,培植品牌忠诚度。对处于成熟期,特别是成熟期后期的产品,由于市场上大量出现竞争产品和替代产品,企业应增加广告投入,强化竞争优势,维持其市场地位。对处于衰退期的产品,即使增加广告投入,市场销量也不会得到明显改善。此时,企业已有新产品开发出来,应将广告投入重点转向新产品的推介上。

(2) 市场份额

一般而言,产品的市场份额大,广告投入应多;产品的市场份额小,广告投入可少一些。如果企业希望扩大市场份额,就必须增加广告投入。通常情况下,保持现在市场占有率的广告费用远远低于扩大市场占有率的广告费用。由于领导型品牌有较高的市场知名度和成熟的销售网络,其广告目的只是为了维持老顾客的重复购买,无需大规模增加广告投入。处于挑战者地位的品牌,就需要较大规模的广告投入。

(3) 竞争情况

竞争越激烈,越需要增加广告投入,宣传本企业产品的特色和优点,使之在目标顾客心目中与竞争产品区别开来;反之,如果市场上同类竞争产品较少,广告投放则可相对少一些,只需要将产品信息告知顾客即可。

(4) 企业成本核算

实力强大、资金雄厚的企业,其广告投入量可以适当增加。但盲目增加广告投入并不一定换取市场份额增长。因此,实力雄厚的汽车企业,更应该将竞争手段转向新产品开发,提高产品质量和服务质量,片面依靠广告并不能创造销售传奇。

2. 广告促销的步骤

在企业促销活动中,应运用有效的广告策略,来策划设计广告促销方案。在了解和分析市场、消费者、竞争者及宏观环境因素的基础上,广告促销方案的设计一般包括以下步骤。

(1) 选择广告目标

广告目标是指企业通过广告活动将要完成的特定任务或使命,其实质是要在特定的时间对特定的受众完成特定的信息沟通任务。现代营销理论界认为,企业做广告的目标不仅要促进企业增加产品销量和企业利润,还要服务于企业的品牌资产增值。只顾及眼前的销量增长,没有对品牌资产积蓄力量,会抵消广告效果,使企业落入广告陷阱,但企业如果减小了广告投放力度,消费者就会遗忘企业及产品。因此,只有实现销量增长和品牌增值的广告,才是成功的广告,才能为企业的持续发展做出贡献。

企业可以为了不同的具体目标进行广告设计。企业广告都是根据市场需求状况,提出广告自身的具体目标,如单纯提高销售量或销售额;为新产品开拓市场;提高产品知名度,建立消费偏好,培养忠诚顾客;提高市场占有率,应对竞争对手;提升品牌地位,树立企业形象等。到底选择哪个目标,应以设计广告时的企业具体情势而定。

在广告目标设计中,要注意广告目标的确定必须与企业的市场地位相适应。例如,生产汽车的甲企业把产品定位于高档市场,乙企业把产品定位于大众市场。这两家汽车生产企业产品定位决策不同,其广告的目标是有区别的。前者广告的宣传应更多地注重产品的消费与消费者财富、地位和名誉相联系,后者广告宣传应更多地注重产品的价格合理、消费该产品能够得到的附加利益。

(2) 核定广告费用预算

为了实现企业的销售目标,企业需花费必要的广告费用,广告费用的开支是一个关键问题。如果开支过少,达不到广告效果;反之,会造成浪费降低效益。为此,在广告预算设计时要充分认识广告支出与广告收益的关系。

企业在选择广告形式时必须注意广告宣传所取得的经济效益要大于广告费用的支出。电视是很好的广告媒体,它形象生动、信息传递范围大、速度快,但广告费用很高。因此,对形象性不强、市场消费有限的产品就没有必要去选用电视广告。

(3) 确定广告信息

广告信息设计是根据促销活动所确定的广告目标来设计广告的具体内容。产品设计要注重广告效果,只有高质量的广告,才能对促销起到宣传、激励的作用。高质量广告设计应遵循准确、简明、形象、动力的原则,汽车广告设计的标准,见图5-1。

(4) 广告媒体的选择

广告媒体的选择就是根据不同广告媒体的各自特点,有针对性地选择广告媒体,使广告目标顺利实现,这是企业进行广告宣传时必须解决的问题。选择广告媒体还需要考虑以下一些影响因素。

① 产品的性质。对汽车来说,电视和印刷精美的杂志在形象化和色彩方面十分有效,因而是最好的媒体。汽车属于技术性复杂的机械产品,宜用样本广告,可以详细说明产品性能;或用实物操作展示,增加用户的真实感;一般消费品可以用视听广告媒体。

② 目标消费者的媒体习惯。不同媒体可将广告传播到不同的市场,而不同的消费者对杂志、报纸、广播、电视等媒体有不同的阅读、收视习惯和偏好。如购买跑车的大多数消费者是中青年的成功人士,所以广播和电视就是跑车的最有效的广告媒体。男性汽车用户通常有读报或上网的习惯,可选择报纸或网络为媒体。

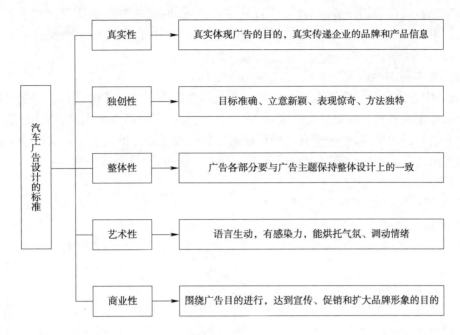

图 5-1 汽车广告设计的标准

③传播信息类型。例如,宣布本周的购销活动,须在电台或报纸上做广告;而如果有大量的技术资料需要在广告信息出现,则须在专业杂志上做广告。一般情况下,汽车产品的针对性强,比较适合在专业杂志和报纸上做广告,便于直接面向特定的消费者,有助于用较低的预算实现预期的目的。

④广告媒体的知名度。广告媒体的知名度越大,则广告媒体的影响力也越大,相应的其发行量、信誉、频率和散布地区等也越大。

(5)广告主的经济承受能力

广告主能够用于广告的总预算是媒体选择的主要前提,其是保证广告发布的必要经济保障。

3. 广告设计的注意事项

(1)市场经济下现代商业的影响作用

应注意市场经济下现代商业的国际化和信息的数字化。商业的整体性、商业的规范化、商业的人性化、商业的艺术化元素、商业的个性化、商业的多样化也应该被予以考虑。

(2)社会文化因素对于广告的影响

哲学观念,如中国传统哲学中的"天人合一"的精神。传统思维模式(包含传统的模糊性思维和形象性思维),在广告语言中,因简明的要求,如新华书店的标志,就是以"新华书店"的书法字体作为标志。还包含道德观念等需要被广告设计者所考虑的注意事项。

(3)广告本身的真实性

作为一种负责任的信息传递,真实性原则始终是广告设计首要的和最基本的原则。为了确保广告的真实性,我国《广告法》第三条规定,"广告应该真实合法,符合社会主义精神文明建设的要求";第四条规定,"广告不得含有虚假的内容,不得欺骗和误导消费者";第五条规定,"广告主、广告经营者、广告发布者从事广告活动,应该遵守法律、行政法规,遵循公平、诚实信用的原则"。在一部法律中,针对同一个问题集中了三条规范,可见广告真实性的重要。

(4)广告本身的准确定位

准确的广告定位是说服消费者的关键。一个消费者需要的商品能否真正引起其购买行为的出现,首先就要看广告定位是否准确,否则,即使是消费者需要的商品,由于广告定位不准,也会失去促销的作用,使许多真正的目标对象错过购买商品的机会。优良的企业形象定位,必然使消费者对产品产生"信得过"的购买信心与动力,促进商品销售。

(5)广告设计的独创性

广告创意不能因循守旧、墨守成规,而要勇于且善于标新立异、独辟蹊径。独创性的广告创意具有最大强度的心理突破效果。与众不同的新奇感引人注目,且其鲜明的魅力会引发人们强烈的兴趣,能够在受众脑海中留下深刻的印象,这就为产品本身打下了一个良好的基础。

(6)广告内容与形式的辩证统一性

在广告设计过程中,内容与形式是统一在一起的,广告设计形式总是以积极能动的方式服务于内容,而且其自身也有相对的稳定性和独立性。广告设计内容与形式的统一,决定设计作品本身的完整性与审美价值,因为作品的感染力是通过完美的艺术形式表现出来的。

4. 广告设计的技巧

根据广告目标、产品个性、购买心理等因素,在选定广告媒介和确定广告主题后,就要把广告的内容巧妙地表现出来,这种表现过程就是广告的设计制作过程。但是,制作一则好的、成功的广告,并不是一件容易的事,需要遵循一定的原则,讲究一定的技巧。通常有:

(1)文稿设计技巧

广播、电视、报纸、杂志等广告都需要制作文稿,以表达广告信息的内容。广告文稿分为标题、正文和其他方面的内容。广告文稿的标题是对整个广告宣传内容的概括。其基本要求是简明扼要,独具特色,切合产品实际,易于引人注目。标题有9种模式可供选择,包含记事式、新闻式、问题式、祈使式、赞扬式、催促式、比较式、悬念式、比喻式。

广告文稿的正文是广告的说明解释部分,用来介绍商品和企业。正文的开端,用来解释说明标题;正文的中心段起承上启下作用,是用有说服力的材料证实商品的优点;正文的结尾,主要是提示消费者尽快作出购买某商品的决策。广告文稿的其他内容包括:标语口号、商标、厂名、厂址、电话号码、电报挂号、邮政编码和经销单位联系人等。

(2)语言设计技巧

任何广告都要运用语言。语言有无声(报纸、杂志)和有声(广播、电视)两种。一般来说,广告语言要言简意赅,有感染力和艺术性。但不同的广告媒体,在语言使用上又各不相同。

报纸、杂志上的广告,人们可以长时间停留甚至反复观看,语言的使用上可以文雅些,诗意浓一些,有一定的思考性。广播、电视语言稍纵即逝,人们来不及思考,因此,要通俗、易记,节奏感强一些。通俗就是采用公众通用的语言,深入浅出地表达广告的内容,使人一听就懂。易记就是语言要口语化,不要用生僻的词语、成语和文字,也不要用容易产生误解的同音字和词。节奏感就是要求语言尽量抑扬顿挫,有韵律韵味,朗朗上口。

(3)画面设计技巧

大部分广告都有画面。画面设计包括构图和色彩两个方面。广告构图,就是在一定规格、尺寸的版面中,将广告标题、文稿、插图及其他内容加以合理布局和安排。在构图中要掌握的技巧有构图的图形、立场、中心、方向、对称、虚实、反衬等因素,综合考虑多因素,才能称为优秀的画面设计。

(4)音响设计

音响主要在广播广告和电视广告中使用。常用的音响有:自然环境音响,如风声、雨声、鸟叫声、波涛声等;生产环境音响,如机床轰鸣、汽车飞驰、汽笛长鸣;人为环境音响,如市场喧嚣、掌声四起、一片欢腾,以及喝彩声、碰杯声、钟表的滴嗒声,等等。这种音响与广告画面有机配合,可以增强广告的艺术表现力,使人如临其境。

(5)音乐设计

根据广告主题设计适当的音乐,不但能烘托主题,表现商品风格,而且能给听众以美的享受,引起兴趣。古典音乐庄重、古朴,轻音乐奔放、悠扬,民族音乐富有地方色彩,进行曲威武雄壮。只要符合广告主题的需要都可以选用。设计时要注意广播、电视的音乐节奏与语言节奏相一致,保证广告语言的清晰度。如在介绍商品时,音乐的音量要减弱,甚至消失,而在烘托气氛和语言停顿时,音乐的音量要加大。

三、广告效果分析

1. 广告效果的测定

广告效果的含义简单来说,是广告信息通过广告媒体传播并被广告受众接触、感知之后,对其产生的各种各样的直接或间接的影响,以及由此所带来的受众心理或者行为的相应变化的综合。

广告效果测定就是对广告主与广告公司共同商讨制定的各个广告活动目标及其执行情况的测评,是系统、全面的广告策划所不可或缺的一个重要构成环节。广告效果测定既可以针对单一广告作品的效果进行测评,也可以对一个较长时间段内、一系列相辅相成的广告活动的效果进行评估。一般来说,前者往往是后者效果评估的一个组成部分。就目前的发展趋势而言,单一广告形式的效果越来越有限,而整合多种资源手段进行立体化广告推广宣传成为主流。

2. 广告效果的评估

广告效果研究的主要内容是广告传播内容对传播对象和整个社会产生什么影响和作用,产生的效果如何。人际传播的效果是直接的、迅速的、明显的,传播者很容易觉察到。而广告通过大众传播媒介所产生的往往是间接的、潜移默化的、迟缓的,广告传播者不易觉察到。因此,就需要对广告效果进行有效的评估。

广告效果的评估就是指运用科学的方法来鉴定所做广告的效益。应从广告的经济效果、广告的心理效果、广告的社会效果和广告的传播效果4个方面进行评估。

(1)广告的经济效果评估

广告的经济效果是指广告促进商品或服务销售的程度和企业产值、利税等经济指标增长的程度。整个广告活动经济效果的测定包括:事前测定、事中测定和事后测定3个部分。

①事前测定。事前测定可以深入研究消费者的购买动机和购买欲望,主要采用销售实验法,即模拟一个销售环境,通过实验的方法来检验广告的效果。

②事中测定。事中测定主要是为了检验广告战略、广告策划的执行情况与实际情况的吻合程度,以便能够及时地发现问题,随时予以纠正,主要方法有销售地区实验法、分割测定法、促销法等。

③事后测定。事后测定是对广告活动进行之后的效果进行的综合评定与检查,是判断广告活动效果的依据,是评价和检验广告活动的最终指标,也是整个广告活动效果评估的最后阶段。

(2)广告心理效果评估

广告的心理效果是指消费者对所做广告的心理认同程度和购买意向、购买频率。心理学的研究结果表明,人们对一种新信息的接受过程必须具备3个过程:注意、理解和接受。广告对人们的心理活动的影响程度,也反映在对消费者认识过程、情感过程和意志过程的影响。

①注意程度。广告能否对消费者产生影响,引起消费者的注意是第一步,是广告传播效果的最基本要求。注意分为"有意注意"和"无意注意","有意注意"是自觉的,有预定目的的,必要时还需要一定努力的注意。"无意注意"是自然发生的,既没有任何目的,也不用任何努力的注意。企业的广告宣传必须重视"无意注意",来引起消费者的更高兴趣。消费者的注意程度越高,对商品销售的影响越大。

②理解程度。不同的消费者对同一则广告的理解可能大不相同,有人能够理解全部广告的意图,有的人只能部分理解广告的内容,甚至有人根本不理解广告主题。因此,广告的构思、创意、内容、形式等要通俗易懂。

③记忆程度。人们接受了广告传递的信息后,即使对某种商品产生良好的印象,也很少会立即去购买,时间久了会忘记广告的内容,或是购买前又受到其他各种广告宣传的影响,转而购买其他品牌的商品。因此,企业的广告宣传要做到标新立异、独树一帜,能够让人们记忆、记住。广告内容要简明扼要、形象具体。

④反应程度。广告要从"情感"和"理性"上刺激消费者的购买欲望,使消费者相信其购买行为的决定从情感层面和理智层面都是合理的、明智的。消费者反应的程度越强烈,证明广告信息传播效果越好。

(3)广告社会效果的评估

广告的社会效果表现在是否符合社会公德,主要表现在广告对消费者产生的社会影响方面:如能否促进社会的物质文明与精神文明建设,能否传播知识、促进社会教育、推广最新技术成就等作用。广告社会效果的评估,要从法律规范、伦理道德、文化艺术、风俗习惯、宗教信仰等方面进行综合的考察与评定。

广告应向人们展示美好的现实生活和崇高的理想,把宣传高尚的社会道德情操同追求美的享受结合起来,防止低级庸俗、不健康的广告内容和情调流入社会,真正起到指导消费者、方便人民生活的作用。

(4)广告的传播效果

广告的传播效果也被称为广告作品本身的效果,是指社会公众接受广告的方式、层次和深度等。广告的传播效果体现了广告媒体的到达效果,反映消费者接触和接受广告作品的一般情况。通常来说,广告主题是否突出、集中,广告创意是否新颖、震撼,广告表现是否形象、生动,广告媒体选用是否得当、高效等,会带来不同的传播效果。因此,传播效果体现着广告策划、创意与制作水平,是衡量广告公司专业化程度和执行能力以及由此产生效果的一项重要测评指标。

第二节 营业推广

一、营业推广概念

1. 营业推广

营业推广又名销售促进,是一种适宜于短期推销的促销方法,是企业为鼓励购买、销售商品和劳务而采取的除广告、公关和人员推销之外的所有企业营销活动的总称。营业推广旨在激发消费者购买和促进经销商的效率,诸如陈列、展出与展览表演和许多非常规的、非经常性的销售尝试。

汽车营业推广(销售促进)在汽车行业中的广泛使用,是刺激汽车销售增长的主要方式之一,也是带动汽车行业收益的回升方式。进入20世纪90年代以后,日本汽车生产企业在国内市场上进行营业推广活动的投入以年平均9.4%的速度增长,1997年营业推广费用超过了30亿美元,2016年营业推广费用已经超过了40亿美元,其他国家也在借鉴日本的这种营业推广方式来带动市场销量的增加。

2. 营业推广的特点

汽车营业推广的目的是在短期内迅速刺激需求,取得立竿见影效果的一种促销方式,它有以下特点:

(1)营业推广促销效果显著

它能在较短时间内强烈刺激消费者的需求、扩大销售活动。在开展营业推广活动中,可选用的方式多种多样。一般说来,只要能选择合理的营业推广方式,就会很快地收到明显的增销效果,而不像广告和公共关系那样需要一个较长的时期才能见效。因此,营业推广适合于在一定时期、一定任务的短期性促销活动中使用。

(2)营业推广是一种辅助性、非常规性的促销方式

人员推销、广告和公共关系都是常规性的促销方式,而多数营业推广方式则是非正规性和非经常性的,只能是它们的补充方式。使用营业推广方式开展促销活动,虽能在短期内取得明显的效果,但它一般不能单独使用,常常配合其他促销方式使用。营业推广方式的运用能使与其配合的促销方式更好地发挥作用。

(3)营业推广有贬低产品之意

采用营业推广方式促销具有直接的表现形式,似乎迫使顾客产生"机会难得、时不再来"之感,进而能激发消费者的需求动机和购买行为的产生。不过,营业推广的一些做法也常使顾客认为卖者有急于抛售的意图。若频繁使用或使用不当,往往会引起顾客对产品质量、价格产生怀疑。因此,企业在开展营业推广活动时,要注意选择恰当的方式和时机。

(4)营业推广适合于特定时期或特定任务的短期性促销活动

营业推广不适合长期或长阶段的促销活动,它只是为刺激低迷的市场环境,在选择购物的时候,因为价格低于市场标价,让顾客产生一种划算的心理价格,从而激发购物的欲望和需求,从而带动该产品或者服务的营业额来增加收益利润。

3. 营业推广的作用

(1)加快新产品推广进程

当消费者对刚投放市场的新产品还未能有足够的了解并作出积极反应时,通过一些必要的营业推广措施可以在短期内迅速地为新产品打开销路。

(2)使企业有效应对竞争对手的促销活动

当竞争者大规模地发起促销活动时,如不及时地采取针锋相对的促销措施,往往会大面积地损失企业已享有的市场份额。对此,企业可采用减价赠券或减价包装的方式来增强企业经营的同类产品对顾客的吸引力,以此来稳定和扩大自己的销售量;此外,还可采用购货累计折扣和优待的方式来促使顾客增加购货数量和提高购货频率等。

(3)有效地刺激消费者购买

当消费者在众多同类商品中进行选择尚未作出购买决策时,及时的营业推广活动往往可以产生出人意料的效果。

(4)有效地影响中间商的交易行为

生产企业在销售产品中同中间商保持良好的关系,取得他们的配合是至关重要的。因此,生产企业往往采用多种营业推广方式来促使中间商,特别是零售商作出有利于自身的经营决策。

(5)有助于企业吸引新顾客

营业推广对消费者的刺激比较强烈,很有可能吸引一部分新顾客的注意,使他们因追求某些利益方面的优惠而转向购买和使用本企业的产品。

(6)可配合其他促销策略

广告等促销方式的促销效果显示期比较长。从消费者接受广告信息到采取购买行为往往有一段时间,而营业推广的促销效果则是即时的、反应较快。如营业推广和广告同时使用,就有可能强化广告的促销效果,促使消费者尽早采取购买行为。如果说广告主要是为了建立消费者的品牌忠诚性,促使消费者指名购买企业产品的话;营业推广则在很大程度上是为了打破消费者对其他企业产品的品牌忠诚度,以特殊的手段来扩大企业产品的消费市场。

二、营业推广的种类方式

汽车营业推广的方式可归纳总结为3类:第一类是直接鼓励消费者和用户购买或者重复购买;第二类是鼓励经销商大量进货代销,加速资金回笼;第三类是鼓励促销人员努力开拓市场扩大产品的销售业绩。营业推广的主要种类方式及策略如下。

1. 营业推广的方式

(1)面向消费者的营业推广方式

①赠送促销。向消费者赠送样品或试用品,赠送样品是介绍新产品最有效的方法,赠送

给消费者一种消费卡或一种购物券,可以按价格购买商品。缺点是费用高。样品可以选择在商店或闹市区散发,或在其他产品中附送,也可以公开广告赠送,或入户派送。

②折价券。在购买某种商品时,持券可以免付一定金额的钱。折价券可以通过广告或直邮的方式发送。

③包装促销。以较优惠的价格提供组合包装和搭配包装的产品。

④抽奖促销。顾客购买一定的产品之后可获得抽奖券,凭券进行抽奖获得奖品或奖金,抽奖可以有各种形式。企业希望利用这种形式能有效地刺激购买欲望,提高产品的销量。例如,北京某汽车店在"五一"期间推出促销方案,买车赠送手机,还有机会抓取液晶电视、电烤箱等奖品,使活动期间的销售量激增。

⑤现场演示。企业派促销员在销售现场演示本企业的产品,向消费者介绍产品的特点、用途和使用方法等。

⑥联合推广。企业与零售商联合促销,将一些能显示企业优势和特征的产品在商场集中陈列,边展销边销售。

⑦参与促销。通过消费者参与各种促销活动,如技能竞赛、知识比赛等活动,能获取企业的奖励。

⑧会议促销。各类展销会、博览会、业务洽谈会期间的各种现场产品介绍、推广和销售活动。

⑨以旧换新。"以旧换新"的销售方法在汽车工业发达国家十分流行。这种方法是汽车公司销售网点收购用户手中的旧车(不管什么样的品牌汽车和什么价格的汽车),然后将公司的新车再卖给用户,两笔业务分别进行结算。公司将收来的旧车经过再加工整修后,再售给二手车的用户们。此种销售方法能满足用户追求新异的心理,又能保证车辆的完好技术状态,有较好的经济和社会效益,同时又能推动绿色、低碳环保的可持续发展战略。

⑩先试用、后购买。这种促销方法是公司先将汽车产品交付用户使用,使用一段时间后,用户满意则付款购买,如不满意则退回公司。

(2)面向中间商的营业推广方式

汽车中间商在汽车企业的产品销售中占有重要地位,而中间商往往是独立法人,有着独立的经营权。因此,企业提高他们的销售积极性对提高销售量有着重要性。企业通常可以采用以下几种形式对其进行销售促进。

①批发回扣。企业为争取批发商或零售商多购进自己的产品,在某一时期内给经销本企业产品的批发商或零售商加大回扣比例。

②推广津贴。企业为促使中间商购进企业产品并帮助企业推销产品,可以支付给中间商一定的推广津贴。

③销售竞赛。根据各个中间商销售本企业产品的实绩,分别给优胜者以不同的奖励,如现金奖、实物奖、免费旅游、度假奖等,以起到激励的作用。

④扶持零售商。生产商对零售商专柜的装潢予以资助,提供POP广告,以强化零售网络,促使销售额增加;可派遣厂方信息员或代培销售人员。生产商这样做目的是提高中间商推销本企业产品的积极性和能力。

⑤产品展销及订货会。汽车生产企业通过展销、订货会向经销商展示其生产的汽车产

品的优点和特性,以引起经销商的经销兴趣,从而扩大产品的销售。

(3)面向内部员工的营业推广方式

主要是针对企业内部的销售人员,鼓励他们热情推销产品或处理某些老产品,或促使他们积极开拓新市场。一般可采用方法有:销售竞赛、促销奖金、红利提成、免费提供人员培训、技术指导等形式。

①销售竞赛。汽车生产企业为了激发和鼓励经销商或者本企业的促销人员推销企业产品的积极性而规定一个具体的销售目标,对完成销售目标的经销商或促销人员给予一定的奖励,可以是奖金也可以是物品,还可以提供旅游机会等等。

②促销奖金。对经销本企业汽车产品有突出业绩的经销商给予奖励,奖金可以是现金,也可以是免费赠送的附有企业名字的特别广告赠品。

③红利提成。为鼓励促销人员积极地促销,按照业绩提成,也可以按照利润提成。另外,还可以奖励其股份,以增强其工作积极性、主动性。

2. 营业推广案例

夏威夷的美景每年能吸引众多游客,而某知名公司在这里为游客们安排了一个精彩节目:在某公园左侧场地上,组织当地的少女表演草裙舞。音乐、舞蹈都是一流的,却不收入场券。本来,观赏草裙舞是游客必定的项目之一,谁又会错过这种机会呢? 然而,别出心裁的构思还在后面,在表演过程中,凡到最精彩之处,整个音乐舞蹈都会突然来个"定格"——停顿,这并非学习中国京剧的亮相,却是有意为游客提供一个摄影的最好时机。每到此时,只见游客纷纷举起照相机,咔嚓咔嚓之声响彻全场。而那些忘了带摄影机的游客目睹这种场景,莫不顿足悔恨自己错失良机。这场精心设计的草裙舞实际是一个引发游客摄影欲望的"诱饵"。它不只推销自己公司的产品,还巧妙地宣传了本公司的形象。

这个实例说明营业推广的方法是非常活的,动了脑筋才能收到奇效。营业推广的方法是很多的,不同的方法有其不同的作用,如果运用不当,不仅不能起到应有的作用,反而会造成不必要的经济损失,特别是采用降低价格等奖励措施,更应慎重使用,弄不好会引起用户怀疑的心理,反而影响产品的身价和地位。因此,应根据不同的目标和要求,正确地选择营业推广方法。营业推广的本钱不大,开展营业推广必须讲究时效,正确地选择时间机会。如果时间过短,可能达不到预期的效果;如果时间过长,不仅会多花费用,而且会失去对用户的吸引力。具体的营业推广的时间,一般应在充分调查的基础上,根据实际需要来确定。营业推广所需的费用,主要是奖励费、减价费、印刷费、活动费、管理费等。在制定预算费用时,一般可采取以下3种方法:

(1)按销售总额的百分比来确定,然后根据预算总额来制订使用计划。

(2)按实际需要来估计所需的预算费用,也就是先制订营业推广计划方案,然后算出实际所需的费用。

(3)按同行竞争者所支出的费用,然后再考虑自身的条件来估算所需的费用。

三、营业推广应用注意事项及技巧

1. 营业推广的注意事项

营业推广是一种促销效果比较显著的促销方式,但倘若使用不当,不仅达不到促销的目的,反而会影响产品销售,甚至损害企业的形象。因此,企业在运用营业推广方式促销时,必须对下列事项予以控制。

(1)选择适当的方式

营业推广的方式很多,且各种方式都有其各自的适应性。选择好营业推广方式是促销获得成功的关键。一般说来,应结合产品的性质、不同方式的特点以及消费者的接受习惯等因素选择合适的营业推广方式。

(2)确定合理的期限

控制好营业推广的时间长短也是取得预期促销效果的重要一环。推广的期限,既不能过长,也不宜过短。这是因为,时间过长会使消费者感到习以为常,消失刺激需求的作用,甚至会产生疑问或不信任感;时间过短会使部分顾客来不及接受营业推广的好处,收不到最佳的促销效果。一般应以消费者的平均购买周期或淡旺季间隔为依据来确定合理的推广方式。

(3)禁忌弄虚作假

营业推广的主要对象是企业的潜在顾客,因此,企业在营业推广全过程中,一定要坚决杜绝徇私舞弊的短视行为发生。在市场竞争日益激烈的条件下,企业的商业信誉是十分重要的竞争优势,企业没有理由自毁商誉。本来营业推广这种促销方式就有贬低商品之意,如果再不严格约束企业行为,那将会产生失去企业长期利益的巨大风险。因此,弄虚作假是营业推广中的最大禁忌。

(4)注重中后期宣传

开展营业推广活动的企业比较注重推广前期的宣传,这非常必要。在此还需提及的是不应忽视中后期宣传。在营业推广活动的中后期,面临的十分重要的宣传内容是营业推广中的企业兑现行为。这是消费者验证企业推广行为是否具有可信性的重要信息源。所以,令消费者感到可信的企业兑现行为,一方面有利于唤起消费者的购买欲望,另一个更重要的方面是可以换来社会公众对企业良好的口碑,增强企业良好形象。

此外,还应注意确定合理的推广预算,科学测算营业推广活动的投入产出比。

2.营业推广设计实施

(1)确定营业推广目标

营业推广目标的确定,就是要明确推广的对象是谁,要达到的目的是什么。只有知道推广的对象是谁,才能有针对性地制定具体的推广方案,例如:是为达到培育忠诚度的目的,还是鼓励大批量购买为目的?这样做有助于帮助提高商标意识,发展临时性销售,开展和引进新产品或者服务发展。通过营业推广,企业向顾客提供特殊优惠条件,引起兴趣,刺激购买行为。

(2)选择合适的营业推广工具

营业推广的方式方法很多,但如果使用不当,则适得其反。因此,选择合适的营业推广工具是取得营业推广效果的关键因素。企业一般要根据目标对象的接受习惯和产品特点、目标市场状况等来综合分析选择推广工具。

(3)营业推广的配合与安排

营业推广要与营销其他方式如广告、人员销售等整合起来,相互配合,共同使用,从而形成营销推广期间的更大声势,取得单项推广活动达不到的效果。

(4)制订营业推广计划方案

制订一个行之有效的营业推广计划,通常要涉及以下内容:

①刺激程度。刺激程度是指营业推广对推广对象的刺激程度。一般来说,刺激程度小时,销售反映也小。一定规模的刺激程度才足以使营业推广的活动被引起足够的注意。当刺激程度超过一定点时,营业推广活动一方面可能会立竿见影,使销售量快速增长,但往往由于成本过高导致产生的利润随销量的增长而降低;另一方面,过于激烈的刺激,可能不但不会引起注意,反而会引起推广对象的逆反心理,会产生诸如产品有问题等不利于企业的猜疑。

②刺激的对象范围。企业需要对刺激的对象进行明确的规定。实际上,企业的推广对象可能必须具备一定的条件,比如要有一定的购买金额等。制订营业推广方案时,企业必须根据推广目标确定推广活动的对象范围。

③持续的时间。通常,营业推广是一个短期促销行为。因此,营业推广活动的持续时间要恰当地控制。如果时间太短,一些顾客可能还未来得及重购或由于太忙而无法利用推广机会,从而降低了企业应得的好处,影响推广效果;如果时间太长,可能导致顾客认为这是长期行为,甚至使顾客对产品质量产生怀疑,从而使营业推广优惠失去吸引力。

④确定营业推广时机。营业推广的市场时机选择很重要,如季节性产品、节日、礼仪产品,必须在季节前、节前做营业推广,否则就会错过了时机。

⑤营业推广的途径。营业推广的途径是指营销部门决定如何将营业推广的信息传达给推广对象。因为不同途径的费用不同、效果不同,企业应根据自身的财力情况采取合适的途径组合。

(5)营业推广方案测试

对面向消费者市场的营业推广可轻而易举地进行测试。可以邀请一些消费者对几种可能的优惠方法作出评价,也可以在一定的范围内进行实用性测试。

(6)营业推广方案的实施与控制

实施计划一般包括前置时间和销售延续时间。前置时间是指实施方案的准备时间,销售延续时间是指从开始实施方案起到大约95%的采用这种方案的商品已经在消费者手里为止所经历的时间。营业推广的控制一般包括选择的方式是否适合、期限是否合理,同时还要考虑后期的宣传、不能弄虚作假等。

(7)营业推广结果的评价

企业可以运用不同的方法对营业推广的结果进行评价,评价的程序也因为市场类型的不同而有所差异。营业推广评估的常用方法是进行销售业绩的变动比较,即比较营业推广活动开始前、进行中和结束后三个时期的销售额变化情况,分析营业推广活动的成效。一般地在推广进行中的销售情况总是比较好的,关键是推广前后的比较。如果推广活动后,企业的销售额或市场占有率高于推广活动前,说明推广活动有成效;若推广后的销售额或市场占有率与推广前持平或降低,则说明推广失败。

此外,也可以通过对消费者行为的分析、消费者调查等方法来评估营业推广活动的实际效果。评估活动结束后,本次推广活动的组织者还应该提交一份建议报告,在总结本次活动的基础上,提出合理化建议,供下一次营业推广活动借鉴。

3.营业推广的不足

(1)影响面较小。它只是广告和人员销售的一种辅助的促销方式。

(2)刺激强烈,但时效较短。它是企业为创造声势获取快速反应的一种短暂促销方式。

(3)顾客容易产生疑虑。过分渲染或长期频繁使用,容易使顾客对卖者产生疑虑,反而对产品或价格的真实性产生怀疑。

第三节 人员促销

人员推销(Personal Selling)几乎是所有公司的首选促销手段。一个公司可能无力做广告,没有条件组织营业推广和公共关系活动,但通常必须组织开展人员推销活动,在没有推销活动的情况下长期保持产品畅销的例子十分鲜见。推销工作是否有效,主要取决于互相联系的两个方面:一是管理,即推销队伍管理和推销业务管理的水平,提高推销管理水平是企业营销管理人员的任务;二是能力,即一线推销员是否具备完成推销任务所需的良好能力、能否掌握并熟练运用了解和说服顾客的技能。提高推销工作的能力,既是推销员个人的任务,也是销售管理人员应当承担的责任。

一、人员推销概念及特点

人员推销虽是一种传统的推销方式,但在现代市场营销中,这种推销方式仍然十分有效,特别是在洽谈交易和成交手续磋商中,是其他推销方式所不能代替的。在人员推销活动中,推销人员、推销对象和推销品是三个基本要素。其中前两者是推销的主体,后者是推销活动的客体。

1.人员推销的概念

根据美国市场营销协会(AMA)定义委员会的解释,所谓人员推销,是指企业通过派出销售人员与一个或一个以上可能成为购买者的人交谈,作口头陈述,以推销商品,促进和扩大销售。不难看出,人员推销是销售人员帮助和说服购买者购买某种商品或劳务的过程。在这一过程中,销售人员首先要确认购买者的需要,并通过自己的努力去吸引和满足购买者的各种需求,使双方能从公平交易中获取各自的利益。人员推销是一种最古老的促销方式,也是现代产品销售员普遍采用的主要形式,尤其是在生产资料的销售中,人员推销占有更为重要的地位。

2.人员推销的特点

(1)销售的针对性强,适应个性化需求

人员推销是销售人员与顾客直接接触,相互间在态度、气氛、情感等方面都能捕捉和把握,销售人员根据各类潜在用户的需求、动机及购买行为,有针对性地做好沟通工作,解除各种疑虑,引导顾客的购买欲望。

(2)双向信息反馈,适应需求变化

在人员推销过程中,销售人员可以随时随地与顾客交流,销售人员把企业信息及时、准确地传递给目标顾客,同时,把市场信息、顾客(客户)的要求、意见、建议反馈给企业,为企业调整营销方针和政策提供依据。

（3）推销过程灵活性强，利于开发顾客购买动机

销售人员根据不同顾客的购买动机，采取相应的解说言辞及推销不同的商品，来达到他们不同的需要。销售人员也可通过展示商品，解答质疑，指导产品使用方法，使目标顾客能当面接触产品，从而确信产品的性能和特点，易于消费者引发购买行为。

（4）人际间的沟通性强，利于建立买卖双方的友谊

销售人员与顾客在长期的反复的接触中，逐渐产生信任和理解，加深双方感情，有可能把单纯的买卖关系变成一种友谊，销售人员在许多方面为顾客服务，帮他们解决问题，充分体现以顾客为导向的营销观念，不断地培育出忠诚顾客，稳定企业销售业务。

（5）成本高、效益差，适合高价、大件、批量的商品交易

由于人员推销直接接触的顾客有限，销售面窄，人员推销的开支较多，增大了产品销售成本。当企业的市场范围不足够大，且无力建立有效的人员推销队伍到广大地区去推销时，应考虑其他推销方式。

（6）人员素质的限制性强，条件要求高

人员推销的成效直接决定于推销人员素质的高低。尤其随着科技的发展，新产品层出不穷，对推销人员的要求越来越高。要求销售人员不仅要熟悉商品的技术特点、功能、保养和维护等商品本身的信息，甚至还要了解顾客的喜好、心理动机等相关知识和技能。

二、人员推销的步骤及模式

1. 人员推销步骤

市场营销学中的"公式化推销"理论将推销过程分成7个不同的阶段：

（1）寻找顾客

主要是根据产品特点和销售地区环境，有目的、积极地登门拜访和挤进各种采购会议推销产品。下面就介绍6种寻找买主的不同方法：

①登门挂号售货。其特点是按照买主预定的商品，对号入座，使商品适销对路，对买卖双方都有利，这种办法适合一定的销售范围和地区。

②挤进各种供销会议，推销产品。这种方式，用户集中，寻找洽谈方便、省时、省费用，交易成果显著。

③不辞劳苦地挨门推销。其特点是地区范围广，登门户数多，推销费时费工，讲求推销艺术，具有一定的艰巨性。

④按产品特点组织推销队伍。凡是特殊或技术性能很强的产品，就要成立有推销员和专业人员共同组成的推销队伍进行推销。如日本东京美容公司，以一个推销员和两个美容师组成"流动美容院"进行推销，由推销员带着皮肤检验器拜访客户，帮客户检验皮肤，根据顾客的不同皮肤，帮助选用合适的化妆品，并将检验的情况记在美容调查卡片上，再由美容师为顾客化妆。美容师在一个月以后去收款一次，既帮助顾客补充化妆品，又给顾客进行短时间的美容。

⑤电话推销法。这是推销员通过电话寻找顾客，介绍商品，提供价格和送货上门。这种办法比直接上门推销节约时间、减少费用，是高效益的推销法。巴西新兴起电话推销法时，

据调查,10个电话推销员,每天操纵5部电话,每天工作4h,每月能同顾客进行1.2万次电话接触。每个电话推销员可以在一天时间内向20个顾客打电话,其中有6人把电话听完。在48个听完电话的顾客中,有8~10个决定购买他们提供的产品。

⑥陪购人员推销法。其特点是陪同买主选择、介绍商品,当好买主的参谋,效果好。如美国商店为顾客设立陪购人员,每日可为公司实现67%的营业额。

(2)事前准备

销售人员必须掌握3方面的知识:

①产品知识,即关于本企业、本企业产品的特点、用途和功能等方面的信息和知识。

②顾客知识,即包括潜在顾客的个人情况、购买者的性格特点、顾客购买产品的目的和用途等。

③竞争者的知识,即竞争者的能力、地位和他们的产品特点。同时还要准备好所推销产品的样品(或图片)、介绍说明材料,选定接近顾客的方式、访问时间、应变语言等。

(3)接近

即开始登门访问,与潜在顾客开始面对面的交谈。

(4)介绍

在介绍产品时,要注意说明该产品可能满足顾客的哪方面的需求或带来的利益,要注意从顾客的发言中判断其真实意图。

(5)克服障碍

推销过程中,顾客会提出各种不同的意见,推销人员应随时准备应对,处理各种意外的交易障碍。

(6)达成交易

抓住成交机会,促成交易成功。此阶段要确定具体磋商交易条件,如成交价格、交货地点、结算方式、服务保障等。

(7)售后追踪

如果销售人员希望顾客满意并重复购买,则必须坚持售后追踪。推销人员应认真执行交易合同中所保证的条件,例如交货期、售后服务、安装服务等内容。

2. 推销模式

所谓推销模式就是根据推销活动的特点及对客户购买活动各阶段的心理演变应采取的策略,归纳出的一套程序化的标准推销形式。在推销实践中,由于推销活动的复杂性和市场环境的多变性,推销员不应被标准化程序所束缚,而应从掌握推销活动的规律入手,灵活运用推销模式。只有这样,才能起到提高推销效率的作用。

(1)"爱达"模式

根据消费心理学的研究,客户购买的心理过程可以分为4个阶段,即注意(Attention)、兴趣(Interest)、欲望(Desire)、行动(Action),其英文缩写为AIDA,音译为爱达。国外心理学家和推销专家根据上述4个阶段的特点和他们的实践经验,研究出一套应对客户的方法和程序,这就是推销中的"爱达"模式。"爱达"模式的内容可以表述为:一个成功的推销员必须把客户的注意力吸引或者转移到其产品上,使客户对其推销的产品产生兴趣,这样客户的购买欲望也就随之而产生,而后促使客户作出购买行动。该模式可分为以下4个步骤:

①唤起注意。唤起注意就是要使客户的注意力从自我或他人转向推销方面。为了吸引客户的注意力,说好第一句话是至关重要的,心理学家在研究推销心理时发现,客户听第一句话比听以后的话认真得多。如果客户听到的第一句话是一些杂乱无章的内容,那么往往会导致而后的推销谈话丧失效用,为了防止客户走神或者考虑其他问题,开头几句话必须生动有力,不能拖泥带水、支支吾吾,力求避免使用毫无意义的问询,如"很抱歉,打扰你了,但……""我只是想知道………""我到这里来的目的是……""我来只是告诉你……"等。一位钢铁产品推销员对客户说:"我们最近生产了一种新产品,这种产品可以降低你们的生产费用。现在我能问你几个问题吗?"哪一个生产厂商能对减少生产费用的建议不感兴趣呢?最后,这个推销员得到了大笔订单。

②诱导兴趣。诱导客户购买兴趣的关键是要让客户清楚地意识到接受推销的产品之后会得到利益或好处,推销员要利用各种方法向客户证实推销的产品的优越性,以此引导他们的购买兴趣。一般来说,诱导客户兴趣的最基本的方法是示范。

示范具有许多功能:(a)它能够运用动作的刺激,使注意倾向优先地发生,并集中于推销的产品,防止注意力的转移和分散;(b)示范刺激是一种视觉刺激,视觉比其他知觉具有更明显的印象效果;(c)示范更具体,比其他刺激更容易为人们所理解,因而也更容易在短时间内奏效。

在推销中常用的示范方法有对比、体验、表演、写画等。为了增强示范的效果,示范要有计划地进行,同时要给人以新颖感。例如,有一个胶水推销员,让客户在一页纸的一端涂抹胶水,然后把带胶水的一端贴在一本厚厚的电话簿上,再用这页纸把号码簿提起来,以此向客户示范胶水的黏合力,这种方式使客户耳目一新,印象十分深刻。

③激发欲望。如果推销员的示范令人信服,客户也明确地表示了这一点,但客户还未采取购买行动,其原因之一就是购买欲望尚未被激起,兴趣和欲望毕竟不是一回事。因此,在这一阶段,推销员首先应当尽量刺激客户的购买欲望,然后再做说服工作,通过向客户介绍情况、讲道理,提出一些颇有吸引力的建议,使客户信服并认识到这种购买是必需的,使其产生购买念头。

一般来说,客户对推销的产品发生兴趣后就会权衡买与不买的利益得失。对那些正处在买与不买的犹豫状态的客户,推销员若能巧妙地向客户说明购买了本产品后客户将会感到称心如意,并从中分享到乐趣,得到实惠,并强调产品的心理性使用价值以及在物质的基础上描绘精神上的"图景",这样就会大大增添产品吸引人的魅力,加强客户的购买欲望。

④促成交易。所谓促成交易就是指推销员运用一定的成交技巧来敦促客户采取购买行动。有些客户在产生了购买欲望之后,往往不需要任何外部因素的刺激就会自己作出购买决策。但在通常的情况下,尽管客户对推销的产品发生了兴趣并有意购买,也会处于犹豫的状态。这时,推销员就应注意成交的信号,掌握有利时机,运用一定的成交技巧来施加影响,以促成客户尽快作出购买决策,而不是任其发展。

"爱达"模式是一种传统的推销手法,最早起源于美国。事实证明,这一模式的生命力是很顽强的。"爱达"模式4个发展阶段的完成时间是不固定的,可长可短;4个阶段的先后次序,也不是一成不变的。这一推销过程可能需要几个月的时间才能完成,也可能只需几分钟就能完成,有时也可以省掉其中的一两个阶段,但促成交易是其终极目标。

(2)"迪伯达"模式

"迪伯达"模式是国际推销权威海因兹·M·戈德曼从推销实践中总结出来的一种行之有效的推销模式,即发现(Definition)、结合(Identification)、证实(Proof)、接受(Acception)、欲望(Desire)、行动(Action),缩写为DIPADA。该模式的基本思路是:找出客户需求,促使客户想到需求,推销员说明自己的产品可以满足其需求,并由此促使客户购买。与传统的"爱达"模式相比,"迪伯达"模式的特点是紧紧抓住了客户需要这个关键,使推销工作更能有的放矢,因而该模式具有较强的针对性。

"迪伯达"模式把推销全过程概括为以下6个阶段:

①准确地发现客户有哪些需要和愿望。
②把推销的产品和客户的需要、客户的愿望结合起来。
③证实推销的产品符合客户的需要和愿望。
④促使客户接受所推销的产品。
⑤刺激客户的购买欲望。
⑥促使客户采取购买行动。

"迪伯达"模式是一种更灵活、更高级的推销方式,按照这种方式进行业务洽谈看起来比较复杂,但效果却是很理想的。

(3)"埃德帕"模式

"埃德帕"模式将推销全过程分为5个阶段:

①把推销的产品与客户的愿望联系起来(Identification)。
②向客户示范合适的产品(Demonstration)。
③淘汰不宜推销的产品(Elimination)。
④证实客户已作出正确的选择(Proof)。
⑤促使客户购买推销的产品,使客户作出购买决定(Acceptance)。

"埃德帕"模式的英文缩写形式IDEPA由上述5个阶段的英文首位字母组成。"埃德帕"模式是"迪伯达"模式的简化形式,它适用于有着明确的购买愿望和购买目标的客户,是零售推销较适用的模式。当客户主动来到零售商店,提出要购买某些产品,或者手里拿着购货单,此时应使用"埃德帕"公式。总之,无论是哪种类型的购买,只要是客户主动与推销员接洽,哪怕是通过电话询问某一产品的情况,"埃德帕"模式都是一种较为适合的推销模式。

三、人员推销的策略及技巧

推销是一项有组织有目的地促进产品销售的活动。在推销活动中所采取的带有全局性、长远性、方向性、根本性的对策,则称之为推销策略。它规定了推销活动中的大政方针、根本原则、长远目标总体设想和基本方式,它从根本上决定着推销活动的成败。销售人员应根据不同的推销气氛,针对推销对象审时度势、巧妙而灵活地采用不同的方法和技巧,吸引用户,促使其作出购买决定,产生购买行为。

1. 人员推销的策略

(1)试探策略

试探性策略,亦称刺激—反应策略。就是在不了解客户需要的情况下,销售人员运用刺激性手段引发顾客产生购买行为的策略。销售人员事先设计好能够引起顾客兴趣、刺激顾客购买欲望的销售语言,对客户进行试探和渗透性交谈,同时密切注意对方的反应,了解顾客的真正需求,然后根据反应进行进一步的说明或宣传,引导产生购买行为。

(2)针对性策略

针对性策略,亦称配合—成交策略。销售人员事先基本了解客户的某些方面的需要,然后有针对性地进行宣传讲解,引起顾客的兴趣和好感,从而达到促成交易的目的。运用这种策略的销售人员常常在事前已根据顾客的有关情况设计好推销语言,有利于在推销过程把握气氛,掌握主动。

(3)诱导策略

诱导性策略,也称诱发—满足策略。是指销售人员首先设法诱发顾客的购买需求,再说明我所推销的这种服务产品能较好地满足这种需求,引导顾客产生购买行为。这是一种创造性推销,这种策略要求推销人员有较高的推销技术,在"不知不觉"中成交。

2. 人员推销的技巧

(1)上门推销技巧

上门推销是由推销人员携带产品样品、说明书和订单等走访顾客,推销产品。这种推销形式可以针对顾客的需要提供有效的服务,方便顾客,故为顾客广泛认可和接受。它是最常见的人员推销形式,是一种积极主动的推销形式。其在实施的过程中应注意:

①找好上门对象。可以通过商业性资料手册或公共广告媒体寻找重要线索,也可以到商场、门市部等商业网点,寻找客户名称、地址、电话、产品和商标。

②做好上门推销前的准备工作。要对企业的发展状况、产品、服务的内容材料十分熟悉、充分了解并牢记,以便推销时有问必答;同时对客户的基本情况和要求应有一定的了解。

③掌握"开门"方法。即要选好上门时间,以免吃"闭门羹",可以采用电话、传真、电子邮件等手段事先交谈或传送文字资料给对方并预约面谈的时间、地点。也可以采用请熟人引见、名片开道、与对方有关人员交朋友等策略,赢得客户的欢迎。

④把握适当的成交时机。应善于体察顾客的情绪,在给客户留下好感和信任时,抓住时机发起"进攻",争取签约成交。

(2)洽谈技巧

首先应给客户一个良好的印象,注意自己的仪表和服饰打扮,言行举止要文明、懂礼貌、有修养,做到稳重而不呆板、活泼而不轻浮、谦逊而不自卑、直率而不鲁莽、敏捷而不冒失。在开始洽谈阶段,推销人员可采取以关心、赞誉、请教、炫耀、探讨等方式,巧妙地把谈话转入正题,做到自然、轻松、适时。在洽谈过程中,推销人员应谦虚谨言,注意让客户多说话,认真倾听,表示关注与兴趣,并做出积极的反应。遇到障碍时,要细心分析,耐心说服,排除疑虑,争取推销成功。洽谈成功后,推销人员切忌匆忙离去,应该用友好的态度和巧妙的方法祝贺客户做了一笔好生意,并指导对方做好合约中的重要细节和其他一些注意事项。

(3)排除障碍技巧

①排除客户异议障碍。若发现客户欲言又止,自方应主动少说话,直截了当地请对方充分发表意见,以自由问答的方式真诚地与客户交换意见。对于一时难以纠正的偏见,可将话题转移。对恶意的反对意见,可以"装聋扮哑"。

②排除价格障碍。当客户认为价格偏高时,应充分介绍和展示产品、服务的特色和价值,使客户感到"一分钱一分货";对低价的看法,应介绍定价低的原因,让客户感到物美价廉。

③排除习惯势力障碍。实事求是地介绍客户不熟悉的产品或服务,并将其与他们已熟悉的产品或服务相比较,让客户乐于接受新的消费观念。

四、推销人员的考核及评价

企业制定公平而又富有激励作用的绩效考核标准,通过科学而合理的有效的绩效考试途径,不但加强了对推销人员的管理,又为企业分配报酬、做出人事决策提供了重要参考依据。

1. 销售人员的考核途径
(1)销售人员的记事卡。
(2)销售人员销售工作报告。
(3)顾客的评价。
(4)企业内部员工的评价。

2. 销售人员的考核标准
在实际工作中对推销人员的业绩考核主要有以下几个标准:
(1)销售计划完成率,用于衡量销售人员的销售增长。
(2)销售毛利率,用于衡量销售利润完成的指标。
(3)销售费用率,考核销售人员每次访问支出费用,计算出完成销售量所需要的销售费用率,越小越好。
(4)货款回收率,衡量销售人员回笼货款的状况指标。
(5)客户访问率,考核销售人员访问顾客的次数及能否达到销售效果。
(6)访问成功率,衡量销售人员的工作效率。
(7)顾客投诉次数,衡量销售人员服务质量和服务水平的指标。
(8)培育新客户数目,衡量销售人员开拓市场能力的指标。

3. 人员推销绩效评估
推销绩效能否得到正确的评估,是决定整个推销组织是否有高效率,整个推销管理是否更趋完美的重要因素,因为许多重要的推销都是以此为基础做出的。

(1)推销报告

推销工作主要是推销员通过各种手段和方式,促销本企业的产品和劳务来完成的。而完成工作的好坏,一般通过推销员的定期推销报告来评估。因此,推销报告是进行评估的最重要的信息来源。除此之外,其他来源有:个人观察所得、客户的信件及抱怨、消费者调查以及同其他推销员的交谈。推销报告的内容必须能够完整地反映推销员的工作,其主要应包括以下几方面:

①推销工作计划。推销工作计划即根据企业推销任务的要求,结合市场供求状况,事先安排准备工作的访问,确定访问次数、活动路线、时间安排、要完成的推销额、采用的推销方式等项业务的计划。这类报告把推销列入计划并安排好它的活动,告知企业管理者他们的

行踪,为最高管理者衡量他们的计划与成就提供依据;也可看出各个推销员计划他们工作和执行计划的能力。

②地区营销计划。地区营销计划即关于某一地区一年的营销活动计划,其中应提出发展新客户、增加与现有客户交易的方案。其具体内容因企业的任务和目标不同可有一定差异。如有的企业要求营销计划应包括地区推销发展的总意见,有的要求包括详细的预期推销额和利润估计。这类计划使推销员扮演了市场经理的角色。推销经理可通过这些计划的研究,制定推销定额。

③访问报告。访问报告主要记录与客户有关的资料,如被访客户的生产类型、所用的物资、消耗量大小、客户未来发展及要求、竞争对手的竞销情况、客户对本企业的期望与意见等。访问报告可以是不定期或定期。这类报告可使推销经理及时掌握推销员的活动、客户账户状况,并提供为以后的访问有用的情报。

④新客户情况的报告。发展新客户是推销成功的标志,要引起充分的重视。报告要说明新客户的生产、资金、采购、赢利情况,促销成功的原因,以便采取措施,制定恰当的推销方式。

⑤失去原客户情况的报告。这类报告表明企业有改进工作的必要,帮助企业了解市场动向,进一步提高推销业务水平。

⑥推销收支报告。在这类报告中,推销员应及时报告经费开支和推销收入情况,以便企业检查推销员是否违背财务纪律和衡量费用开支与推销成果的比例是否合理。

上述报告为推销经理选择反映推销绩效的主要指标提供了原始数据。这些主要指标有:

①每个推销员每天的推销访问次数;

②平均每次推销访问的时间;

③每天推销访问的平均收入;

④每次推销访问的平均费用;

⑤每次推销访问的招待费用;

⑥每100次推销访问收到订单的百分比;

⑦每一时期新客户的增加数;

⑧每个时期失去的客户数;

⑨推销队伍费用占总成本的百分比。

(2) 人员推销绩效的正式评估

推销员的各种报告加上其他报告和观察结果,为评估推销绩效提供了基础资料,进而可以进行正式的评估。人员推销绩效的正式评估方式有:

①横向比较法。

横向比较法即推销员之间的比较。这种方式是将各个推销员的工作绩效进行比较和排队。这不仅要对推销员完成的销售额进行对比,而且还要考虑推销员的销售成本、销售利润、客户对服务的满意程度等。这种方法只有在地区市场潜量、工作量、竞争激烈程度、公司促销努力等没有差别或差别不大的情况下才有意义。

②纵向比较法。

这是将同一推销员现在和过去的推销业绩进行比较,包括对销售额、毛利、推销费用、新

增客户数、失去客户数、每个客户平均销售额、每个客户平均毛利等数量指标进行分析的方法。这种评估方式有利于衡量推销工作的进步状况。

③对推销员品质的评价。

推销员的品质直接影响推销绩效的好坏,因此应将对推销员的品质评价作为评价的方式之一。评价的内容通常包括推销员对公司、产品、客户、竞争对手、经管地区和职责的了解。个人的性格,如风度、仪表、言谈、气质等也可作为评价的内容。此外,还应检查推销员的动机和服从上级方面的问题,检查其是否了解有关法规。每个企业都应该规定一些推销员必须知道的、最有用的东西,并且将这些方面的标准、要求告诉推销员,使他知道企业是如何评价他的工作的,从而尽力改进自己的工作。

第四节 公 共 关 系

一、公共关系概述

对企业来说,其业务活动和营销活动中都必须与其有关的公众打交道,发生各种社会关系、物质关系、经济关系和利益关系。企业外部公众为原材料供应商、产品经销商、代理商、顾客、政府管理部门、各种团体等,企业内部公众为合伙人、股东、董事、职工等,因而存在错综复杂的公共关系。

1. 公共关系的概念及构成要素

公共关系(Public Relations),简称 PR 或公关,是通过传播组织机构信息,协调组织内部与外部等各种关系,管理组织形象等方式,促进公众对组织的认识、理解及支持,达到树立良好组织形象目的,与公众保持良好关系的活动。在市场营销学体系中,公关关系是企业机构唯一一项用来建立公众信任度的工具。

公共关系促销并不是推销某个具体的产品,而是利用公共关系,把企业的经营目标、经营理念、政策措施等传递给社会公众,使公众对企业有充分了解;对内协调各部门的关系,对外密切企业与公众的关系,扩大企业的知名度、信誉度、美誉度。为企业营造一个和谐、亲善、友好的营销环境,从而间接地促进产品销售。

2. 公共关系的构成要素

(1)社会组织

社会组织是公共关系的主体,在市场营销中主要是指企业。公共关系活动的主体是公共关系的实施者、承担者。在理解公共关系时,特别要注意不要把一些个人的行为也说成是公共关系。如某公司总裁以个人名义向野生动物基金会捐款,这是个人行为,而不是公共关系;但当他以公司的名义捐这笔款时,我们便可把这种行为理解为一种旨在提高组织(公司)的知名度和美誉度、扩大组织影响的公共关系行为。

(2)公众

公众就是公共关系的客体,企业要公关的对象是与企业有关的内部公众和外部公众。公共关系是组织主动地去与公众建立和维护良好关系的过程。公众随时都可以表达自己的意志和要求,主动地对公关主体的政策和行为做出积极反应,从而对公关主体形成舆论压力和外部动力。组织在计划和实施自己的公关工作时,必须认清自己的公众对象,分析研究自己的公众对象,并根据公众对象的特点及变化趋势去制定和调整公关政策和行动。

(3)传播

公共关系的实现体制就是传播,也是公共关系主体与客体之间的沟通渠道与中介。传播的目的是通过双向的交流和沟通,促进公共关系的主体和客体(组织和公众)之间的了解、共识、好感和合作。传播是使组织和公众之间建立关系的一种手段,传播媒介则是实现这种手段的工具。只有这两者有机结合、共同作用,才能产生整体大于部分之和的协同效应,才能使组织的公共关系活动得以顺利开展,使组织得以在公众面前建立和维持良好的公共关系形象。三者的关系可用图5-2表示。

图5-2 现代公共关系三要素关系图

3.公共关系促销的基本特征

公共关系是一种社会关系,但又不同于一般社会关系,也不同于人际关系,因为它有独有的特征。

(1)形象至上

良好的形象是企业最大的财富,是组织生存和发展的出发点和归宿。在公众中塑造、建立和维护组织的良好形象是公共关系活动的根本目的,而这种形象既与企业的总体有关,也与公众的状态和变化趋势直接相连。企业以公共关系为促销手段,根据公众、社会的需要及其变化,制定合理的经营决策机制、正确的经营理念和创新精神,并及时调整和修正自己的行为,不断地改进产品和服务,以便在公众面前树立良好的形象,促进产品销售的顺利进行。

(2)沟通为本

公共关系是一种信息沟通,是创造"人和"的艺术。企业与公众通过信息双向交流和沟通来实现建立相互间的理解、信任与扶持,协调和改善企业的社会关系环境。通过平等自愿的、充分的信息交流和反馈,形成了企业与公众之间的共同利益和互动关系。没有任何强制力量,双方都可畅所欲言,因而能最大限度地降低不良的副作用。

(3)互惠互利

公共关系以一定的利益为基础,对于企业而言,当然应该追求自身利益的最大化,而只有在互惠互利的情况下,才能真正实现这一目标。通过公共关系,可以协调双方的利益,实现双方利益的最大化,这也是具备公关意识的组织和不具备公关意识的组织的最大区别。否则,只顾企业利益而忽视公众利益,要交往中损人利己,不考虑企业的信誉和形象,势必会失去公众的信任。

(4)真实真诚

现代社会,信息及传媒手段空前发达,这使得任何组织都无法长期封锁消息、控制消息,以隐瞒真相、欺骗公众。正如美国总统林肯所说,你可以在某一时刻欺骗所有人,也可以在所有时刻欺骗某些人,但你绝对不能在所有时刻欺骗所有人。真相总会被人知道。因此公共关系要求公关人员实事求是地向公众提供真实信息,以取得公众的信任和理解。

(5)长远观点

由于公共关系是通过协调沟通、树立组织形象、建立互惠互利关系的过程,这个过程既包括向公众传递信息的过程,也包括影响并改变公众态度的过程,甚至还包括组织转型,如改变现有形象、塑造新的形象的过程。所有这一切,都不是一蹴而就能完成的,需要经过长期艰苦的努力。企业不应计较一城一池之得失,而要着眼于长远利益,追求长期的稳定的战略性关系。

4. 公共关系促销的作用

(1)对企业的作用

①收集信息,检测环境。信息是企业生存与发展必不可少的资源,通过公关可以获取大量信息,也是企业了解自己与环境及其关系的最有效手段。企业的环境信息主要包括:公众需求信息、公众对产品形象评价的信息、公众对组织形象评价的信息及其他社会信息,这些信息起到了组织"环境监测器"的作用。

②舆论宣传,创造气氛。通过公共活动可以将企业的有关信息及时、准确、有效地传送给特定的公众对象,为企业树立良好形象创造良好的舆论气氛。企业要想发展壮大,一方面是要保证产品或劳务的质量,另一方面也要做好宣传工作,提高企业的知名度和美誉度。通过公关活动,能持续不断、潜移默化地完善舆论气氛,引导公众舆论朝着有利于企业的方向发展,适当地控制和纠正对企业不利的公众舆论。

③协调关系,增进合作。公共关系是"内求团结、外求发展"的一门艺术。通过协调使企业中的所有部门的活动同步化;使企业内部成员之间的关系和谐化,增强凝聚力;使企业与外界环境相适应,加强企业与当地政府、经销商、社会、消费者的联系,增进合作。

④咨询建议,参与决策。通过公关活动收集到的信息都是来自社会各方面的与企业有关的真实信息,可以考查企业的决策和行为对公众产生的效应及影响程度,预测企业决策和行为与公众可能意向之间的吻合程度,并及时、准确地向企业决策者进行咨询,提出合理而可行的建议。

⑤危机管理,处理突发事件。所谓"突发事件",即企业所处的未知环境,在短时间内发生企业运营、发展过程中的管理人员未曾预料到的事件。由于这类事件具有突然性、变化快、影响大、处理难度大、余波长等特点,因此,组织的管理者时刻都要有危机管理意识。公共关系在危机管理中的作用体现在:事先预报,避免发生;提前准备,减少损失;紧急关头,稳定人心;做好善后,挽回损失。

(2)对社会的作用

公共关系对社会组织起作用的同时,也促使了社会环境的优化,促进了社会的和谐。主要表现在:

①促使社会互动环境的优化。公共关系涉及群体与群体、群体与个人以及社会人际间的互动,它通过沟通社会信息、协调社会行为、净化社会风气来实现对社会互动环境的优化。

②促使社会心理环境的优化。公共关系提倡人们通过交往摆脱孤独和隔阂、恐惧和忧虑,从而促使社会心理环境优化。

③促使社会经济环境优化。公共关系倡导公平竞争,使营利性组织争取最好的经济效益,从而带动整个社会经济繁荣。

④促使社会政治环境优化。通过建立民主政治,树立"民本位"思想,增强社会管理人员的公仆意识和人民群众的主人翁意识,满足人民群众参与社会公共事务决策和管理的愿望。

(3)对个人的作用

公共关系对个人的作用主要体现在：

①促使个人观念的更新。公共关系是塑造组织形象的艺术，组织的形象与个人的形象是分不开的。它灌输给每一个人有关形象的意识，在注重组织形象的同时也必须注重个人的形象；公关强调"顾客第一""公众至上"，以尊重公众的意愿、满足公众的需求为己任，培养人们强烈的尊重他人意识；公关工作广结人缘，沟通信息，带给人们一种现代交际观念；公关谋求组织与公众之间的合作，表现出强烈的合作意识，并把这种合作意识灌输给每一个人。

②促使个人能力的提高。为了树立组织的形象，公关部常以独特新颖、出奇制胜的专题活动吸引公众，这种创造性的活动需要富有创造能力的人来胜任，在工作中培养了人的创造能力；公关活动常要和各种人、各种矛盾、冲突打交道，要处理各种突发事件，要适应不断变化的公众和环境，因而促使个人交际能力、自我调节能力、应变能力的提高。

二、公共关系促销的方式与原则

1. 公关关系促销的方式

(1) 内部刊物

内部刊物是企业内部各种信息的主要载体，是管理者和员工的舆论阵地，是沟通信息、凝聚人心的重要工具。

(2) 发布新闻

由公关人员将企业的重大活动、重要的政策以及各种新奇、创新的思路编写成新闻稿，借助媒体或其他宣传手段传播出去，帮助企业树立形象。

(3) 举办记者招待会

邀请新闻记者，发布企业信息。通过记者传播企业重要的政策和产品信息，此种方式传播广、信誉好，可引起公众的注意。

(4) 设计公众活动

通过各类捐助、赞助活动，努力展示企业关爱社会的责任感，树立企业美好的形象。

(5) 企业庆典活动

营造热烈、祥和的气氛，显现企业蒸蒸日上的风貌，以树立公众对企业的信心和偏爱。

(6) 制造新闻事件

制造新闻事件能起到轰动的效应，常常引起社会公众的强烈反响，如海尔张瑞敏刚入主海尔时的"砸冰箱"事件，至今人们谈及，还记忆犹新。

(7) 散发宣传材料

依靠各种传播材料去接近和影响其目标市场，公关部门要为企业设计精美的宣传册或画片、资料等，这些资料在适当的时机向相关公众发放，可以增进公众对企业的认知和了解，从而扩大企业的影响。

2. 公共关系促销的原则

(1) 真实性原则

要以诚取信，企业只有诚实才能获得公众信任，在公众心目中树立良好的形象。企业以欺骗的方法吹嘘自己,必然失去公众的信任。

(2)平等互利原则

公众利益与企业利益相协调,企业的生存发展离不开社会的支持。因此,企业要为社会公众提供优质产品,进行公关活动时必须将公众利益与企业利益结合起来。

(3)整体一致性原则

从战略角度长远考虑,汽车企业在追求自身利益的同时,更要注意社会的整体利益,使企业的利益与社会的利益达到一致。在自身利益和社会整体利益发生冲突时,首先考虑社会整体利益,这样企业才能在社会公众中确立长期稳定的良好形象,最终也将促进企业自身获得更大的经济效益。

(4)全员公关原则

企业内部要统一认识,全员参与,企业的发展与壮大是全体员工智慧的体现和努力的结果,全体员工应上下统一认识,树立公关意识,将企业的良好风貌充分展现给公众。

3. 公关关系促销设计

(1)公关活动目标

公关活动的目标应与企业的整体目标相一致,并尽可能具体,同时要分清主次轻重。

(2)公关活动对象

公关活动中所针对的目标公众。

(3)公关活动项目

公关活动项目即采用什么方式来进行公关活动,如举行记者招待会、组织企业纪念活动和庆祝活动、参加社会公益活动等。

(4)公关活动预算

在制定活动方案时,要考虑公共关系活动的费用预算,使其活动效果利润取得最大化。

4. 公关关系促销的步骤

(1)市场调查研究

企业公关工作要做到有的放矢,应先了解与企业实施的政策有关的公众意见和反映。公关要把企业领导层的意图告诉公众,也要把公众的意见和要求反映到领导层。因此,公关部门必须收集、整理、提供信息交流所必需的各种材料。

(2)确定公关目标

一般来说,企业公关的直接目标是促成企业与公众的相互理解,影响和改变公众的态度和行为,建立良好的企业形象。具体的公关目标又分为传播信息、转变态度和唤起需求。企业不同时期的公关目标,应综合公众对企业理解、信赖的实际状况,分别确定以传递公众急切想了解的情况,改变公众的态度或是以唤起需求、引起购买行为为重点。

(3)信息交流

公关工作过程也是信息交流的过程,面对广大的社会公众,企业必须学会运用大众传播媒介及其他信息交流的方式,以说服力的传播去影响公众,从而达到良好的公关效果。

(4)公关效果评估

公关工作的成效可从定性和定量两方面评价。有些公关活动的成效,可以进行数量统计,如理解程度、抱怨者数量、传媒宣传次数、赞助活动等。传播成效的取得,是一个潜移默化的过程,在一定时期内很难用统计数据衡量。评价结果的目的在于为今后公关工作提供资料和经验,也可向企业领导层提供咨询。

1. 广告、营业推广、人员促销及公共关系4种促销方式的特点是什么?
2. 销售人员的考核标准有哪些?

第六章　汽车品牌营销

　　品牌是汽车企业可持续发展的重要资源之一。在中国汽车市场发育和发展的过程中，品牌正在受到越来越多的关注；品牌意味着市场定位，意味着产品质量、性能、技术、装备和服务的价值，最能体现企业的经营理念。品牌形象的确立，来源于消费者的认同。企业如果不建立起与消费者沟通的渠道，不能取得消费者的信任，品牌价值就等于零。对汽车生产和流通企业来说，品牌营销有利于集中人力和精力研究市场、开拓市场，有利于规划、发展和管理营销网络，有利于增加经销商的服务功能，也有利于制定灵活的营销政策。

第一节　品　　牌

一、品牌组成

1. 品牌定义

　　品牌是什么？品牌不仅仅是商标与符号，也不仅仅是产品与形象，品牌构成了产品、消费者和企业三者之间的社会关系。国际商业管理类的词典中，对品牌的注释："一个名称、标志或象征，可以用来界定销售主体的产品或服务，以使之区分于竞争对象的产品或服务"。品牌具备以下6个特点：

　　(1)属性：一个品牌首先给人带来特定的属性。例如"奔驰"传递给人的属性是质量可靠、豪华、安全、舒适。

　　(2)利益：属性需要转换成功能和情感利益。消费者购买汽车追求的是利益，"质量可靠"会减少消费者维修费用，给消费者提供节约维修成本的利益，"服务上乘"则节约了消费者的时间，方便了消费者。

　　(3)价值：品牌还体现了该制造商的某些价值感。例如"高标准、精细化、零缺陷"是"宝马"体现的价值。

　　(4)文化：品牌附加了一种文化。例如，"法拉利"体现了速度、勇敢、勇夺第一的文化。

　　(5)个性：品牌代表了一定的个性。如悍马的个性是超强的越野性，劳斯莱斯的个性是超豪华性。

　　(6)使用者：品牌还体现了使用者的一些特性，这对品牌的市场定位有一定帮助。如奔驰在我国主要是企业界成功人士在使用，而宝马则是演艺界明星的首选。

　　品牌是企业为使自己的商品区别于其他企业商品所做的特殊标志，是企业形象特征最明显的外在表现。著名的品牌不仅仅是企业无形的资产，能给企业带来直接的和长远的经济效益，表现为企业本身和企业经营活动的价值，而且是社会的宝贵精神文化财富，对社会大众的思想意识和生活观念产生重要影响。品牌不仅代表企业的形象、企业的发展历程,还代表着一种现代化的生产经营方式。消费者将品牌视为产品的重要组成部分,以品牌来识别产品、购买符合心愿的品牌产品。熟悉的品牌给消费者以信心保证,并向消费者提供他们所期待的稳定的利益和价值,使消费者愿意为购买称心的产品而付出更多的金钱。

2. 品牌的基本特征

(1)品牌是企业的无形资产

由于品牌拥有者可以凭借品牌的优势不断获取利益,可以利用品牌的市场开拓力、形象扩张力、资本内蓄力不断发展,因此我们可以看到品牌的价值。这种价值并不能像物质资产那样用实物的形式表述,但它能使企业的无形资产迅速增大,并且可以作为商品在市场上进行交易。

(2)品牌转化具有一定的风险及不确定性

品牌在创立后,在其成长的过程中,由于市场和需求的不断变化,企业的品牌资本可能壮大,也可能缩小,甚至在竞争中退出市场。

(3)品牌具有表象性

品牌是企业的无形资产,不具有独立的实体,不占有空间,但它最原始的目的就是让人们通过一个比较容易记忆的形式来记住某一产品或企业。因此,品牌必须有物质载体,需要通过一系列的物质载体来表现自己,使品牌有形化。

(4)品牌具有唯一性

品牌是用以识别生产或销售者的产品或服务的。品牌拥有者经过法律程序的认定,享有品牌的专有权,有权要求其他企业或个人不能仿冒、伪造。

(5)品牌具有一定的扩张性

品牌具有识别功能,代表一种产品、一个企业,企业可以利用这一优点展示品牌对市场的开拓能力,还可以帮助企业利用品牌资本进行扩张。

此外,对于高优势品牌(名牌)而言,它还有如下特征:

(1)品牌与产品品质可以分离

高知名度品牌具有高信任度和高附加价值,在某种意义上,已经成了一种特殊的社会象征。这样,名牌就既可以同产品品质相分离,又可以同厂商的实质资产价值相分离。例如,一瓶普通的白酒,只要换成茅台的包装与品牌就立即身价倍增,甚至出现人们明知是假茅台也照买不误的奇特现象。其实人们购买的不是茅台酒,而是茅台的品牌,茅台已成为一种社会身份的象征。在这种场合,知名品牌已经与产品品质完全分离。这种分离是假冒产品很难根绝的一个重要原因。当然,品牌与产品品质的分离一定程度上与消费者的不成熟有关,即与消费者的名牌崇拜意识有关。

知名品牌不仅可以与产品品质分离,而且可以与厂商的实质资产价值分离——只要拥有知名品牌,就可以创造巨额财富。据说,1967年美国可口可乐(Coca-Cola)公司曾宣称:即使可口可乐的所有工厂在一夜之间被大火烧毁,它也能很快起死回生,因为可口可乐的牌子能使任何一家公司财源滚滚,凭此就可以向银行贷款,恢复生机。

(2)优势品牌通常具有超常的生命周期

生命周期是借用生物学术语来概括品牌产生、发育(成长)、成熟、衰落全过程的概念。

任何品牌如同人一样,都有生命周期,不过名牌的生命周期要长于非名牌,有些名牌甚至可以说是永远存在的。名牌的生命周期之所以超常,主要是因为高知名度、高美誉度、高信任度和高附加值,这些构成名牌的内在要素通常很难在一个相对短的时间内获得。也许某个品牌可以爆炸式地在短时间就获得高知名度,但要同时获得高美誉度、高信任度和高附加值几乎是不可能的。假如某一品牌借助千载难逢的机遇和成功的营销技术而在短期内获得了作为名牌所必须具有的全部内在要素,那么,要在同样短的时间内巩固这些成果也是不可能的。这意味着,名牌的创造是一个艰难的过程,许多曾名噪一时的品牌最终没有进入名牌的行列有许多元凶,其中就包括了难以承受时间的考验这一基本因素。可口可乐是世界第一品牌。在其一百多年的发展历史上它一直被小心谨慎地管理着,这种管理使其保持了最初的品牌价值。同样,麦当劳自从创立到发展至今的规模无不透射着科学管理的气息。人们一提到"麦当劳"就想起它的管理带来的标准化的服务——快捷、卫生、方便、全世界同样的快餐食品、同样的快餐文化。

3. 品牌的组成

品牌的构成体系是一个复杂系统,总体来说可分为品牌的有形构成要素和无形构成要素两部分。其中,有形部分对于消费者来说比较熟悉,具体包括品牌名称、品牌标识、商标等;无形部分包括品牌属性、品牌利益、品牌价值、品牌文化、品牌个性、品牌联想、品牌形象、品牌认同度、品牌知名度、品牌美誉度、品牌忠诚度、品牌资产等。

(1) 有形构成要素

有形部分对于消费者来说比较熟悉,具体包括品牌名称、品牌标识、商标等。

(2) 无形构成要素

品牌专家戴维森(Davidson)在"品牌冰山论"中说,"品牌的标识、符号等是品牌浮在水面的15%的部分,而冰山隐藏在水下的85%的那部分则是品牌的价值观、智慧和文化。"汽车品牌的无形构成要素正是冰山下的隐藏部分,是冰山冲击力的来源。无形部分又包括以下内容:

①品牌属性与品牌利益。品牌属性即指品牌所代表的特定产品属性,如著名汽车品牌就是产品信誉好、价值高、高贵耐用等。产品属性的象征或代名词,久负盛名的品牌就是优等质量的保证。品牌利益是指品牌所代表的特定利益,即顾客通过消费特定的品牌产品,品牌属性转化给消费者的特定利益,包括基本利益和附加利益。基本利益为产品的基本使用价值,附加利益是使用价值以外的利益,如著名的汽车品牌可以让消费者获得更可靠、更安全、更放心、更有品位等心理上的满足。事实上,品牌就是一种承诺、契约和保证,放心就是品牌带给消费者的最大附加利益。品牌利益是消费者购买品牌产品愿意额外增加支付的基础。

②品牌价值、品牌文化与品牌个性。品牌价值是指品牌经营者所奉行的,并能够引起目标消费者共鸣的价值观。它是品牌的精髓,并能够覆盖或延伸至多个产品。例如 VOLVO 汽车长期奉行"安全以人为本"的核心价值观。

品牌文化是指品牌所蕴藏的特定文化底蕴。品牌文化虽然与品牌经营者所处国度的社会文化和民族文化有关,但更主要还是蕴含品牌经营者的企业文化,如企业的经营理念、社会责任感、价值取向、创新能力和综合竞争实力等。品牌,就其实质而言,它代表着销售者对其产品特征、利益和服务的承诺。1958年,一汽生产了第一辆红旗高级轿车,结束了中国不能造轿车的历史,从此红旗的品牌文化中就折射出浓郁的民族情感,它高贵、大方、威严以及代表中华民族自强不息的精神。

品牌个性就是要让消费者能够将不同的品牌及其产品进行区别。每个品牌都有自己的个性。建立品牌个性,不能仅仅在产品层次方面做到外观方面具有差异,而应在品牌价值和品牌文化上做到让消费者在心目中留下鲜明印象,即品牌个性着力建立消费者的心理差异。法拉利火热激情,劳斯莱斯奢华高贵,这些都是著名汽车品牌树立已久的个性并为人熟知。现实生活中,汽车营销者常常只注重品牌的属性(产品功能),这种忽视品牌其他要素的做法,往往不能培植品牌忠诚。一旦有功能更好的产品,消费者就会选择离开,使得厂商苦心经营的品牌价值丧失殆尽。其实,品牌价值、品牌文化和品牌个性才是品牌最持久的意义,品牌有了这些内涵,品牌力就存在,即使出现功能更好的产品,只要厂商及时改进产品,消费者就不会过分流失。

③品牌定位、品牌联想。品牌定位就是在准确地寻找企业所服务的消费者的基础上,将企业的品牌属性、品牌价值、品牌文化和品牌个性,准确地传达给目标受众,使其具有鲜明印象,能在目标消费者心目中占有一个独特的、有价值的位置。在作了充分的市场研究后,品牌定位的主要手段就是品牌传播。奔驰的尊贵、宝马的快乐、奥迪的科技、沃尔沃的安全,公司也一直围绕其定位进行一系列的宣传和营销。

品牌联想就是社会公众在任何时间和地点,以任何方式接触品牌后所产生的各种想象,包括对品牌属性、品牌利益、品牌价值、品牌个性的记忆和想象,尤其要让目标消费者联想到自己就是品牌最合适的用户。这些联想来自于生活中的各个层面,如汽车消费者的使用体验、汽车俱乐部成员之间的口耳相传、汽车广告的信息传播等。

品牌联想是汽车品牌的作用之一,目的在于使消费者对其产生一系列联想,给其一个具体而有说服力的购买理由,是消费者制定品牌购买决策的基础。如国内的五菱汽车,会让大家联想起勤奋扎实的朴实形象、广袤的农村、实惠的价格等。

④品牌认同、品牌形象。品牌认同就是品牌经营者对品牌的各种有形或无形构成要素的设定,它反映的是品牌经营者的一种期待。品牌经营者总是期待自己的品牌设定,能够得到目标消费者群体的认同。品牌形象是品牌认同经传播后,被消费者所认知的品牌印象,即消费者对品牌的印象和看法。品牌形象反映的是品牌给消费者的综合感觉。如果说,品牌认同是企业设定的"内因",那么品牌形象则是消费者自然而然得到的"结果"。

⑤品牌知名度、品牌美誉度。品牌知名度反映的是品牌在市场上被消费者"知晓"的程度,知道的消费者人数越多,品牌的知名度就越高。品牌美誉度却是品牌在市场上被消费者赞誉的程度,持赞誉和肯定态度的消费者人数越多,品牌的美誉度就越高。知名度高,未必就会使美誉度也高,如重大恶性事件,可能会增加厂商和品牌的知名度,但却丝毫不能增加其美誉度。需要说明的是,品牌经营并不等于就是造就名牌。名牌只是一种知名度很高的品牌,其美誉度可能高,也可能不高。品牌经营应致力于造就知名度和美誉度都很高的品牌。其实,"名牌"一词的出现,是我国在特定市场环境下产生的特定名词,是一种俗称,从严格意义上来讲是不准确、不科学的。

⑥品牌忠诚度、品牌资产。品牌忠诚度是指消费者在购买决策中,多次表现出来对某个

品牌有偏向性的(而非随意的)行为反应。它是一种行为过程,也是一种心理(决策和评估)过程。品牌忠诚度的形成不完全是依赖于产品的品质、知名度、品牌联想及传播,它与消费者本身的特性密切相关,靠消费者的产品使用经历。提高品牌的忠诚度,对一个企业的生存与发展,扩大市场份额极其重要。即指消费者对品牌的忠诚态度和忠诚行为,忠诚的顾客人数越多,品牌忠诚度就越高。如果消费者面对汽车性能、价格等更优越的竞争品牌,仍能购买某一汽车品牌,则可反映出其忠诚。品牌忠诚度的价值主要体现在以下几方面:

(a)降低行销成本,增加利润。忠诚创造的价值是多少?忠诚、价值、利润之间存在着直接对应的因果关系。营销学中著名的"二、八原则",即80%的业绩来自20%的经常惠顾的顾客。对企业来说寻找新客户的重要性不言而喻,但维持一个老客户的成本仅仅为开发一个新客户的1/7。

(b)易于吸引新顾客。品牌忠诚度高代表着每一个使用者都可以成为一个活的广告,自然会吸引新客户。

(c)提高销售渠道拓展力。拥有高忠诚度的品牌企业在与销售渠道成员谈判时处于相对主动的地位。经销商当然要销售畅销产品来赢利,品牌忠诚度高的产品自然受经销商欢迎。

(d)面对竞争有较大弹性。营销时代的市场竞争正越来越体现为品牌的竞争。当面对同样的竞争时,品牌忠诚度高的品牌,因为消费者改变的速度慢,所以可以有更多的时间研发新产品,完善传播策略应对竞争者的进攻。

所谓品牌资产就是消费者关于品牌的知识。它是有关品牌的所有营销活动给消费者造成的心理事实。这个定义表明品牌资产具有4个特点:

(a)品牌资产是无形的。
(b)品牌资产是以品牌名字为核心。
(c)品牌资产会影响消费者的行为,包括购买行为以及对营销活动的反应。
(d)品牌资产依附于消费者,而非依附于产品。

从这个定义可以看出:品牌资产即指品牌能够为企业带来经济收益的能力。品牌知名度高,美誉度好,忠诚顾客人数多,品牌的资产价值就越高。这样的品牌就成为企业的资产要素,是企业重要的无形资产和知识产权。品牌资产是各种品牌要素的综合市场表现,品牌资产价值的大小,取决于它能够为经营者带来多大的收益,包括市场占有率增加和价差效应所产生的经济收益等。

二、品牌的名称

品牌名称即指品牌中可以用语言称呼的部分,品牌名称的功用则像人的名字一样,是由一个字或是一组文字组成,包括中文名称和外文名称(通常为英语),如奥迪(Audi)、奔驰(Mercedes Benz)、丰田(Toyota)、别克(Buick)、东风(DFM)、解放(FAW)等。品牌名称是品牌最基本、最重要的要素,是消费者口碑(或口传)中最常提到的品牌要素,可以说不存在没有名称的品牌。品牌名称简洁地反映了产品的中心内容,使人产生关键的联想,品牌名称是传递产品信息过程中最有效的缩写符号,是品牌无形资产的主要载体,也是品牌延伸和发展的基础。

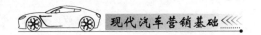

1.汽车品牌命名的方式

纵观汽车发展历史,汽车品牌的命名有很多种方式,了解这些命名,对新品牌的命名会有一定的借鉴性。

(1)以人物命名。以人物命名的汽车品牌有很多,如以企业创始人命名的汽车品牌有福特、凯迪拉克、奔驰、兰博基尼、保时捷、法拉利、宾利、布加迪、标志、丰田、雪铁龙、马自达等;还有以合作者命名的汽车品牌,如劳斯莱斯等;有些汽车还以公众偶像作为品牌名称,如林肯、雪佛兰、切诺基、庞蒂克、阿尔法-罗密欧等。

(2)以动物或植物命名。有些汽车品牌直接采用了自然界的动物名为品牌名,如雷鸟、火鸟、云雀、蓝鸟等,是以飞禽为汽车的品牌名;甲壳虫以昆虫命名;美洲豹、野马、雄狮等是以走兽命名的汽车品牌;莲花则是以植物命名的品牌;蝰蛇是以爬行动物命名的。

(3)以象征命名。以象征作为品牌的汽车,多以事物为依托来表达企业的理想和梦想,这种命名方式在我国比较常用,如红旗、解放、东风、跃进、吉利、富康等,但国外品牌也有用的,如沃尔沃(滚滚向前之意)。

(4)以地位命名。如福特公司的君王、男爵。

2.汽车品牌命名的程序

专业化的品牌命名遵循以下程序:提出方案—评价选择—测试分析—调整决策。

(1)提出备选方案。根据命名的原则,首先收集那些能够描述产品的单词或词组。采用集体讨论、网上征集、有奖征集等方法,可得到大量的候选品牌名称。

(2)评价选择。品牌命名时一般都会组织一个合理的评价小组来评价、筛选品牌名称。评价小组的成员最好包括语言学、心理学、美学、社会学、市场营销学等方面的专家。所选品牌要简洁、独特、新颖、高气魄。而且品牌名称应该预示出企业良好的经营理念;品牌名称应该包括与该产品有关的字或词;不应该选择带有负面形象或含义的品牌名称;从长远发展的角度考虑,为使品牌将来能够延伸,要避免品牌名称狭窄的定位。

(3)测试分析。专家对品牌名称的评价和筛选并不是品牌名称的最后选定。消费者才是最终的决策者。测验分析就是对选择的方案进行消费者调查,以便最终确定品牌名称。通常可采用调查问卷的形式了解消费者对品牌名称的反应。

(4)调整决策。如果通过测试分析显示的结果是:消费者并不认同被测试的品牌名称,那么不管专家或企业老总多么偏爱这种品牌名称,都应考虑重新命名。

三、品牌的标识

1.品牌标识

品牌标识又称为品牌视觉标识,即指品牌中可以被认识、易于记忆但不能用语言称呼的部分,即品牌的视觉形象标志,通常由文字、标记、符号、图像、图案和色彩等要素组成,其作用是帮助消费者通过视觉识别品牌,使人们在看到标识时马上就能联想到品牌名称,特别是在不便于用企业名称表现品牌时,标识可以起到无可替代的重要作用。标识可以在一段时间以后很方便地修改,从而使它始终跟上时代。

标识与图标标识可以分为两种,一种是用独特的文字书写的标识,称为文字标记,其特点是标识往往是品牌名称的直接表示,如福特汽车的标识是艺术化的"Ford";另一种是抽象的图案标识,这种没有文字的图案标识也称图标,在汽车上有时也称其为车标,如奔驰的三叉星。标识往往被设计成图标,以便以某种方式强调或修饰品牌含义。从汽车品牌标识本身来说,希望它尽可能地简单,让消费者和公众能够过目不忘,不经意间就能记住它。标识可以传达出企业要表现的核心信息,这是标识设计最高明之处。

2. 品牌名称、标志

标志这一名词较多的指向一类图形或图形与文字相结合的记号,作为某一类事物的表征,而标识既能代表图形类的符号,也用于表达文字、数字、方向标等记号,有着更广泛的使用领域,应该说,标志是标识的一个部分。

品牌名称和标志是品牌的直接表现,是品牌最基本的元素。

品牌名称和标志至少给消费者两个信息,这两个信息是产品和消费者的关系基础。当看到品牌名称和标志时,可以确信这件产品是货真价实的。同时,它是产品持续一致的保证。许多成功的品牌都保持一种持续演进的状态,并且不断作出必要而符合市场需要的改变。品牌名称和标志的改变要符合产品一贯的承诺,否则,品牌力减弱,用户对品牌忠诚度就会降低。图 6-1 所示是几种汽车品牌标志。

图 6-1 几种汽车品牌标志

图 6-1a) 为奥迪 AUDI 汽车的标志,4 个圆环代表着合并前的 4 家公司,每一环都是其中一个公司的象征,这些公司曾经是自行车、摩托车及小客车的生产厂家。

图 6-1b) 为梅赛德斯奔驰汽车 BENZ 的标志。1909 年 6 月,戴姆勒公司申请登记了三叉星作为轿车的标志,象征着陆上、水上和空中的机械化。1916 年在它的四周加上了一个圆圈,在圆的上方镶嵌了 4 个小星星,下面有梅赛德斯"Mercedes"字样。"梅赛德斯"是幸福的意思,意为戴姆勒生产的汽车将为车主们带来幸福。

图 6-1c) 为大众 VOLKSWAGEN 汽车的标志。大众汽车公司的德文 VolksWagenwerk,意为大众使用的汽车,标志中的 VW 为全称中头一个字母。标志像是由三个用中指和食指作出的"V"组成,表示大众公司及其产品必胜—必胜—必胜。

图 6-1d) 为法拉利 FERRARI 汽车的标志。法拉利车的标志是一匹跃起的马。在第一次世界大战中意大利有一位表现非常出色的飞行员,他的飞机上就有这样一匹会给他带来好

运气的跃马。在法拉利最初的赛车比赛获胜后,该飞行员的父母亲对伯爵夫妇建议:法拉利也应该在车上印上这匹带来好运气的跃马。后来这位飞行员战死了,马就变成了黑颜色;而标志底色为公司所在地摩德纳金丝雀的颜色。

图6-1e)为标致PEUGEOT汽车的标志。标致汽车公司的前身是19世纪初标致家族皮埃尔兄弟开办的一家生产拉锯、弹簧等铁制工具的小作坊。这些铁制品的商标是一个威武的雄狮,它是公司所在地弗南修-昆蒂省的标志,有不可征服的喻义,体现了标志拉锯的三大优点:锯齿像雄狮的牙齿经久耐磨、锯身像狮子的脊梁骨富有弹性、拉锯的性能像狮子一样所向无阻。1890年,当第一辆汽车标志问世时,为表明它的高品质,公司决定仍沿用"雄狮"商标。

图6-1f)为通用别克BUICK汽车的标志。别克标志形似"三利剑",三把颜色不同的利剑(从左到右分别为红、白、蓝三种颜色),依次排列在不同的高度位置,给人一种积极进取、不断攀登的感觉。

图6-1g)为马自达MAZDA汽车的标志。马自达汽车公司的原名为东洋工业公司,生产的汽车用公司创始人"松田"来命名,又因"松田"的拼音为MAZDA(马自达),所以人们便习惯称为马自达。马自达公司与福特公司合作之后,采用了新车标,椭圆中展翅飞翔的海鸥,同时又组成"M"字样。"M"是MAZDA第一个大写字母。

图6-1h)为莲花LOTUS汽车的标志。莲花汽车标志是在椭圆形底板上镶嵌着抽象的莲花造型,上面除了有"莲花"(LOTUS)字样外,还以创始人查普曼姓名全称(A. C. B. CHAPMAN)的4个英文字母"A. C. B. C"叠加在一起而成。莲花公司是英国人查普曼1951年创立的,主要生产跑车,由于规模小,在激烈的竞争中几经易手,现落户到意大利的菲亚特汽车公司。

3. 商标

商标即指品牌名称和品牌标识经依法注册,成为受法律保护、具有专用权的品牌视觉系统,包括文字、图案和符号。它主要出现在商品的外表或者包装上,便于消费者识别,本质上属于品牌的一部分。商标是一个法律概念,其法律作用主要表现在:一是通过商标专用权的确立、转让、争议、仲裁等法律程序,保护商标所有者的合法权益。未经商标所有者允许,任何人不得使用所有者的商标。否则就是商标侵权,为法律所不许。所以商标保护了标志在有关商品的交易中的价值和使用。二是促使生产经营者保证商品质量,维护商标信誉。三是商标掌握在企业手中,是企业的工业产权,不管使用与否,商标总是有价值的,因为至少在商标的申请注册、维护管理等环节上,商标所有者已经为它花费了一定的成本。

当然,商标转让(贴牌)的价格不取决于这种商标的直接费用,而取决于被转让者可能获得的新增收益,其背后的支撑因素是品牌的资产价值。如2002年韩国现代与北京汽车投资公司合资成立的北京现代汽车公司,在其产品上市后才发现"现代"商标早在1996年就被浙江现代集团成功注册。最后北京现代斥资4000万元换回了商标的使用权。相对商标而言,品牌是一个市场概念,它属于消费者。也就是说,品牌需要市场接受和消费者认可后才具有资产价值。品牌资产不是银行存款,如果消费者对品牌的信心下降,那么品牌资产就会减少。或者品牌不被使用,就没有资产价值。而对于商标,特别是驰名商标,通常具有很高的价值,是企业的重要财富。德国著名的《世界报》2010年年底公布了一份全世界十大著名商标排行榜,世界十大著名商标中汽车商标有两个,分别是"奔驰"(位列第三)和"丰田"(位列第七)。另外,品牌的内涵也不像商标那样简单,品牌除可视部分外,还包括丰富多彩的无形内容,所以品牌是一个复杂的综合系统。

目前,国际上对商标权的认定有两种方式,一种采用注册在先的原则,如中国、德国、法国等大陆法系国家;另一种采用使用在先的原则,如英国、美国、加拿大、澳大利亚等英美法系国家。但著名商标的认定,一般采取注册权超越优先申请的原则。例如,被某个国家认定为著名商标,即使在其他国家没有注册,它也受商标的保护,所以著名商标的专用权是自动跨越国界的。自从汽车工业诞生以来,世界上1500家汽车厂商生产过3万多种汽车商标名,所以汽车厂家在为新车命名可谓煞费苦心。

第二节 汽车品牌的营销策略

汽车品牌营销就是要把某一品牌的汽车带给消费者,远不只是一种功能的应用,更重要的还要带给他们一种独特的认知和情感,这才是汽车品牌的核心理念。传统的营销体系不可能提高用户的满意度和塑造品牌形象。因为它们是横向、多元、非整合的。就经销商而言,无品牌或多品牌销售的结果必然是向横向发展,功能单一化,延伸到其他经营领域经营,这样一来,风险大,难管理,无形象。现在汽车企业品牌的营销必须满足顾客的主要要求是:使顾客看到这个汽车品牌确实具备他们所要求的独具的特色,这个特色能够给顾客带来情感和功能的某种忠诚度和利益;这一汽车品牌能广泛地、真实地、始终如一地履行着自己的诺言;积极应用网络营销的新型营销方法,使顾客能感受到青睐。

推行品牌营销,是实现汽车流通体制现代化,加强汽车工业市场竞争力,同国际接轨,保证汽车工业健康快速发展的必然选择。在某种程度上,汽车作为一项特殊的产品是一个国家综合国力的体现。

一、品牌设计

1. 品牌设计的定义

品牌是一个名称、名词、符号或设计,或者是它们的组合,其目的是识别某个销售者或某群销售者的产品或劳务,并使之同竞争对手的产品和劳务区别开来。

品牌是通过要素及一系列市场活动而表现出来的结果所形成的一种形象认知度、感觉、品质认知,以及通过这些而表现出来的客户忠诚度,总体来讲它属于一种无形资产,品牌将企业、产品与消费者建立起联系。

品牌设计就是对一个企业或产品进行命名、标志设计、平面设计、包装设计、展示设计、广告设计及推广、文化理念的提炼等等,从而使其区别于其他企业或产品的个性塑造过程。当世界进入品牌竞争的时代,当品牌成为中华大地上商界的热点时,品牌设计也成为人们常挂在嘴边的时髦词汇。有人统计说企业每投在品牌形象设计上1美元,所获得的收益是227美元。如此诱人的投资回报率,无怪乎企业界对品牌设计趋之若鹜。那么,品牌设计究竟是什么?其魅力来自何处?

不同的人对品牌设计有不同的理解。广义品牌设计包括战略设计、产品设计、形象设计和 CI 设计。企业形象设计是品牌设计的一个方面,这个内涵比较宽泛。狭义的品牌设计则认为品牌设计主要是指品牌名称、商标、商号、包装装潢等方面的设计,基本上等同于企业的视觉系统设计。在此观念中,品牌设计是企业形象设计的一个方面。

2. 品牌设计的原则

企业进行品牌设计的目的是将品牌个性化为品牌形象,为了更好地实现这一目标,在进行品牌方案设计和实施时,应遵循下列原则:

(1) 全面兼顾的原则

企业导入品牌战略,会涉及企业的方方面面,因此,品牌设计必须从企业内外环境、内容结构、组织实施、传播媒介等方面综合考虑,以利于全面地贯彻落实。具体而言,就是说品牌设计要适应企业内外环境;符合企业的长远发展战略;在实施时具体措施要配套合理,以免因为某一环节的失误影响到全局。

(2) 以消费者为中心的原则

品牌设计的目的是表现品牌形象,只有为公众所接受和认可,设计才是成功的,否则,即便天花乱坠也没有意义。以消费者为中心就要做到:

①进行准确的市场定位,对目标市场不了解,品牌设计就是"无的放矢"。

②努力满足消费者的需要。消费者的需要是企业一切活动包括品牌设计的出发点和归宿,IBM 成功的最大奥秘即在于其一切都以顾客为中心的企业理念。

③尽量尊重消费者的习俗。习俗是一种已形成的定势,它既是企业品牌设计的障碍,也是其机会。

④正确引导消费者的观念。以消费者为中心并不表明一切都迎合消费者的需要,企业坚持自我原则科学合理的引导是品牌设计的一大功能。

(3) 实事求是的原则

品牌设计不是空中建楼阁,而是要立足于企业的现实条件,按照品牌定位的目标市场和品牌形象的传播要求来进行。品牌设计要对外展示企业的竞争优势,但绝非杜撰或编排子虚乌有的故事。坚持实事求是的原则,不隐瞒问题、不回避矛盾,努力把真实的企业形态展现给公众,不但不会降低企业的声誉,反而更有利于树立起真实可靠的企业形象。

(4) 求异创新原则

求异创新就是要塑造独特的企业文化和个性鲜明的企业形象。为此,品牌设计必须有创新,发掘企业独特的文化观念,设计不同凡响的视觉标志,运用新颖别致的实施手段。日本电子表生产厂家为了在国际市场上战胜瑞士的机械表,在澳大利亚,使用飞机把上万只表从空中撒到地面,好奇的人们拾起手表发现居然完好无损,于是对电子表的看法大为改观,电子表终于击溃了机械表,在国际市场上站稳了脚跟。

(5) 两个效益兼顾的原则

企业作为社会经济组织,在追求经济效益的同时,也要努力追求良好的社会效益,做到两者兼顾,这是一切企业活动必须坚持的原则,也是要在品牌设计中得到充分体现的原则。很多人认为,追求社会效益无非就是要拿钱出来赞助公益事业,是"花钱买名声",其实不然。赞助公益事业确实有利于树立企业的良好形象,但兼顾经济利益和社会效益并不仅止于此。它还要求企业在追逐利润的同时注意环境的保护、生存的平衡;在发展生产的同时注意提高员工的生活水平和综合素质,维护社会稳定,在品牌理念设计中体现社会公德、职业道德,坚守一定的道德准则。

3. 品牌的设计策略

一个优秀的品牌有赖于品牌名称与商标的精心设计。有战略眼光的企业家都极其重视品牌的命名与设计。品牌的设计应遵循以下原则:

(1) 合法性

品牌设计必须严格遵守有关国家法律、法规的规定,维护国家、民族、国际组织的尊严;维护社会和消费者的利益;维护生产汽车产品企业平等竞争的权利;维护品牌专用权人的合法权利。在企业具有国际影响时,还要注意品牌在使用地名、人名、数字、图案等方面的法律限制,以及目标国家的禁忌。

(2) 选题好

进行品牌设计,可供选择的题材很多,但要符合民俗、民风和民族习惯,必须迎合消费者的口味,绝不能用消费者忌讳的文字、图形作为商标。例如,我国许多地方忌猫头鹰,如果你把猫头鹰作为标志用在汽车上,则在忌讳的地区肯定卖不出去。另外,因为各个国家的风俗习惯不一样,所以企业在品牌设计时,一定要考虑民族因素,慎重选题。

(3) 有特色

标志要能反映汽车本身的特点。一项调查显示,人们每天遇到与商品有关的信息为1000多种。如何在众多的信息中脱颖而出,让消费者牢牢记住,这就要求品牌要设计出特色来。品牌要做到独特别致、新颖美观、感染力强,这样才能吸引人们的注意和留下深刻的印象。安徽大学的岳贤德在设计完成吉利新车标之后,并没有着急把自己的作品向吉利集团投稿,而是打印出来,拿到大街上询问摩的司机,问他们的第一感觉是什么?当这些摩的司机看完,告诉岳贤德这像一个汽车标志时,岳贤德才投稿到吉利集团。

(4) 能传神

每种产品都有自己的特点和用途,那么设计品牌时,就要考虑借助品牌将产品的特点和用途传递给消费者,包括直接传递或间接传递。

(5) 易记读

易记,就是品牌容易记忆、辨认、过目难忘。那些采用流行色彩、明快线条、精炼文字、形象图案、简洁大气的标志,就会给消费者留下深刻的印象。易读,就是品牌名发音顺畅,能朗朗上口。

二、品牌防御

1. 品牌防御的定义

品牌防御是指对品牌要素(品牌名称、标识、包装、广告语、渠道、品牌形象代表等)的防御与保护。防御和保护的目的是使标识品牌的品牌要素免受竞争对手的模仿、偷用、不当使用和滥用,保护品牌形象、声誉、利润不受损,品牌资产不被稀释。

2. 品牌防御的重要意义

品牌要素的防御与保护对于保护品牌资产是最基本的,也是至关重要的。其主要原因如下:

（1）从顾客心智的品牌资产角度来看，品牌要素是形成基于顾客的品牌资产

资产的载体品牌是无形的、看不见、摸不着的，它需要有形的实体要素来帮助消费者形成品牌印象，产生品牌知识。建立品牌联结、导致购买行为，并最终形成基于顾客的品牌资产。

（2）从知识产权角度来看，品牌要素是能给企业带来丰厚收益的专属知识专利

品牌要素，尤其像不宜频繁更改的品牌名称、品牌标识等是每个企业的一种专有知识。一旦在权威法律机构（如工商局）注册品牌名后，该品牌名和标识就会在法律上生效。此时，任何竞争对手如果对该品牌名进行不当使用时，都必须承担相应的法律后果。因此保护和防御品牌要素不被非法使用，就相当于保护了公司的知识专利。

（3）从品牌要素的属性来看，它最容易被竞争对手模仿和盗用

构成品牌要素的品牌名称、标识、包装、形象代表等是由一些可以理解的图形和文字组成，这种可理解性和有意义性便决定了这些图形和文字很容易被他人学习、曲解和偷换。

（4）从品牌要素的作用来看，鲜明独特的品牌要素可以强化品牌的市场地位

品牌要素具有独特性和排他性，这有助于消费者将其与竞争对手区分出来，同时也有助于消费者识记和熟悉品牌，进而指导品牌选择行为。同时，研究也发现，当两种品牌在质量、价格等功能属性上得分相同时，消费者更倾向于购买较为熟悉的品牌。而且形象模糊、丧失独特性的品牌要素会对品牌产生负面后果，轻则会令消费者感到困惑，重则会令消费者感到失望，进而品牌被消费者抛弃。

可见，保护和防御品牌要素不被侵蚀就显得极为重要和必要。知名品牌会给企业带来丰硕的财务回报，但正如古谚语所言"枪打出头鸟"，知名品牌面临被模仿、被盗用的风险也就更多。如果防御不到位，丧失的便是来之不易的品牌声誉。

值得一提的是，品牌要素是包含品牌名、包装、品牌图文标识等成分的统一体，因而对品牌要素的防御和保护，并不局限于单个成分，相反，是所有的成分都要进行防御和保护。例如，正版永和豆浆与山寨版永和豆浆的品牌名完全相同，但二者的品牌标识差异很大，这启示公司只对品牌名进行法律注册并不能杜绝山寨系列的出现。明智的品牌防御与保护，应当包含对构成品牌的所有有形要素进行法律注册与保护，以及持续不断的打假行动。

汽车是品牌生产，消费者更多关注是品牌而不是生产者。品牌是集技术、企业文化和商誉于一身的载体，是企业历史的积淀。因此与技术相比，品牌更加重要。汽车品牌成为未来世界汽车市场核心竞争力的重要因素。相同车型、不同品牌的汽车在市场上的表现存在很大差距，用户愿意为品牌所代表的价值付费，这就表明一个汽车品牌的防御与保护对公司和企业的重要性是难以估计的。

3. 品牌防御策略

（1）及时注册商标

品牌标记经注册成为商标后可得到法律保护，有效地防止竞争者抢注、仿制、使用、销售本企业的商标。出口产品应在目标国家及时注册商标。注册商标在有效期满后应及时申请续展注册。

（2）企业非同类产品注册同一商标

例如，电风扇的"钻石牌"的商标已注册，该企业在未来生产的门锁、轴承等产品上也注册同样的商标，以充分利用和扩大商标的影响。

（3）企业同一产品注册多个商标

例如，牙膏同时注册"两面针""针两面""面两针""两针面"等多个商标，比如"哇哈哈"，企业也注册"哈哈娃"" 娃娃哈""哈娃娃"等，从而堵住可能被仿冒的漏洞。

（4）使用防伪标识

采用各种形式的防伪标识，为保持商标专用权可起到积极作用。

（5）品牌并用

我国企业与外国企业合资时，便可以采用品牌并用的办法来防止被洋牌查没的风险。如在合资企业的不同产品上分别使用我国和外国的品牌，或在同一产品上共同使用本国与外国的品牌。

三、品牌延伸

1. 品牌延伸定义

品牌延伸是指企业将某一知名品牌或某一具有市场影响力的成功品牌扩展到与成名产品或原产品不近相同的产品上，以凭借现有成功品牌推出新产品的过程。

品牌延伸并非只是简单借用表面上已经存在的品牌名称，而是对整个品牌资产的策略性使用。品牌延伸策略可以使新产品借助成功品牌的市场信誉在节省促销费用的情况下顺利地进占市场。

2. 品牌延伸的优势

品牌延伸是企业推出新产品，快速占有并扩大市场的有力手段，是企业对品牌无形资产的充分发掘和战略性运用，因而成为众多企业的现实选择。

（1）品牌延伸可以加快新产品的定位，保证企业新产品投资决策迅速、准确

在开发与本品牌原产品关联性和互补性极强的新产品时，它的消费与原产品完全一致，对它的需求量则与原产品等比例增减，因此它不需要长期的市场论证和调研，原产品逐年销售增长幅度就是最实际、最准确和最科学的佐证。由于新产品与原产品的关联性和互补性，它的市场需求量也是一目了然的。因此它的投资规模大小和年产量多少是十分容易预测的，这样就可以加速决策。

（2）品牌延伸有助于减少新产品的市场风险

新产品推向市场首先必须获得消费者的认识、认同、接受和信任，这一过程就是新产品品牌化。而开发和创立一个新产品需要巨额费用，不仅新产品的设计、测试、鉴别、注册、包装设计等需要较大投资，而且新产品和包装的保护更需用较大投资。此外，还必须有持续的广告宣传和系列的促销活动。这种产品品牌化的活动旷日持久且耗资巨大，它往往超过直接生产成本的数倍、数十倍。例如，在美国消费品市场，开创一个新品需要5000万至1亿美元，这显然不是一种新产品能承受的，没有巨大财力支撑就只能被扼杀。品牌延伸，是新产品一问世就已经品牌化，甚至获得了知名品牌赋予的勃勃生机，这可以大大缩短被消费者认知、认同、接受、信任的过程，极为有效地防范了新产品的市场风险，并且可以节省数以千计

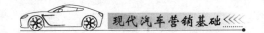

的巨额开支,有效地降低了新产品的成本费用。

(3)品牌延伸有益于降低新产品的市场导入费用

在市场经济高度发达的今天,消费者对商标的选择,体现在"认牌购物"上。这是因为很多商品带有容器和包装,商品质量不是肉眼可以看透的,品牌延伸使得消费者对品牌原产品的高度信任感,有意或无意地传递到延伸的新产品上,促进消费者与延伸的新产品之间建立起信任关系,大大缩短了市场接受时间,降低了广告宣传费用。

(4)品牌延伸有助于强化品牌效应,增加品牌这一无形资产的经济价值

品牌原产品起初都是单一产品,品牌延伸效应可以使品牌从单一产品向多个领域辐射,就会使部分消费者认知、接受、信任本品牌的效应,强化品牌自身的美誉度、知名度,这样品牌这一无形资产也就不断增值。

(5)品牌延伸能够增强核心品牌的形象,能够提高整体品牌组合的投资效益

即整体的营销投资达到理想经济规模时,核心品牌的主力品牌都因此而获益。

3.品牌延伸的风险

(1)损害原有品牌形象

当某一类产品在市场上取得领导地位后,这一品牌就成为强势品牌,它在消费者心目中就有了特殊的形象定位,甚至成为该类产品的代名词。将这一强势品牌进行延伸后,由于近因效应(即最近的印象对人们认知的影响具有较为深刻的作用)的存在,就有可能对强势品牌的形象起到巩固或减弱的作用。如果品牌延伸运用不当,原有强势品牌所代表的形象信息就被弱化。

(2)有悖消费心理

一个品牌取得成功的过程,就是消费者对企业所塑造的这一品牌的特定功用、质量等特性产生的特定的心理定位的过程。企业把强势品牌延伸到和原市场不相容或者毫不相干的产品上时,就有悖消费者的心理定位。这类不当的品牌延伸,不但没有什么成效,而且还会影响原有强势品牌在消费者心目中的特定心理定位。

(3)"跷跷板"现象

当一个名称代表两种甚至更多的有差异的产品时,必然会导致消费者对产品的认知模糊化。当延伸品牌的产品在市场竞争中处于绝对优势时,消费者就会把原强势品牌的心理定位转移到延伸品牌上。这样,无形中就削弱了原强势品牌的优势,这种原强势品牌和延伸品牌竞争态势此消彼长的变化,即为"跷跷板"现象。

(4)株连效应

将强势品牌名冠于别的产品上,如果不同产品在质量、档次上相差悬殊,这就使原强势品牌产品和延伸品牌产品产生冲击,不仅损害了延伸产品,还会株连原强势品牌。当把高档产品品牌用在低档产品上就有可能产生灾难性后果。美国"派克"钢笔以其质优价昂闻名于世,被誉为"钢笔之王",然而该企业1992年上任的总经理为扩大销售额,决定进军低档笔市场,将"派克"品牌用在仅售3美元的低档笔上,结果形象声誉大受影响,非但没有在低档笔市场上站住脚,高档市场也被竞争对手夺去很大一块份额。

(5)淡化品牌特性

当一个品牌在市场上取得成功后,在消费者心目中就有了特殊的形象定位,消费者的注

意力也集中到该产品的功用、质量等特性上。如果企业用同一品牌推出功用、质量相差无几的同类产品,会使消费者晕头转向,该品牌特性就会被淡化。

(6)产品定位差异化

在品牌延伸中,如果破坏了品牌定位中核心价值的一致性,就会降低品牌的市场影响力。若在品牌延伸中不与该品牌定位一致,会动摇人们心目中对该品牌的思维和情感定势,随着这种状况下的持续,自然给公众传达了不利于该品牌的混乱信息,相应地该品牌的市场影响力就会降低,严重时会危及该品牌的市场地位。

(7)品牌延伸的不一致性

品牌延伸应尽可能避免在类别差异性比较大的产品间进行;在同类产品间延伸时也要注意品牌的市场和社会定位,如果该品牌具有很强的市场影响力,而且品牌和产品已画等号时,就应慎重考虑将该品牌延伸到其他同类产品上。

4. 品牌延伸策略

企业对自己的各种产品是使用不同的品牌,还是使用统一的品牌,如何利用已成功的品牌的声誉来推出改良产品或新产品等。这些是品牌延伸策略涉及的问题。品牌延伸策略有:

(1)统一品牌策略

企业所有的产品使用同一品牌。其特点是:推出新产品时可省去命名的麻烦,并可节省大量的广告宣传费用,如果该品牌已有良好的声誉,可以很容易地借用推出新产品。但是任何一种产品的失败都会使整个品牌受损失,因此,使用单一品牌的企业必须重视所有产品的质量。

(2)不同品牌策略

企业的各种产品分别使用不同的品牌。其特点是:便于企业扩充不同档次的产品,适应不同层次的消费需求。同时又避免把企业的声誉系于一种品牌从而分散了市场的风险;各种产品采取不同品牌,可以刺激企业内部的竞争;另外,这种方法还可以扩大企业的产品阵容,提高企业的声誉。但每个品牌要分别进行广告宣传,开拓市场费用开支较大。

(3)企业与品牌名称并用策略

在每个品牌名称之前冠以企业的名称,以企业的名称表明产品的出处,以品牌的名称表明产品的特点。其特点是:可利用企业名誉推出新产品,节省广告宣传费用,又可使品牌保持自己相对的独立性。世界上大型汽车企业无不使用这一策略,如丰田、福特公司等。

(4)同一产品不同品牌策略

企业对其所经营的同一种产品,在不同的市场采用不同的品牌。这种策略可以针对不同国家、不同民族、不同宗教信仰地区,采用不同的色彩、图案、文字的商标,从而适应不同市场的消费习惯,避免由于品牌不当而引起的市场抵触。

5. 品牌替换

品牌替换策略又称为品牌变换策略,是指先利用其他企业良好的品牌形象和感召力为本企业的产品命名,当时机成熟时,再提出自己的品牌。

例如,我国青岛海尔集团,是成功运用品牌替换策略的典范。海内外闻名遐迩的"海尔"电器,最初是以"青岛—利勃海尔"首次推向消费者的。该企业利用"利勃海尔"的知名度来扩大企业产品的影响力,吸引众多消费者注意。当市场上消费者普遍接受该品牌后,海尔集团迈出品牌替换策略的第一步,将现有品牌更名为"青岛—海尔"。随着企业知名度与信誉度的不断提高,企业优秀的产品和品牌被越来越多的消费者熟知和认可,产品的市场占有率稳步上升,企业创立自己品牌的时机已经成熟,于是"海尔"品牌诞生了。现在的海尔,不仅是国产名牌中的一枝奇葩,而且在国际市场上享有盛誉。

许多相关因素的变化要求企业做出变更品牌的决策,主要包括以下两种策略:

(1)更换品牌策略

当品牌已不能反映企业现有的发展状况时,或由于产品出口的需要等,企业完全废弃原有的牌名、商标,更换为新的牌名、商标。其目的是为了使品牌适应新的观念、新的时代、新的需求和新的环境,同时也可给人以创新的感受。

(2)推展品牌策略

指企业采用原有的品牌名,但逐渐对原有的商标进行革新,使新旧商标之间造型接近、相互传承。其目的与更换品牌基本相同。如世界著名的百事可乐公司、雀巢公司等的商标都曾进行过多次的修改,但商标本质体现无改变。

当企业和其他企业发生合并、兼并、重组时,也需要根据具体情况适当变更企业的品牌。

1. 简述汽车品牌的组成。
2. 汽车品牌的营销策略有哪些?

第七章　汽车实物销售

第一节　汽车展厅销售

一、汽车展厅的布置

展厅是客户购车过程中与客户接触的主要场所,销售顾问有责任做好展厅接待的"真实一刻"。因此,其工作环境应该令人感到舒适、清新。

1. 展厅的布置

(1)充分整理,合理分类。要区分工作环境中的物品哪些是有用的(或再细分为常用和不常用,急用和缓用),哪些是无用的。将有用的物品进行科学整齐的布置和摆放,将无用的物品和明显的垃圾及时清除掉。

(2)保持清洁。在整理的基础上,根据工作环境、物品的作用和重要性等,进一步进行清除细微垃圾、灰尘等污染源的活动。

(3)进一步美化。除了达到整齐、干净等基本要求外,还应使环境符合人性美学要求并与工作场合协调,并经常性地督促,使员工形成习惯。图7-1为比亚迪展厅图片。

图7-1　比亚迪汽车车展

2. 展厅布置的具体实施注意事项

(1)展车的摆放

展车数量应根据展厅空间的大小合理确定,一般来讲3~5辆为宜。展厅绝不能变成仓库,面积大的展厅可以考虑各种颜色的展车共同摆放,展厅较小的话要以深色展车为主,以配合展厅内较浅的色调,并且用灯光打出丰富多彩的色彩。对重点车型可以根据情况设计独立的展台,以起到突出的作用。要为每台车配备精致的展示牌,上面写明车型款式、主要技术参数、售价等关键信息,展示牌样式尺寸要统一。

展车摆放时要充分展示该车的优势,尽量掩饰弥补其不足之处。例如,有的三排座的车后排座椅空间较小,展示时应通过调整三排座椅间距离尽量减小这种感觉;为了突出某些SUV车辆后部空间大的特点,可在其中放入高尔夫球包、旅行箱等物品,甚至可以放入两辆自行车以展示后部空间。展车摆放时要充分体现促销意图。比如,应通过展车的摆放积极地促销滞销车型;产品系列很丰富的车,要根据当时销售重点的不同,突出摆放需大力销售的车型;先进先出是销售工作的一个原则,作为展示车的样车最长应不超过2周更换一次。

展示车一般必须设专人管理。展车必须状态良好,外表无擦痕、无指纹、无油污物、脚印;展示车内部无用的纸片塑料薄膜等物要清除干净,且每天不少于两次清洁;展车表面应打蜡处理,黑色塑料件、轮胎表面喷射光亮剂;发动机箱、门边、轮胎挡泥板、底边等细微处要清洁到位;展示车辆必须有质地较好的脚垫,不许使用有异味的塑料橡胶制品;如果有条件,展销商可以对车内部加以布置,但不应该影响产品的性能,绝对不允许对展示车进行私自改装;展车内一般不允许使用任何空气清新剂及气味品,随时保持展车处于最佳状态。

展厅除了摆放新车之外,还可以根据特定的意图摆放特殊的东西。如有的摆放有剖切的车用发动机,以达到展示介绍和突出高科技这一目的。有一家展厅摆放了一台碰撞事故后的汽车车架,虽然前部受损严重,双安全气囊已经打开,但前门能够开启,驾驶室变形不是很厉害,充分表明了该车的安全性。

(2)展厅内的其他布置

灯光对于美化展厅有着举足轻重的作用,所以要高度重视,灯光设计一般由专业公司来完成。顶灯用于展厅整体的照明,标识灯用于形象墙的照明,展车射灯用于展车的美化及色彩变幻,地灯用于展台、展车底部和展厅内植物的照明,墙面射灯用于墙面背景画、招贴画的照明,夜灯用于夜间照明。

总台的台面要清洁整齐,勿杂乱。一般只留电话、文件夹、装饰品(如一盆花)等。

客户接待室的资料柜要整洁,桌面上清洁无杂物。客户休息区一般应设沙发、茶几、电视、VCD机等物品。整体感觉应温馨、随意,区别于展厅内其他的区域。如地面可铺木质地板,沙发尽量舒服,色调尽量柔和等。

儿童娱乐区按规定设置应有的设施,特别注意不允许有安全隐患。

墙面招贴画应根据展厅实际情况设置,洽谈桌一般是一桌四椅,桌面清洁,烟灰缸随时清洗干净;雨伞架可以为客户准备雨伞若干把,用于接待客人;资料架应保持干净、整洁;展厅内必须有足够的绿色,茶几桌面应用小的植物点缀;室内空气要保持清新,经常通风,每周至少两次喷洒空气清新剂,注意经常灭蚊灭虫;卫生间必须随时保持干净,无异味。

二、展厅销售流程

1. 汽车展厅接待流程

(1)顾客进入展厅时

①第一顺位和第二顺位值班人员在展厅门口值班,观察到达的顾客。

②顾客进店(不限于购车客户,指所有进店客户、售后、销售及兄弟公司领导)时,主动问好,并热情迎接。

③询问顾客的来访目的。

如果是售后维修保养或理赔客户,指引、带领到售后前台;如果是精品部客户,则指引到精品部,办理其他业务;如果是找指定人员、部门,则按客户需求指引,找公司领导或集团领导,如未预约的,则带领客户先到休息区等候,电话通知客户等待引导,已有预约的,请按来访要求指引;如果是看车客户,则按要求接待客户。

④及时递上名片,简短地进行自我介绍,并请教顾客尊姓。

⑤与顾客同行人员一一打招呼。

⑥引导带领顾客看需求车型。

⑦ 第一顺位值班人员离开接待台时,第二顺位值班人员接替第一顺位值班,同时通知第三顺位派人到接待台。循环执行上述①~⑥程序。

(2)顾客自行看车

①按顾客意愿进行,请顾客随意参观。

②明确说明自己的服务意愿和等候的位置,让顾客知道销售人员在旁边随时恭候。

③保持一定距离(在视觉和听觉上都关注顾客的距离),在顾客目光所及的范围内关注顾客的动向和兴趣点。

④顾客表示有疑问时,销售人员主动上前询问。

⑤扩大答疑范围,主动向客户介绍卖点和特性,旁引竞争车型,说明所推销汽车的优点,转入商品说明程序。

(3)展厅巡视接待

①指固定在展厅旁的销售顾问在展厅旁的巡视,接待非展厅门口进来的客户。

②第一顺位者(展厅巡视)巡视所辖展车,并检查展车,确保展车清洁及功能正常,并随时注意非展厅门口进入的顾客。

③执行上述顾客自行看车流程①~⑤程序。

④第一顺位者与顾客深入洽谈合同或试车时,则第一顺位者离开所辖展车区,通知第二顺位者接替,循环顺位执行上述①~③程序。

⑤在展厅巡视的值班人员,应站在展厅的前部或中央,站立位置应距展车不超过1m,保证各组负责的区域均有销售员在值班巡视。当无客户看车时,应至少每小时清洁展车一次,随时清洁车表车里,随时补充展示架资料。当有客户看车时,应积极主动招呼,并进一步接待介绍。站立时应将双手轻松置于身前,左手交握右手,挺胸抬头。

(4)顾客愿意交谈时

①先从礼貌寒暄开始,扩大说话面,给顾客机会,引导对话方向。

②回应顾客提出的话题,倾听、不打断顾客谈话。

③第一时间奉上免费饮料、茶水。请顾客入座,顾客入座后,销售员方可入座。

④争取适当时机请顾客留下其信息。

⑤主动邀请客户试乘试驾,转入试乘试驾流程标准。

⑥进入需求分析,促进成交,转入需求分析流程、签单流程。

⑦未现场成交,试乘试驾后,转入潜在用户跟进流程;未试乘试驾,则直接转入潜在用户跟进流程。

(5)顾客离开时

①放下手中其他事务,送顾客到展厅门外,再次递上名片,如遇雨天还要为客户打伞。

②感谢顾客光临,并诚恳邀请再次惠顾。

③目送顾客离开,直至顾客走出视线范围。

④回到展厅门,销售员站立在顾客车辆后视镜范围内,让顾客体验到你在目送他。

⑤登记来店顾客信息。

上海大众销售顾问销售流程,如图7-2所示。

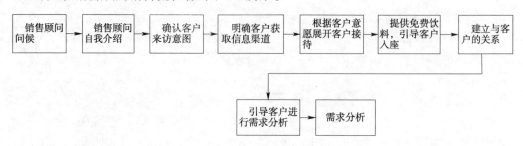

图7-2 上海大众销售顾问销售流程

2.汽车展厅销售礼仪

(1)销售人员的仪容仪表

汽车销售是与人打交道的工作;在销售过程中,汽车销售人员与汽车产品处于同等重要的位置。汽车销售人员的外在形象和言谈举止都会影响到客户对汽车的选择。相当一部分客户决定购买汽车是出于对销售人员的好感、信任和尊重。所以,汽车销售人员首先应该学会"推销"自己,让客户接纳自己,愿意与自己交往,喜欢听自己对汽车的介绍和讲解。只有这样,销售人员才能在与客户接触的过程中成功地卖出产品。

汽车销售人员要想塑造具有吸引力的好形象,应做到以下几点:

①适宜的礼仪。在汽车销售中,礼仪既是"通行证",又是"润滑剂"。汽车销售人员能否成功,礼仪是重要因素之一。客户都喜欢值得信赖、彬彬有礼的汽车销售人员。如果汽车销售人员不顾礼仪,就可能破坏与客户沟通的氛围,从而导致交易中断。所以,汽车销售人员应该在平时就养成诚恳、热情、友好、谦虚的美德,要自然地表现出礼貌,而不是刻意地修饰和做作。当要坐下来详细介绍汽车时,要先请客户坐下,主动为客户倒水沏茶,接待客户时要做到善始善终。

②端庄的仪容。汽车销售人员的仪容是给客户留下的第一印象。仪容的好坏与销售的成败有着直接的关系,汽车销售人员的仪容主要包括头发、脸庞、眼睛、鼻子、嘴巴、耳朵等。在销售过程中,汽车销售人员应给客户留下大方、整洁、得体的印象,这样,不但会让自己更加自信并神采飞扬,同时,也会赢得客户的信任和好感。

修饰自己的仪容,改善和维护自己的形象,应做到干净、健康、自然。尤其是女性汽车销售人员,还应适当化妆、注重化妆的礼仪,做好仪容保健工作。

③大方、整洁的着装。汽车销售人员良好的着装可以满足客户视觉和心理方面的要求。汽车销售人员大方、整洁的着装能给顾客留下良好而深刻的第一印象。汽车销售人员的服装既是一种社会符号,也是一种情感符号。在汽车销售过程,汽车销售人员的着装占有很重

要的地位。现在汽车销售公司一般都要求员工统一着装,这不仅能很好地体现企业文化,而且,销售人员统一的外在形象也提升了企业的整体形象。汽车销售人员着装要大方,要统一化,以便客户识别,在工作时间不要佩戴过多的饰物。当然,汽车销售人员的着装还要符合个人的性格、身份、年龄、性别、环境、风俗习惯等。

④优雅的举止。在与客户的交往中,优雅的举止是汽车销售人员给客户的一张无形的名片。汽车销售人员应具有端正的坐姿、站姿,稳健、轻松的行姿,含蓄、高雅的手势,充满魅力的微笑,炯炯有神的目光。这既能体现汽车销售人员的自信、能力和修养,又能赢得客户的好感,更能使他人产生亲近感,从而使沟通更加顺利,给自己带来成功。汽车销售人员良好的外在形象和表现可以给客户留下较好的第一印象,所以,汽车销售人员要特别注意自己的礼仪、仪容、服饰和形体。

(2)规范的语言

规范礼貌的语言也是塑造好形象的方式之一。汽车销售工作是通过语言来沟通各种信息的。接待客户靠语言,展示汽车靠语言,与客户进行洽谈也靠语言,甚至说服客户、达成交易的时候也靠语言。任何一个阶段,都必须通过语言的交流取得销售的成功。因此,汽车销售人员要塑造具有吸引力的好形象,还应注意语言礼仪。

①掌握交谈的基本技能。在汽车销售的过程中,汽车销售人员应掌握基本的交谈技能。谈话时要做到表情自然、语言亲切、表达得体。说话时手势要适当,动作幅度不要过大,更不要手舞足蹈,谈话时切忌唾沫四溅。参与谈话先打招呼,如果客人正和别人单独谈话,不要凑前旁听。如果有事需要和某人说话,应等别人说完。对第三者参与谈话,应以握手、点头或微笑表示欢迎。谈话中遇有急事需要处理或离开,应向谈话对方打招呼,表示歉意。交谈时不涉及疾病、死亡等话题;不谈荒诞离奇、耸人听闻和黄色淫秽的话题,更不要随便议论宗教问题。不要询问女性客户的年龄、婚姻等状况,不应谈及对方胖瘦、身体壮弱、保养得好坏等。不直接询问对方的学历、工资收入、家庭财产、服饰价格等。谈话不批评长辈、身份高的人员。不讥笑、讽刺他人。汽车销售人员应让话题感人,激起客户共鸣,先让自己为话题感动,再好的话题,汽车销售人员自己不为所动,必然无法感染客户;就地取材的话题比较容易引起共鸣;观念性话题更易于与客户交流沟通;独创、新颖、幽默的话题较受欢迎。

②营造愉悦和谐的谈话气氛。汽车销售人员在与客户交谈时,应使交谈双方都能感到本次谈话的愉悦氛围。谈话时不能使客户尴尬,也不能使自己窘迫。要想营造愉悦和谐的沟通氛围,汽车销售人员应做到以下几点:

(a)在与客户交谈时,应使用表示疑问或商讨的语气,这样可以更好地满足客户的自尊心,从而营造出一种和谐愉悦的谈话气氛。

(b)汽车销售人员交谈的话题和方式应尽量符合客户的特点,应准确地把握客户的性格、心理、年龄、身份、知识面、习惯等。

(c)汽车销售人员在说话前应考虑好话题,对谈话涉及的内容和背景、客户的特点、交谈的时间和场景等因素,都应给予重视。

(d)汽车销售人员应用简练的语言与客户交谈,应注意平稳轻柔的说话声音、适中的速度和清晰的层次。

(e)出言不逊、恶语中伤、斥责和讥讽对方,都是汽车销售人员应该杜绝的。常言道:

"利刀割体痕易合,恶语伤人恨难消。"而适当赞美客户会使客户感觉如春风拂面。赞美客户时,措辞应得当。在交谈中,如果客户有"无礼"的表现,要以宽容的态度对待。如男客户心不在焉,或者显示出焦急、烦躁的神情,汽车销售人员应考虑暂时中断交谈。

（f）汽车销售人员应控制好自己的情绪和举止;可用适度的手势配合谈话的效果,但也要得体。在人多的地方,不可以只和某一位客户交谈,而冷落旁人。

③谈话时应保持谦虚、谨慎。谦虚也是一种礼貌。在与客户初次见面时,汽车销售人员的自我介绍要适度,不可锋芒毕露,这样会给客户夸夸其谈、华而不实的感觉。如果为了表示谦虚和恭敬而自我贬低,也是不可取的。要想给客户留下诚恳坦率、可以信赖的印象,就必须做到自我评价时实事求是、恰如其分。

④学会运用幽默的语言。幽默这种机智和聪慧的产物可以用奇巧的方式来表达和感受。幽默既是一种素质,又是一种修养;既是一门艺术,又是一门学问。汽车销售人员如果能够巧妙运用幽默的语言,会使自己的工作轻松不少。

⑤语言要注入感情。汽车销售人员切忌用生硬、冰冷的语言来接待客户。在汽车销售过程中,不可忽视情感效应,它可以起到不可估量的作用。僵硬的语言会挫伤客户的购买信心,而充满关心的话语往往可以留住客户。

⑥遵从接待客户的语言规范。在汽车销售人员接待客户的过程中,还应注意语言规范。语言能传递汽车销售人员的素质和水平。对汽车销售人员来说,文明礼貌的用语是十分重要的。汽车销售人员在为客户服务时应注意以下礼貌用语。

● 迎宾用语

"您好,您想看什么样的车?"

"请进,欢迎光临我们的专卖店。"

"请坐,我给您介绍一下这个车型的优点。"

● 友好询问用语

"请问您怎么称呼？我能帮您做点什么?"

"请问您是第一次来吗？是随便看看,还是想买车?"

"我们刚推出一款新车型,您不妨看看。不耽误您的时间的话,我给你介绍一下好吗?"

"您是自己用吗？如果是的话,您不妨看看这辆车。"

"好的,没问题,我想听听您的意见行吗?"

● 招待介绍用语

"请喝茶,请您看看我们的资料。"

"关于这款车的性能和价格,有什么不明白的,请吩咐。"

● 道歉用语

"对不起,这种型号的车刚卖完了,不过一有货我马上通知您。"

"不好意思,您的话我还没有听明白。""请您稍等!""麻烦您了!""打扰您了!""有什么意见,请您多多指教。""介绍得不好,请多原谅。"

● 恭维赞扬用语

"像您这样的成功人士,选择这款车是最合适的。"

"您是我见过的对汽车最熟悉的客户了。"

"真是快人快语。您给人的第一印象就是干脆利落。"
"您太太(先生)这么漂亮(英俊潇洒),好让人羡慕。"
●送客道别用语
"请您慢走,多谢惠顾,欢迎下次再来!"
"有什么不明白的地方,请您随时给我打电话。"
"买不买车都没有关系,能认识您,我很高兴。"

总之,汽车销售人员的谈吐要得体规范,落落大方。在这一点上很难给汽车销售人员一个统一的模式。

通过总结,汽车销售人员在与客户交谈时,应注意运用以下语言技巧:

Ⅰ 汽车销售人员说话时要主题具体、精简,语速适中,保持微笑,根据对方的反应调整话题。

Ⅱ 汽车销售人员应间接地指出对方的错误,善用形容词增强说话效果,称呼客户的名字和头衔时要让客户感觉到亲切与受尊重。

Ⅲ 汽车销售人员应以对人关心的内容为话题,说话时应分辨易混淆字词。并注意说话礼貌,多说"请""谢谢"等礼貌词。

Ⅳ 汽车销售人员应避免说话滔滔不绝,不给客户说话的机会,要善于倾听,抓住客户谈话的重点。

Ⅴ 让客户了解有关信息,与他们保持合适的谈话距离,以自然姿势辅助说话,沟通时要保持谦恭的态度,认真重述并整理客户的语意。

(3)电话接待礼仪

接听电话这件事看起来很简单,但经常有人做得不规范。销售人员必须在电话铃响3声内接听电话。接听时应该用左手拿话筒并用热情、清晰而又精神饱满地说:"您好,这里是×××公司"。在接听移动电话时应说:"您好,我是×××,×××汽车公司的销售顾问"。同顾客进行电话沟通时,应边听边记。电话挂断后,将接听内容和顾客信息进行归纳并填写"顾客来电登记表"。

销售人员应按如下要求接听电话:

① 重复电话主要内容,再做确认。

② 感谢顾客来电。在感谢顾客给专营店来电和说"再见"之前,询问顾客还有什么其他的要求。

③ 如接听固定电话,则再次明确告知专营店的名称和你的姓名,并感谢顾客来电。要等对方挂断电话后再挂电话。

④ 以礼貌和帮助的态度来弄清顾客的需求,如果是电话找人,则提示他稍等,迅速将电话转给他要找的人。或者告诉顾客他的电话将被转接,并告知他转接电话人的姓名,或者向被转接者说明顾客的需求,以节省顾客的时间,使其不必再重复所说的话。

⑤ 如果被访者正忙,就询问顾客是否愿意等一下,但不能让顾客等待的时间超过10s,一旦超过了10s,应及时将电话转回来向顾客说明,并询问他是否可以再等一等。因为,超过10s的等待,容易让顾客产生烦躁难耐的心情。

⑥ 如果被访者不在,应询问顾客为什么给他回电话。若被访者在附近则用手遮住话筒,

再请被访者前来接听。

⑦如果顾客来电是询问相关事宜,则回答顾客询问前先问:"请问先生(小姐)贵姓?"必要时重述来电者问题以示尊重,并做确认。若一时无法回答顾客询问的问题,则请顾客稍等,向同事问清答案后再回答,或请同事代为回答。

⑧顾客咨询车的价格、配置等相关技术问题时,一定要非常流利、专业地给予回答。电话报价时,应遵循你所代理品牌的汽车公司所规定的报价,其他费用明细也应报得非常准确。

⑨如顾客电话是咨询售后服务的,回答应尽可能准确、明确,帮助顾客解决问题,一时解决不了的,应让顾客留下联系电话,并马上交给售后服务部负责跟进。同时,销售人员应在"来电顾客登记表"上注明相关内容。如果顾客来电的目的是咨询二手车的相关事宜,则转请负责二手车的人员按照有关"二手车销售"的内容来进行回答。

⑩应主动邀请顾客来专营店参观、看车或参加试乘试驾,并尽可能地留下顾客姓氏和联系方式,但不要强求。挂电话前,要再一次感谢顾客来电。

需要注意的是,如果不注意这些礼仪,动作不规范,往往会带来意想不到的后果。

3. 汽车展厅销售技巧

(1) 汽车展示技巧

车辆展示是销售人员针对展示的车辆通过讲解与示范帮助顾客全面了解产品,进而使顾客产生购买欲望的过程。车辆展示的目的是使顾客对车辆性能有更直接的感性认识,进一步增强顾客的购买欲并体现其安全、高质量的品牌内涵。

车辆展示要为顾客的参观与操作提供方便。一般应注意以下几点:

①注意车辆的颜色搭配。展示区域的车辆不能只有一种颜色,几种颜色搭配的效果会更好一些。

②注意车辆的型号搭配。同一个品牌的车,可能有不同的系列。就是同一系列车型的车辆,也是从基本型到豪华型,价格有高有低,排量有大有小等,要求不同型号的车都应搭配展示。

③注意车辆的摆放角度。应让客户感觉错落有致,而不是凌乱无序。

④注意重点车型的摆放位置。重点车型是销售亮点,要把它们放在合适醒目的位置。特别是属于旗舰的车型,一定要突出它的位置。可以把一些特别需要展示的车辆停放在展示大厅的中心位置,其他车型根据颜色、款型的特点进行合理布置,既突出重点,也考虑顾客需求的多样性。

⑤注意凸显产品特色。这是体现产品差异化,提高竞争力,使客户加深印象的重要手段。

图 7-3 为奥迪汽车展示。

(2) 展示的车辆应注意的事项

①展车要全面清洁卫生,无手纹,无水痕(包括发动机室、排气管、车身、车门、门缝、玻璃、门拉手、前脸等部位)。车辆油漆的光洁度非常高,车门把手都是镀铬的,很亮,手触摸会留下指纹。所以,销售人员在展厅里面要随时随地地按照规范保持车辆的清洁度。水迹也是不允许的,特别是车辆夹缝里的水迹尤其要注意擦干净。

图7-3 奥迪汽车展示

②车辆要保持一尘不染,引擎盖打开以后,凡是视线可及的范围内都不允许有灰尘。

③轮毂中间的LOGO(车标牌)应与地面成水平状态。

④轮胎导水槽内要保持清洁、无异物。因为车是从外面开进展厅的,难免会在导水槽里面卡住一些石子等东西,这些东西都要去掉,还要清洗干净。

⑤前排座椅调整到适当的距离,而且前排两个座位从侧面看必须是一致的,不能够一个前,一个后;不能够一个靠背倾斜的角度大一点,一个靠背倾斜的角度小一些,而且座位与方向盘也要有一个适当的距离,以方便客户的进出;两者距离太近了,客户坐进去不方便,这样会使客户有空间局促感,还以为是驾驶空间小了,其实是座位太靠前的缘故。

⑥新车车厢内的方向盘、倒车镜、遮阳板、座椅等都有塑料薄膜包装物,展示的车辆应将包装物拆除。

⑦调整好倒车镜、后视镜,使其处于一个合适的位置。

⑧将方向盘摆正并调到适当位置。将仪表盘上的时钟调校为标准的北京时间。确认各功能开关所处的合适位置并试用,空调出风口在空调打开后有风。确认收音机功能范围内的频道包括交通台、文艺台在内已调好,左右喇叭声道、音量也已调好。可以准备一些音乐光盘,在向顾客介绍音响功能时使用。

⑨将后座椅安全带折好用橡皮筋扎起来塞到后座座位中间的夹缝里,并留一半在外面。

⑩展车里面放一些脚垫,如果脚垫上面有品牌标志,摆放的时候应注意标志的方向。同时要注意脚垫放正,脏了以后要及时更换。

⑪行李舱整洁有序,无杂物,安全警示牌应放在行李舱的正中间。

⑫展车放置时间长了,电瓶可能会亏电,所以要保证电瓶充足有电。

⑬轮胎应该装饰和美化一些,可以采用亮光剂把它喷得乌亮。

⑭试乘、试驾是一种很好的展示车辆的方式,可以让汽车自己推销自己,所以如果条件允许,应该尽量提供试乘、试驾服务。在试驾前,应确保车辆整洁,工作正常且燃油充足,办好路上所需的保险和执照。向客户介绍所有装备和使用方法,试驾客户必须有驾驶证,并签试驾协议以确保安全。应提供足够的试乘、试驾时间,一般以20~30min为宜。试车道路应避开有危险的路段,在途中有一地点可安全地更换驾驶员,尽可能选择有变化的道路以展示

车辆的动力性、制动性、操纵稳定性、舒适性、内部的安静程度等性能。试驾中,应先由销售人员进行试驾,介绍车辆、指出汽车的各种特性并解答问题。顾客驾驶时销售顾问指出试车的道路并说明道路情况,顾客驾驶汽车时销售顾问相对保持安静,根据客户驾驶技术和提问等简要予以介绍。

(3)顾客接待技巧

①从客户看到展厅的时候,展厅接待就已经开始了。

②接待人员态度要热情,语言要真诚。

③销售顾问要保持自信、热情,与客户保持足够的距离,不要给客户压迫感。

④善于利用破冰的语言,与客户进行寒暄。

⑤对于第二次进店的客户,能熟练地说出客户的名字,对于客户来说是非常高兴的,他们会觉得自己受到了重视。

⑥关注与客户同来的其他购买影响者。如果夫妇一起来看车,要充分照顾到两个人的需求。比如:男士可能关注动力性,女士则比较关注外观的时尚性;男士比较注重档次,女士比较在意价格等。因此,要找到两人的共同利益的最佳结合点,切记不能顾此失彼。

⑦如有儿童一同来店,则需注意关注孩子对家长的影响。可以请同事协助带小朋友到儿童游乐区玩耍,这样就可以让家长专心地与销售顾问进行沟通。

⑧在咨询服务的过程中,应该从客户的角度出发,倾听他们的谈话,关注他们的需求,建议他们买什么合适,介绍清楚车辆的特征、配置、选装设备及优势。一定要友好、尊敬地进行交流,诚实、真诚地提供信息,让客户在销售中占主导地位。同时,还应该打消客户的各种担忧,如:担心受到虚假不平等的待遇,销售的产品和维修不能满足他们的要求,价格比他们预计的高等。倾听时一定要全神贯注,及时给出反馈信息,让客户知道你在聆听,对重要信息应加以强调,及时检查你对主要问题理解的准确性,重复你没有理解的问题。

⑨客户在选购汽车及配件过程中,会比较关心有关汽车及配件使用方面的知识。如果汽车及配件销售人员掌握的配件使用知识越全面,就越能使顾客满意。因此,掌握汽车及配件使用知识也是对汽车及配件销售人员的一项基本要求。汽车及配件营销人员不仅自己要熟练掌握配件使用知识,还应针对客户的询问,把汽车及配件的有用性、功能及使用方法详细地向客户作一介绍。有时还需作示范,或让客户亲自试用,并给客户分发一些有关产品使用方面的小册子、说明书或宣传碟片。如果汽车及配件的使用过程比较复杂,还可开办专门的培训班。在客户咨询或购买汽车及配件时,一般会对汽车及配件质量有一定要求。因此,营销人员应对汽车及配件的产地、质量、特点等有较深的了解,能积极如实地向客户介绍,以满足客户的要求。同时,有关质量保修的规定,也是客户十分关心的问题。营销人员也应向客户详细介绍有关质量保修的规定,如质量保修的年限、承保范围、费用分担等问题,还可向客户发送质量保修卡。

(4)电话接待技巧

应在电话铃响3声内接听电话,应答语言用规范用语,在对方挂机后方可挂机。使用礼貌、热情的职业用语,如"您好,××销售服务店""欢迎光临我店""抱歉""对不起""请您稍等片刻""打搅您了"……

在电话交谈中多用和蔼、友好的语气,谈话的语速节奏应适应谈话者;电话内容一定要记录;通过电话,不要试图卖掉一辆车,但应该努力促成见面,邀请客户亲身感受汽车。

第二节 车辆展示方法

一、FAB方法

1. FAB方法的定义

FAB产品介绍法就是将产品的特征和配置(feature)表述清楚,并加以解释、说明,从而引出它的优势和好处(advantage)以及可以带给顾客的利益(benefit),进而使顾客产生购买动机。

(1) F代表feature(特征、特色、卖点)

这是指所销售车辆的独特设计、配置、性能特征,也可以是材料、颜色、规格等用眼睛可以观察到的事实状况。将特征详细地列出来,要针对其属性、性能、构造、易操作性、机能、耐用性、经济性、设计、价格等写出其具有的优势和特点,将这些特点列表比较。

(2) A代表advantage(好处、优势)

将商品的特征与因为这些特征带来的好处进行详细的说明,必须考虑商品的优势、好处是否能真正带给顾客利益。例如,销售人员可以这样进行介绍:"ABS系统是利用装在车轮上的轮速感应装置在制动时对车轮进行点刹,防止车轮抱死的一套制动系统,它能够大大缩短车辆在湿滑路面上的制动距离,并能够在制动的同时,打动方向盘,实现对车辆的正常操控,绕开障碍物。"这样就能使顾客对ABS的优点有更深入的了解,更易于接受,但是优点必须转化为顾客愿意接受的利益,顾客才会愿意接受销售员人员的推荐,实现购买。

(3) B代表benefit(利益)

就是指产品的特性和好处能带给顾客哪些方面的利益。通过销售人员的介绍,将顾客所关心的利益表达出来,从而引起顾客的共鸣。例如,销售人员可以这样进行介绍:"这辆轿车配置了ABS防抱死刹车系统,能够利用装在车轮上的轮速感应装置在制动时对车轮进行点刹,防止车轮抱死。它能够大大缩短车辆在湿滑路面上的制动距离,并能够在制动的同时,打动方向盘,实现对车辆的正常操控,绕开障碍物。对您而言,能够大大提高您操控这辆车的信心,降低因为刹车而带来的乘坐不适,还能够减少轮胎的磨损,延长轮胎的使用寿命,降低使用成本。"

FAB产品介绍法就是通过产品特征和性能的介绍,让顾客了解这些特征带来的好处和优势,同时引申出对顾客而言所能带来的利益,以引起顾客的共鸣,接着展示足以让人相信的证据,从而坚定顾客购买的决心。这样顾客不仅不会产生抵触情绪,而且会觉得你完全站在他的角度,是为他着想,帮助他解决问题,从而让顾客很容易接受、认同。应用FAB产品介绍法,帮助汽车销售人员设计有力的销售台词,可以大大提高汽车销售人员的销售效率以及销售额。

2. FAB法应用的注意事项

在应用FAB产品介绍法时应该注意:不要将所有的特征全部说明,而要根据顾客所关心的利益重点对有关特征加以强调。一种产品本身会包含许多元素,比如特性、成分、用法等。在介绍时可能会涉及许多专用术语,但是顾客的水平是参差不齐的,并不是每一个顾客都能理解这些术语。所以要注意在介绍时尽量用简单易懂的词语或是形象的话代替。在解说时要逻辑清晰,语句通顺,让人一听就能明白。如果感到表达能力不强,那就得事先多做练习。说明商品特征带来的好处时,应多用增加、提高、减少、降低等话语,来有效地表明商品特征带来的好处;在描述顾客利益时,一定要具体、生动、准确,用词要有丰富的感情色彩,以顾客的感觉为中心,充分调动顾客的情感;提出证据时一定要可靠、准确,多用数字化词语,要实事求是,切勿夸大其词。实事求是是非常重要的。在介绍产品时,切记要以事实为依据。夸大其词,攻击其他品牌以突出自己的产品都是不可取的。因为顾客一旦察觉到你说谎、故弄玄虚时,出于对自己利益的保护,就会对交易活动产生戒心,反而会让你难以推动这笔生意。每一个顾客的需求是不同的,任何一种车辆都不可能满足所有人的需求。如果企图以谎言、夸张的手法去推荐产品,反而会推动那些真正想购买的顾客退却。介绍产品除了实事求是、清晰简洁外,还要注意主次分明。不要把关于车辆的所有信息都灌输给顾客,这样顾客根本无法了解到你的产品的好处和优点,那么他也不会对你的车辆有兴趣了。销售顾问在介绍车辆时,应该是有重点、有主次。重要的信息,比如车的优点、好处,可以详细的阐述;对于一些车的缺点、不利的信息可以简单陈述,而且这种陈述必须是有技巧地说出来。

FAB产品介绍法也可以称为"寓教于售"的销售原则。顾客需要在由潜在顾客转变为真实车主的过程中不断学习,达到与所选择车辆的生产者、销售者对车辆认识的统一,而销售人员在整个介绍过样中,应让顾客感到其销售的不仅是一辆车,而且为顾客提供了一种崭新的观念、一个成熟的想法、一个合理的方案。

FAB产品介绍法还有一种更为巨大的潜能,它可以引导顾客的消费方向,也可称为"使用价值导向"。运用FAB产品介绍法法则,使顾客更加了解车辆给他们带来的好处,从而激发顾客的购买欲望。

3. FAB利益销售法商品推销的技巧

销售员在运用FAB法进行销售劝说时,在具体的阐述方式上可以尝试采用以下的方法或技巧,以增强劝说效果。

(1)观点求同

共同的观点是交流的基础,进行商品推介和销售劝说也要以共同的观点为基础。销售员所寻找或建立的共同观点无非出自两种情况:一是自己的观点中顾客所同意赞成的;二是顾客的观点中可以用来进一步阐述的。两种情况以第二种为好,因为这是建立在顾客观点基础上的。

例如,在食品销售中销售员经常采用这种技巧。顾客经过柜台时往往会随意地看上一眼,随口问上一句:"多少钱?"卖者并不急于回答价格问题,而是说:"您先尝尝(或者先试一试),""看好不好?"一旦顾客的情绪调动起来,卖者会接着说:"这东西不错吧?"当顾客流露出认同时,立刻进行推介。

(2)连续肯定

销售员通过连续提问引导顾客作出肯定性的回答,提问从最简单易答的问题开始,直至引导顾客作出购买决定。顾客不断地询问,销售员均给予肯定性回答,直至顾客作出购买决定或者又提出新的需要讨论的问题。

(3) 得寸进尺

先提出一个小的请求,再提出一个大的请求;先提出一个容易做到的请求,再提出一个不大容易做到的请求;先就细小问题提出一个请求,再就原则性问题提出一个请求;甚至先提出前一个请求后暂不提出后一个请求,对方可以答应前一个请求,并实际上就同意了后一个请求——这就是所谓"得寸进尺"。被请求方之所以会前后两个都同意,内在的原因是这两个请求存在着连带关系;而从人们心理的角度看,是因为人们觉得既然答应了第一个请求,也就有责任再答应第二个请求,因为谁也不愿意出尔反尔。

在超市的促销活动中常采用这种方法。例如买够100元的商品后可以得到一定数额(10元、20元、50元等)的购物券,或者得到其他的优惠,一旦顾客做到了,则意味着他要花更多的钱买更多的东西。

(4) 以退为进

人们在生活中经常自觉或不自觉地遵循这个"互惠"的原理,所谓"互惠"有两层意思:一是"滴水之恩,涌泉相报",人敬我一尺,我敬人一丈;二是互相礼让。以退为进用的是第二层意思。例如,在车辆推销时先介绍高档次的昂贵车辆,顾客表示不能接受时,在客观地介绍较为廉价的另一种车辆,成功的可能性会大大增加。

(5) 转移注意

在商品推销时中经常使用转移注意的技巧,如:顾客所问及或谈及的事情属于车辆销售中的敏感问题或商业秘密,销售员不便细说,只能简单带过,马上转入其他话题,这样做可称之为"避重就轻"。顾客在交流中跑题,漫无边际,销售员就要设法使对方的注意力重新回到正题上来,这样做可称之为"避轻就重"。出现了无足轻重的顾客异义,销售员既不能与之争论,也没有必要去纠正,或不置可否,或简单带过即可。

(6) 逻辑引导

营销学上把人们的购买动机划分为理性动机和情感动机,把人们的购买行为划分为理性行为和感性行为。在这里,理性和感性的划分标准是人们考虑问题和采取行动的标准是什么。以客观标准为基础的是理性的,以主观标准为基础的是感性的。

一般来说,当人们主要考虑商品的质量水平、技术性能、成分构造时,主要体现的是理性动机;但当人们涉及美或不美、时尚与否时,更多的是从情绪情感上进行考虑。无论是理性动机和行为,还是情感动机和行为,人们的言行都有其思维逻辑在内,作为销售人员就要了解不同人的不同思维逻辑,按照他们习惯的思维方式去进行劝说引导,这样做会取得较好的成效。反之,则可能事与愿违。

(7) 情感诱导

销售劝说是一个让顾客接受销售员观点的过程,也是一个销售员调动顾客情绪的过程,这两个方面是相辅相成的。顾客接受了销售员的观点,他的情绪也就容易被调动起来;顾客的情绪被调动起来,也就容易接受销售员的观点。

(8) 委托代言

委托代言是一种结盟策略。当顾客表现出较强的购买意图,又担心周围的人可能会持怀疑反对态度而犹豫不决时,销售员应主动地站在顾客一边,为其提供证明证据,支持顾客作出购买决定,以缓解顾客自己感觉到的环境压力。

(9) 损益对比

在销售劝说中,把购买的好处与不购买的损失加以对比,以促成顾客作出购买决定。凡事都有一利一弊,消费者购买车辆也是有一定风险的。例如购买新车,好处是先使用先受益,能够享受到风气之先的愉悦;但风险是新车辆可能会降低某些特性,购买新车辆可能投入较大,会有金钱损失。

每个人都有自己的风险偏好,有的人愿意承担风险以图更大的享受,有的人只愿意承担较小的风险以求生活的安稳。一般来说,追求新车的人敢于冒风险。销售人员也要善于识别不同顾客的风险偏好,在销售劝说中巧妙地运用损益对比来说服顾客。

(10) 两项选一

两项选一是对比方法的具体运用,它遵从的是选择原则。从技巧上看尽量把选择的范围缩小到只有两项,对选择的顺序做精心安排,即使劝说促销的重点放到了后面,这也无非是利用人们的记忆原理——人们对发生时间最近的事情总是记忆最深。所以,在推销车辆时,如果重点放在中档车辆上,那么不妨先介绍高档车辆再介绍中档车辆——以强调价格的对比;或者先介绍低档车辆再介绍中档车辆——以强调质量、性能等的对比。

二、六方位方法

1. 六方位的概念

当汽车销售人员与顾客同站在车旁,准备进行介绍时,规范又奏效的介绍方法是"环绕法",或叫六方位介绍法。环绕法,即在介绍车辆特征时,销售人员首先引导顾客站在展车前部,然后按照顺时针的方向,依前部、发动机室、乘客一侧、后部、驾驶员一侧、内部6个方位顺序介绍车辆的方法。规范管理的八字原则:整理、整顿、清理、清洁。

2. 六方位方法的执行要点

(1) 要方便客户的参观与操作,销售人员要把这个作为要点来执行。

(2) 要注意车辆的颜色搭配,展示区域的车辆不能只有一种颜色,几种颜色搭配效果会更好一些。

(3) 注意车辆型号的搭配,同一个品牌的车,可能有不同的系列,有的车从小到大,有的车带天窗,有的车没有天窗,不同型号的车都应搭配展示。

(4) 要注意车辆摆放的角度。

(5) 要有一辆重点推出的车。摆了这么多的车辆,必然有一款是重点推出的。需要重点展示的车辆必须要突出它的位置。一般来讲,小的展厅也能放三四台车,大一点的话可会放得更多一些。在这些车当中,肯定有不同的型号及不同的颜色。有些是属于旗舰的主要车型,对于这种车型一定要选出一个合适的位置来突出它。因此,有些4S店会把一些特别展示的车辆停在一个展台上,其他的车都围绕着它,同时还要注意凸现这辆车的特色。比如有的时候可以打出一些灯光。

3. 执行的标准

(1) 第一个标准,按规定摆放车辆的行路架

很多汽车公司或者4S店在这方面做得不是很规范。行路架不是放在车的左边,就是放在车的右边,在整个展厅里面没有协调性、一致性,很随意,摆的位置也不规范,有的在前面,

有的在后面,还有的在侧面。

(2)第二个标准,展车的卫生情况

无指纹,车辆油漆的光洁度非常高,车门把手上面都是镀铬的,比较亮,只要手触摸到门把手或车身,马上会留下指纹。销售人员在展厅里面工作的时候,随时随地要保持展车的规范清洁性。无水痕,展示当然更不应该有水的痕迹。有的4S店会在车辆进展厅之前先用水冲一冲,洗一洗,然后用专用的抹布把车给擦干,但是有的时候夹缝里边或者一些地方会有一些水珠流出来,这些都是不允许的。无灰尘,把前面引擎盖打开以后,凡是视线范围内的位置都不允许有灰尘。包括车的前脸,也不允许有灰尘,包括排气管,这些都是可能被忽视的地方,因为排气管也是视线能看到的。有的客户喜欢看底盘高还是低,那个时候就能够看到排气管。有的企业在这方面不但规范,而且检查的时候会把手伸到排气管里面去。

(3)第三个标准,细节

当车停稳以后,轮毂上的品牌按标准要求应该与地面呈水平状态。轮胎上的导水槽里面也要清洁,因为车是从外面开到展厅里面来的,难免会在导水槽里面卡住一些石子等东西,这些东西都应拿掉,还要洗干净。前排的座位应调整到适当的距离,而且前排两个座位从侧面看必须是一致的,不能一个前一个后。不能一个靠背倾斜的角度大一点,一个靠背倾斜的角度小一些,而且座位与方向盘也要有一个适当的距离,以方便客户的进出。太近了,客户坐进去不方便,这样会使客户感觉这个车的空间小,其实是那个座位太靠前了。新车的塑料套应拿掉,新车在出厂的时候,方向盘上面都会有一个塑料套,还有一些倒车镜、遮阳板都是用塑料袋给套起来的,这些也应拿掉。后视镜必须调整好,坐在里边很自然地就能看到两边和后面。要把方向盘调到最高,如果方向盘太低,客户坐进去后会感觉局促,从而会认为这辆车的空间太小。还要注意将仪表盘上面的石英钟按北京时间对准。要试一下空调的出风口,保证空调打开后有风。汽车上的开关不是左边按下去是开,右边按下去是关,而是中间的位置是关,所以必须要把开关放到平衡中间的位置。车上收音机一般有5~6个台,都应把它调出来,同时必须要保证有一个当地的交通台和一个当地的文艺台,这是一个严格的考核指标。汽车门上面的喇叭分左边和右边,喇叭的音响是可以调整的,两边的声道应调成平衡,这个是必须要检查的。音响的音量不能设定得太大,也不能设定得太小,然后配一些光盘,在专门的一个地方保管。当客户要试音响的时候,可以去问客户需要什么样的音乐,那个时候取来不同的碟片给客户欣赏。当然最好选择能体现音响音质的CD,若要想试音响的效果的话,将一个戏曲CD放进去,那感觉不出来,但是若要选一个节奏感特别强的碟片,人都会随之振动,也会情不自禁地参与,感觉和感情就调动起来了。因此,销售人员应事先准备好类似光盘,当客户对音乐没有什么特别爱好的时候,可以拿出一个最能够表现汽车音响的碟片。

此外,安全带也要放置规范。汽车公司销售汽车的时候基本上没有考虑过安全带,特别是后排座的安全带。后排座有的时候会有3个安全带,中间有一个,旁边有两个。有时候安全带都散在座位上,这是不允许的,必须把它折好以后用一个橡皮筋扎起来,塞到后座和座位中间的缝儿里面,留一半在外面。这些都是给客户一个信号,这家汽车公司是一个管理规范的汽车公司,是一个值得信赖的公司。

一般展车里面都会放一些脚垫,是怕客户鞋子上有灰。每一个4S店都会事先制作好脚垫,例如沃尔沃的脚垫上面印有沃尔沃的标志,摆放的时候应注意标志的方向。同时要注意脚垫脏了以后及时地更换。

在展示行李舱时应注意,行李舱打开以后不应有太多物品,放置时要合理安排物品位置,同时注意各物品要摆放端正,警示牌应放在行李舱的正中间。

细节方面还要注意电瓶。展车放置时间长了以后电瓶会亏电,所以必须要保证电瓶有电。

轮胎需美容。轮胎洗干净还是不够的,还要美容一下。用喷喷亮把它喷得乌亮。轮胎的下面应使用垫板。很多专业的汽车公司都把自己专营汽车的标志印在垫板上,这样会给客户一个整体的良好的感觉。

4. 汽车的六方位绕车介绍法

奔驰汽车公司是最先运用六方位绕车介绍法向客户销售汽车的。后来,日本丰田汽车公司的凌志汽车也采用了这种销售方法,并将之发扬光大。我国绝大多数汽车销售也采用了这种方法。环绕产品对汽车的6个部位进行介绍,有助于销售人员更容易、更有条理地记住介绍的具体内容,并且更容易向潜在客户介绍最主要的汽车特征和好处。在进行环绕介绍时,销售人员要明确客户的主要需求,并针对这些需求作讲解。销售人员针对客户介绍产品,进行车辆展示,以建立客户的信任感。销售人员必须通过传达直接针对客户需求和购买动机的相关产品特性,帮助客户了解一辆车是如何符合其需求的,只有这样,客户才会认识其价值。直至销售人员获得客户认可,所选择的车合他的心意,这一步骤才算完成。而六方位绕车介绍可以让客户更加全面地了解产品,如图7-4所示,这就是在车行展厅中展示汽车的一个标准流程。

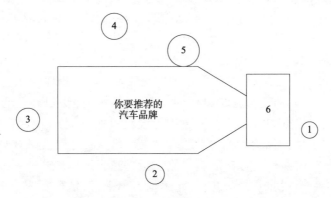

图7-4 六方位介绍位置

(1)第一方位:车前方45°的位置

汽车的正前方是客户最感兴趣的地方,当汽车销售人员和客户并排站在汽车的正前方时,客户会注意到汽车的标志、保险杠、前车灯、前挡风玻璃、大型蝴蝶雨刷设备,还有汽车的高度、越野车的接近角等。汽车销售人员在这个时候要做的,就是让客户喜欢上这辆车。

例如,销售人员向客户介绍的是捷豹车系的车型,那么销售人员就可以邀请车主和自己并排站在捷豹轿车的正前方,然后说:"捷豹轿车一贯表现优雅而经典,周身流淌着高尚的贵族血统,耐人寻味。由车头灯引出的四条拱起的发动机盖线条、大型的镀铬进气栅格、四个圆形头灯都延续了传统,品质自然出众。车头看起来蛮精致、蛮漂亮的,是吧?"趁着这个大好时机,销售人员可以给客户讲讲关于捷豹轿车车标的故事,强调所销售的车子与众不同的地方,以便吸引顾客,让其产生购买的兴趣。当客户接受你的建议,愿意观看你推荐的车款的时候,到底应该从哪里开始?图7-4中①的位置应该是开始的位置,按照图7-4中号码的流程,记住每一步骤需要向客户陈述的内容,在这个位置的介绍要记前车灯特性、车身高度、前挡风玻璃、通风散热装置、越野车车的接近角、大型蝴蝶雨刷设备、品牌特征、保险杠设计特点等。

(2)第二车位:车侧方

汽车销售人员就要引领客户站在汽车的左侧,从而发掘客户的深层次需求。无论哪一类客户,看到汽车的第一眼就怦然心动的不多见,哪怕客户看起来与汽车很投缘,客户还是要进一步考察他们心仪已久的"梦中情人"是否像传说中那么出色、那么优秀,更何况是他们初次接触的、心摇神摇的"漂亮女孩"或"潇洒男生"呢?因此,最重要的还在于气质的匹配程度。而车子的气质个性是否与购车者匹配,也很关键。走到一辆轿车的侧面,让客户听听钢板的厚实或轻薄的声音,看一看豪华舒适的汽车内饰,摸一摸做工精致的仪表盘,感受良好的出入特性以及侧面玻璃提供的开阔视野,体验一下宽敞明亮的内乘空间,客户就能将自身的需求与汽车的外在特性对接起来,再加上汽车销售人员的介绍和赞美,客户一定心神摇曳。

到达图7-4中②的位置时,客户的兴趣开始进入状态,根据你发现的客户的深切需求,有针对性地介绍车的此侧面。按同样的要求,介绍汽车的要点:轮胎、轮毂、侧面的安全性、车的长度、侧面玻璃提供的开阔视野、防水槽或者支架、越野车的通过性、车体等。

(3)第三方位:车后方

汽车销售人员陪着客户一起站在汽车的正后方,全面介绍,仔细回答。站在轿车的背后,距离约60cm,从行李箱开始,依次介绍高位制动灯、后风窗加热装置、后组合尾灯、尾气排放、燃油系统。开启行李箱介绍,掀开备胎和工具箱外盖进行介绍。千万不要以为这一步骤多余,很多挑剔的客户不是抱怨车尾太短,就是抱怨车子不够大气,抱怨车子没有行李箱。出于客户刚刚走过汽车左方的时候过于关注体验,或许忽略了一些问题。这时汽车销售人员要征求客户的意见,在给他们全面地介绍后仔细地答复。尽管汽车的正后方是一个过渡的位置,但是,汽车的许多附加功能可以在这里介绍,如后排座椅的易拆性、后门开启的方便性、存放物体的容积大小、汽车的尾翼、后视窗的雨刷、备用车胎的位置设计、尾灯的独特造型等,让客户进一步认识本车。

(4)第四方位:左后方

此时正是销售人员争取客户参与谈话的时刻,销售人员应该邀请客户打开车门、触摸车窗、观察轮胎,观察客户的反应,邀请客户坐到乘客的位置,注意观察客户喜欢触摸的东西,告诉客户车子的装备及其优点,客户会做一番审慎的衡量。认真回答客户的问题,不要让客户觉得被冷落,但是要恰到好处地保持沉默,不要给客户一种强加推销的感觉。汽车销售人员在汽车右侧向客户介绍车辆时,可以告诉客户们一些非正式的信息。但是要牢记,不要误导客户或混淆视听。在欧美国家,汽车销售人员用于非正式沟通的时间不到介绍产品时间的10%,在中国,汽车销售人员用于非正式沟通的时间占用介绍产品时间的比例却高达50%以上。在奥迪A4上市之初,许多奥迪汽车的销售人员都会有这样的经历,那就是只要一说"第一批奥迪是德国原装的",客户就会很快作出购买决定。如果你喜欢一些汽车的奇闻轶事,比如某国家元首或体育明星喜欢乘坐哪个品牌的汽车,那么你尽可告诉你的客人。在客户还缺乏相应的品牌忠诚度的时候,告诉客户一些非正式信息也是促成交易的好办法。带领客户坐进车内,对汽车的功能及操作做详细介绍。客户查看了汽车的外形,检查了汽车的内饰,又对汽车的性能有了大致的了解,那么,接下来就是告诉客户驾驶的乐趣以及操作方法。

到达图7-4中④的位置时,争取客户参与你的介绍过程,邀请他们开门、触摸车窗、轮胎等。因为这个位置是一个过渡,要引导客户到车里体验一下感觉,如果客户本人就是未来这辆车的驾驶员,那么邀请他到驾驶座位上,如果不是驾驶员,也许你应该邀请他到其他的座位上体验车辆的奢华、设计的美妙等。此时,回答客户的一些提问,如果是关于发动机性能方面的,你可以告知客户,这一点到图7-4中⑥号位置时介绍,关于车辆的外形、安全、功能以及超值性等都可以问答,并且根据需要引导客户到车内亲自体验。

(5) 第五方位:驾驶室

汽车销售人员可以鼓励客户进入车内。先行打开车门,引导其入座。如果客户进入了车内乘客的位置,应该告诉客户汽车的操控性能如何优异、乘坐多么舒适等;如果客户坐到了驾驶员的位置,那么你应该向客户详细解释操作方法,如雨刷器的使用等。最好让客户进行实际操作,向其进行讲解和指导,介绍内容应包括座椅的多方位调控、方向盘的调控、开车时的视野、腿部空间的感觉、安全气囊、制动系统的表现、音响和空调、车门发动机盖。最后,引导客户到发动机盖前,根据实际情况向客户介绍发动机及油耗情况。

图7-4中⑤的位置是变化的,如果客户进入车内的乘客位置,应该给予细致的解释,注意观察客户感兴趣的方面。如果客户要求到驾驶位置上,销售人员应该采用蹲式的姿势向客户解释各种操作方法,包括雨刷器的操作、挡位、仪表盘的介绍、座椅多方向调控介绍、气囊以及安全带、方向盘的调控、制动系统的介绍、视野、操作方便性、音响、腿部空间的感觉、车门的拉制等。

(6) 第六方位:发动机室

汽车销售人员站在车头前缘偏右侧,打开发动机盖,固定机盖支撑,依次向客户介绍发动机舱盖的吸能性、降噪性、发动机布置形式、防护底板、发动机技术特点、发动机信号控制系统。合上舱盖,引导客户端详前脸的端庄造型,把客户的目光吸引到品牌的标识上。

所有的客户都会关注发动机。因此,汽车销售人员应把发动机的基本参数包括发动机缸数、汽缸的排列形式、气门、排量、最高输出功率、最大扭矩等给客户作详细的介绍。由于介绍发动机的技术参数时具有比较强的技术性,因此,在打开发动机前盖的时候,最好征求一下客户的意见,询问是否要介绍发动机。

如果客户是对汽车在行的朋友,客户会认为自己懂得比你多,因此不要说得过多。对于不懂的客户,太多的技术问题会让客户害怕,言多无益。作为汽车销售人员,要能说出发动机是由哪家汽车生产厂家生产的。

图7-4中⑥的位置是介绍车辆的发动机动力的位置。介绍一个车的时候,发动机的动力表现是非常重要的一个方面。在图7-4中⑥的位置,将前盖示范地打开。根据客户的情况把握介绍的内容。而且,一定要征求客户的意见,是否要介绍发动机,包括发动机的布局、环保设计、排气的环节、添加机油等液体的容器、散热设备的设计与摆放、发动机悬挂避震设计、节油的方式等。

在运用六方位绕车介绍法向客户介绍汽车时,要熟悉在各个不同的位置应该阐述的、对应的汽车特征带给客户的利益,灵活利用一些非正式的沟通信息,展示出汽车独到的设计和领先的技术,从而将汽车的特点与客户的需求结合起来。

总之,六方位绕车介绍法是从车前方到发动机,刚好沿着整辆车绕了一圈,并且可以让汽车销售人员把车的配置状况作一个详细的说明和解释。这样的介绍方法很容易让客户对车型产生深刻的印象。

这样规范的汽车产品展示流程是由奔驰车首先启用的。但是,在启用的初期并不完善,后来被日本丰田公司的凌志汽车采用并发扬光大。经过调研,一个汽车消费者要在车上大约花费90分钟,其中有40min被用来做汽车展示。所以,这个六标准步骤的展示应该使用42min。每一个位置大约花费7min,有的位置花费的时间短一些,有的位置花费的时间长一些,比如,在位置④或者⑤的位置就比较耗费时间。六方位介绍重点,如表7-1所示。

六方位重点介绍　　　　　　　表7-1

部　位	可强调的特征举例
前部	头灯、大灯清洁设备、前挡风玻璃、保险杠、散热器罩、轮胎、车身、颜色、车漆
发动机室	布置形式、发动机形式、电气系统、电脑控制系统、转向系统
乘客一侧	倒车镜、座椅、脚垫、空调出风口、储物盒、内饰、安全带、安全气囊
后部	天线、行李箱、备胎、备用电池、倒车雷达、随车工具、后挡除雾装置
驾驶员一侧	座椅、方向盘、仪表台、变速箱形式、音响、车载电话、安全带、安全气囊
内部	空间、天窗、显示屏、内部装饰、豪华配置、人性化设计

销售人员在介绍每一个部位的时候,要注意根据顾客所站的角度、视线范围和此时所能想到的疑问出发,强调该部位的特征和最佳卖点。对于有条件的销售店来说,如果遇到比较专业的顾客,可以考虑利用起升降机将车顶举,讲解底盘部分的构成等。

第三节　新车交易

一、报价与签约

1. 汽车报价

(1) 汽车价格的构成

汽车的价格主要由三部分组成:车厂利润+经销商利润+成本。其中成本既包括汽车的制造成本,也包括销售成本和物流运输成本。

汽车在4S店进行销售时,消费者通常接触的是标价和成交价。标价是汽车对外标明的价格,一般是厂家的市场指导价,所有的4S店都是统一的。厂家出台市场指导价是为了避免经销商之间互相压价、恶意竞争和窜货。随着车市的进一步发展,汽车市场由卖方向买方市场过渡,汽车厂家们的市场指导价开始被市场实际情况冲击,由此产生了汽车的实际成交价。

汽车在购买时需要的费用一般包括:车价、车辆购置税、车辆上牌费、车辆保险费、车辆装饰费用、车船使用税等。以上所说是指一次性付款购车的价格构成,如果是分期付款,需另外支付手续费以及保险公司的保险保证金,需在办理按揭手续时一次付清。

消费者如想节省时间或者没时间办理时可以委托汽车经销商来办理,此种服务会产生包牌价。所谓包牌价,是指汽车经销商为给买车的消费者提供便利、节省时间而形成的一种汽车销售价格。由于许多消费者不清楚上牌程序所需的相关手续,因而由经销商统一代办,增加消费者购车的便利性。一般来说,包牌价主要包括车辆的出厂价、运费、车辆购置税、车辆检测费、车辆上牌费用、车船使用税、车辆保险费等。

(2)报价的技巧

报价是销售中最重要的环节之一,有许多刚做销售的朋友,由于对本行业情况的不熟悉或者急于求成,没有弄清楚客户的真实情况就报价,不知道要根据不同的客户情况报价。有的老销售员在报价时也掌握不好尺度。由于报价不准确,造成客户流失或者失去订单,因此,在学习过程中要注意掌握以下几个方面的环节。

①弄清楚询价者的情况再报价。大多数销售人员在客户无论是电话询价还是网上询价时,都易出现草率报价的问题。结果,许多询价者石沉大海,再没有消息,有的由于报价太轻率,还给对方留下了不规范的印象。实际上,真正的客户会先了解你产品的各项指标和规格后才会询价,这就要求销售人员在接到询价电话时,要问清楚对方的公司名称及所需的产品是自己使用还是帮其他客户采购,还要问清他所需产品的规格和技术指标。

②学会让客户报价。面对询价者,老练的销售人员会问:您需要哪个档次和规格的产品?或者,您想花多少钱来采购,一般有采购计划和目标的采购者,会把产品的性能、规格技术等说得较详细,价格也有一定的范围,还会关心发货及售后服务的情况,这类采购者一定是客户,对市场了解得也非常清楚。这时,你的报价一定要真实可靠,在介绍产品的卖点时也要清楚无误。当然,也有的客户根本不报价,因为他自己都不清楚,只是想以你的报价为依据,多问几家车的价格而已,对于这样的客户,你无论报多低的价格,都很难达成意向。资深销售人员的经验是不报价,但会说:对不起,感觉您对我们的产品还不是很了解,您去问问我的同行好吗?只要您真的和我们公司合作,我肯定会给您一个满意的答复。

③学会模糊性报价。报价也是商业信息,也会被你的对手利用。这就要求销售人员在报价时,要有随机应变的本领。对于直问价格的客户,销售人员要学会反问,对产品说不清楚的客户,要学会模糊性报价,模糊性报价的目的是为真正进入采购阶段的客户留下继续谈判的余地。报价是一种学问,同是销售人员,由于报价技巧的不同,业绩也会出现很大的差距。从这点来说,每一个销售人员都要具备一定的销售心理学知识。

(3)讨价还价的技巧

在讨价与还价环节,销售人员要适当注意讨价还价的技巧。如:

①拖延法。在顾客没有购买意愿前,尽量避免与客户谈论价格问题,而应向其全面介绍产品的特点和价值。

②比较法。通过对比其他产品来说明自己产品物有所值。顾客购买产品一般都会采取货比三家的方式。这个时候销售顾问就要用自己产品的优势与同行的产品相比较,突出自己产品在设计、性能、声誉、服务等方面的优势。也就是用转移法化解顾客的价格异议。常言道:"不怕不识货,就怕货比货。"由于价格在"明处",顾客一目了然,而优势在"暗处",不易被顾客识别,而不同生产厂家在同类产品价格上的差异往往与其某种"优势"有关,因此,

销售顾问要把顾客的视线转移到产品的"优势"上。这就需要销售顾问不仅要熟悉自己销售的产品,也要对市面上竞争对手的产品有所了解,才能做到心中有数,"知己知彼,百战不殆"。通过贬低对方来抬高自己的方式只会让顾客产生反感,结果也会令销售顾问失去更多的销售机会。

③分摊法。把较大的数目分摊到每一个细化的单位中,尽量减少让顾客感到突兀的感觉。

④订金法。利用让客户交订金的方式让顾客接受。

⑤"三明治"法。所谓"三明治"法是指在产品的价值上再添加其附加值,以此来说明自己的产品物有所值。销售人员在向顾客说明价格的过程中一定要注意,不能仅仅说明车辆的零售价,而要在报价的同时,说明车辆带给顾客的利益和产品的价值,具体做法是,总结出你认为最能激发出顾客热情的针对顾客的益处,这些益处应该能够满足顾客主要的购买动机。清楚地报出价格,如果客户还有异议,强调一些你相信能超过顾客期望值的针对顾客的益处,比如再赠送东西,或是在顾客感兴趣的配置之余还有超出客户想象的其他配置,让客户觉得物有所值,成交就更简单些。

汽车销售顾问经常会遇到顾客讨价还价的情况,现在的客户很精明,不会直接说出自己心中的期望值,只是不断地让销售人员去申请,然后是一次一次不满意,一次一次压价,直逼汽车销售人员内心的防线。如何和客户讨价还价,还需注意以下几点。

①价不能报底线。

汽车销售人员必须记住:无论你报价多低,客户还是会讨价还价的。所以,在报价时不能报得太低。例如:当客户问有什么优惠的时候,销售人员答:优惠40元,客户肯定会说,怎么优惠这么少?这个时候,作为销售人员,不能马上让步。应该先探清顾客的期望值是多少。如果销售顾问继续让步,那么客户也会得寸进尺。

另外,如果你急着要帮客户申请优惠,必须和客户说,这已经是总经理的指示了,不能再优惠了。如果你说是展厅经理给的优惠,那么,肯定是不能让客户满意的。他觉得还有讨价还价的空间。

②不要轻易让步。

客户多次要求降价时,一定要注意每次降价的幅度,必须依次下降,如第一次降10000元,第二次降4000元,第三次降1000元,要从这里让客户感觉到你的价格已经基本到位了。客户有时只是希望你象征性地降价,并不是真的对价格很在乎,特别是企业的领导人员,你给他降价,说明你给他面子;或者是部门领导,你给他降价,他向上级领导汇报时就好说一些,体现了他的能力。

③适当演戏,演戏动作要做自然。

可以适当做戏,故意压低声音:"关于这款车的价格,我告诉您一件事,但您千万不能说是我讲给您听的,行吗?前天税务局的找我们经理提了台车,我碰巧看到了合同价格……"演"苦肉计"也是一个不错的方法。需要提醒的是,演戏是需要演技的,演技是需要训练的,最起码要做到眼神、表情、声调、动作的一致。

(4)销售顾问在中期议价的策略

中期议价的主要策略有:

①要全面示弱,表示自己无权做主。

②要有持久的耐力,要告诉客户"我很想做成您这笔生意",保持焦灼的状态,做出为客户争取的姿态。

③堵住客户要你找有权力的人的嘴,尽量获得承诺再行动。坚守价格底线,不要一味迁就客户。销售顾问与客户议价策略如表7-2所示。

销售顾问与顾客议价策略　　　　　　　　　　　　　　　　表7-2

措　施	初期问价	中期问价	后期问价
问价内容	主动自发,出于对产品的需要	认真考虑购买的可能,对比不同产品的性价比	正式的问价、压价
问价动机	购买的惯性使然	理性比较	尽量以便宜的价格购得产品
问价目的	了解产品的价格范围,收集产品信息,为购买做准备	对比竞争产品,衡量选择最优产品	节省资金,尽量以最低的价格满足需求
客户策略	简单地收集产品信息	简单砍价、诱惑销售顾问做出让步	利用"立刻就签"来诱惑销售顾问降价
客户话术	"这款车的标配多少钱,高配呢?"	"××品牌给我的价格是13万元,你能给我多少?""你太没诚意了,比别人家贵那么多!"	"你要是再便宜1万元到5000元,我现在就签。""钱我带着,就等你一句话了。"
销售策略	吸引客户,并引导后续销售	示弱并坚守底线	以让步为前提坚守三个防线:带钱了吗? 决策人? 当时签约吗?
销售人员话术	"您问的这个型号现在挺热门的,价格比较高。"	"您说的这个数我真做不了主,我也不敢问我们经理,我怕他说我。"	"您今天就签约吗?""您可以自己决定吗?"

2. 汽车签约

推销成交是指顾客接受销售人员的购买建议及推销演示,并购买推销产品的行动过程。签约是整个销售环节中的重要一环,气氛比较紧张,容易使销售人员产生一些心理上的障碍,直接影响成交。通常推销签约失败的原因有:

(1)销售人员担心签约失败

无论多么优秀的销售人员,都不能保证每次销售都会签约。签约是一种概率,但随着销售经验的累积和销售技巧的不断成熟,签约的概率会越来越高,只有面对挑战不断总结的销售人员才会创造更高的业绩。恐惧失败、害怕被拒绝的销售人员终将一事无成。签约是对自己努力的回报,未成交也很正常,只有拥有这样的心态,才会成为一个优秀的销售人员。

(2)销售人员具有职业自卑感

产生这种心理障碍的主要原因在于社会成见,销售人员本身的思想认识水平也会导致不同程度的自卑感。一个人只有真正认识到自己工作的实际意义,才能为自己的工作感到自豪和骄傲,才能激发出巨大的勇气和力量。销售是每个公司生存发展的关键,没有销售,产品就没有市场,企业就要倒闭。

(3)销售人员认为顾客会自动提出签约要求

一般来说,顾客总是趋向被动,即使很想购买,也希望一再拖延。因此,销售人员应积极主动,告诉顾客现在就是购买的最好时机。

(4)销售人员对签约期望过高

销售人员对签约期望过高是极不利于签约的心理障碍。如果销售人员对签约的期望值太高,就会在无形当中产生巨大的签约压力,破坏良好的签约气氛,引起顾客的反感,直接阻碍签约。销售永远是一个大数法则,并不是销售人员接触的每一个顾客都会选择签约。即使不能说服某个顾客购买,一定还会有其他顾客购买。只要全力以赴,即使没有成交,也没有遗憾。如果销售人员抱有这样的心态,就会在签约的时刻做到坦然从容,而这种状态也会让顾客对销售人员更加具有信心,成交签单也就成为很自然的事情。

(5)对顾客催促太紧

有些销售人员在推销的开始就强迫顾客下决心,这样做的结果并不能促成同顾客的最后交易,反而容易吓走顾客。特别是在向顾客推销几个产品的时候,更应该让顾客有时间进行选择,不要强迫顾客就范。千万不要使顾客产生这样一种印象:顾客做出的购买决定是因为受到别人的强迫,或是盲目听从了别人的意见,在做出决定之前,顾客根本没有时间权衡利弊。具有创造性的销售人员是在引导顾客做出决策,顾客的决策过程应该是很自然的,在尽可能舒适的方式下进行。高压式的促成方法,通常只能收到相反的效果。

顾客对销售人员的产品虽然有着浓厚的兴趣,但如果要想达成交易,还应具备以下条件:

(1)顾客必须对销售人员所推销的产品有一个全面的了解

顾客一般不会在自己还不完全了解产品的时候就接受销售人员的建议,这也是决定能否进入成交阶段的基础。销售人员可以通过提问来检验顾客是否了解产品、是否有签约意愿。

(2)顾客对其所面对的销售人员以及销售人员所代表的公司信任和依赖

顾客对其所面对的销售人员以及销售人员所代表的公司信任和依赖是达成交易必不可少的一个条件。没有这种信任的态度,不管产品多么吸引人,顾客都会对达成交易产生动摇;因为顾客考虑更多的是购买的产品使用后的效果,销售人员如果不能给顾客一个可靠的信誉保证,顾客是不会轻易地签订购买合同的。特别是那些推销质量不合标准的产品销售人员,顾客更是厌烦和他们打交道。因此,要想成功推销产品,必须取得顾客的信任。

(3)顾客必须有购买推销产品的欲望

顾客只有对产品有购买欲望,才会对销售人员的推销介绍感兴趣,这时销售人员才能吸引顾客的注意力。销售人员只能以自己的活动影响顾客的购买决定而不能取代顾客做购买决定。因此,销售人员的工作中心是产生影响。

(4)要在适当的时机促使顾客做出购买决定

推销工作中"急于求成"反而会"欲速则不达"。因此,与顾客达成交易要等待适当的时机。每一次的洽谈也有高潮和低潮之分,如果销售人员没有能够在这个高潮中与顾客达成交易,应该争取在下一个高潮中尽量与顾客达成交易。不要为了达成交易而做出太大的让步,这样反而更容易引起顾客的疑虑,从而最终影响到销售的成功。

(5)必须将最后阶段的洽谈准备好

销售人员在对顾客的情况有全面了解的基础上,还要对自己的推销工作有全面的考虑,推销说明要有方向和目标,知道每一步该怎样进行。针对顾客的情况寻求制定相应的对策,尽快帮助顾客做出购买决定。

推销成交信号是顾客通过语言、行为、感情表露出来的购买意图信息。顾客的成交意图有些是有意表示的,有些则是无意流露的,后者更需要销售人员及时发现。对于销售人员来说,准确地识别成交信号、把握时机是相当重要的。顾客签约信号可分为语言信号、行为信号和表情信号三种。

（1）语言信号

当顾客有意购买时,从其语言中就可以判断出来。例如,当顾客说:"价钱能不能再便宜些?"这实际上就是一种有意表现出来的感兴趣的迹象,这表明顾客产生了购买意图,签约已近在咫尺。归纳起来,顾客表示签约的语言信号有以下几种类型：

①表示肯定或赞同。例如,"对,你说得没错""我们目前确实很需要"。

②请教产品使用的方法。例如,"看起来是不错,但我不知道怎么使用""用起来方便吗?"

③打听有关产品的详细情况。例如,"如果产品出现故障,你们派人上门维修吗?"

④提出购买的细节问题。例如,"一周内送货,时间太长了吧?"

⑤提出异议。例如,"价格太贵了,能否再降低一点?"

⑥与同伴议论产品。例如,"你看怎么样?"

⑦重复问已经问过的问题。例如,"对于我刚才提出的问题,你能否再详细解释一下?"

⑧问"假如……"的问题。

当顾客出现上述的语言信号时,那么这个顾客已经有签约的语言信号了。当然,在实际的工作中,顾客的语言信号往往不那么明显,它们经常存在于顾客的异议中。这就要求销售人员要善于"察言观色",掌握倾听和辨别的艺术。

（2）行为信号

行为信号是指顾客在举止行为上所表露出来的购买意图。例如,不断用手触摸商品并不住点头,拍拍销售人员的手臂或肩膀,做出身体自然放松的姿势等,均是有意签约的表现。有时顾客对销售人员的态度会突然变得友好和客气。

例如,"要不要喝杯咖啡?""留下来吃午饭好吗?""你真是个不错的销售员""你对产品真的很熟悉。"顾客接受了你,这是十分关键的一步棋。如果潜在顾客在和你聊天的过程中,突然起身为你倒杯水,或在听你说明的过程中,脸露微笑,这些细节的表现,已经证明顾客认同了你的说明,并在向你发出购买的信号。请密切注意顾客所说的和所做的一切,也许获得订单的最大绊脚石是销售人员本人太过健谈,从而忽视了顾客的购买信号。因此,在销售的过程中,只要你认为听到或看到了一种购买信号,就可以马上签订单了。

（3）表情信号

表情信号是顾客的心理活动在面部表情上的反映。如目光对产品的关注或分散、面带微笑、表情严肃等均是判断签约时机的重要依据。通常来说,顾客决定购买的表情信号,有如下几种类型：

①面部表情突然变得轻松起来,紧皱的双眉舒展开。

②露出微笑或欣赏的神情。

③双眉上扬。
④眼睛转动加快。
⑤态度更加友好。

当出现以上任何情形时,你就可以签订单了,因为你观察到了正确的购买信号。细致的服务流程可以促成交易,所以要观察顾客的表情,并根据其变化的趋势,采取相应的策略、技巧加以诱导,这在成交阶段是十分重要的。签约时机是顾客购买欲望达到最高的时候,通过把握住顾客的性格、想法、要求、条件等,从气氛、动作、表情的变化中抓住签约时机,不要放过顾客任何不经意流露出来的本意,积极地促进签约。当顾客心情非常快乐、轻松时,销售人员要适时提出签约要求,签约的概率会很大。例如,顾客开始向销售人员敬烟、对销售人员突然亲热或对销售人员的谈话表示十分赞同时,销售人员要抓住这个好的时机。因为此时顾客的心情很好,非常放松,多数人是会听从你的建议立即购买的。如果不在时机成熟时寻求签约,则机会稍纵即逝。如果成交机会丧失,可能会变成没有机会或是再需要更辛苦的努力重新制造机会,也会造成顾客的疑虑和不满。如顾客提出反对意见时,销售人员就要向顾客做出正确的解释。对顾客的反对意见解释完之后,再征求顾客的意见,询问顾客是否完全了解产品的说明,是否需要补充。当顾客认可销售人员的说明时,销售人员就要抓住这一有利时机,进一步询问顾客选择何种产品,是手动挡的还是自动挡的,或是必须有特定喜好的配置。当销售人员对顾客的反对意见做出说明和解释被认可后,便可以直接向顾客要求签约。

对一名优秀的销售人员而言,若想成功地完成销售,关键是全面地了解目标顾客的态度以及顾客对产品签约试探所做出的反应。这就要求销售人员选择使用最恰当的签约技巧,而不是简单直接地询问目标顾客是否愿意购买。

在销售洽谈的最后阶段,销售人员除应密切注意签约信号、做好签约的准备外,同时还要学会运用不同的签约技巧与方法。签约技巧与方法是指在最后签约的过程中,销售人员抓住适当的时机,启发顾客做出购买决定、促成顾客购买的推销技术和技巧。通常,促成交易的方法和技巧有:

(1)优惠签约法

优惠签约法是销售人员向顾客提供各种优惠条件来促成交易的一种方法。这种方法主要是利用顾客购买商品的求利心理动机,通过销售让利,促使顾客签约。供销售人员选择的优惠条件有广告补助、批量折扣、附赠品、优先供货优待、提供特殊服务等。采用优惠签约法,即使顾客感觉得到了实惠,增强了顾客的购买欲望,又改善了买卖双方的人际关系,有利于双方长期合作。但是,采用此法无疑会增加销售费用,降低企业的收益,运用不当,还会使顾客怀疑推销品的质量和定价。因此,销售人员应合理运用优惠条件,注意进行损益对比分析及销售预测,遵守国家有关政策、法规,并做好产品的宣传解释工作。

(2)假定签约法

假定签约法是销售人员假定顾客已经做出购买决策,只需对某一具体问题做出答复,从而促使顾客签约的方法。假定签约法不谈及双方敏感的是否购买这一话题,减轻顾客购买决策的心理压力,以"暗度陈仓"的方式,自然过渡到实质的签约问题。

假定签约法是一种积极的、行之有效的方法,它自然跨越了敏感的签约决定环节,便于有效地促使顾客做出决策,能够适当减轻顾客决策的压力,有效地节省推销时间,提高销售效率。但是,如果使用的时机不当,会阻碍顾客的自由选择,会产生强加于人、自以为是的负效应,引起顾客反感。

(3)从众签约法

从众签约法是销售人员利用从众心理来促成顾客购买推销品的签约方法。在日常生活中,人们或多或少都有一定的从众心理。从众心理必然导致趋同的从众行为。作为人们的购买行为,当然受到自身性格、价值观念、兴趣爱好等因素的影响,同时又受到家庭、参考群体、社会环境等因素的影响。因此,顾客在购买商品时,不仅要依据自身的需求、爱好、价值观选购商品,而且也要考虑全社会的爱好,以符合大多数人的消费行为。从众签约法正是抓住了人的这一心理特点,力争创造一种时尚或流行来鼓动人们随大流,以便促成交易。

从众签约法主要适合于具有一定时尚程度的商品推销,而且要求顾客具有从众心理。如果商品流行性差,号召力不强,又遇到自我意识强的顾客,就不宜采用此法。在具体运用从众签约法时应注意把握以下两点:

①使用从众签约法推销商品前,先期发动广告攻势,利用名人,宣传品牌,造成从众的声势。

②寻找具有影响力的核心顾客,把推销重点放在说服核心顾客上。在取得核心顾客符合服务流程促成交易的基础上,利用顾客们的影响力和声望,带动、号召大量具有从众心理的顾客购买,同时还要注意为顾客提供证据。

(4)解决问题签约法

解决问题签约法是指在签约阶段,顾客异议已经发生,销售人员针对顾客异议设法予以解决,促使推销成功的一种方法。一般情况下,这时候销售人员可通过异议探测,有针对性地解除顾客的疑虑。如果这时顾客的异议是真的,顾客会慎重选择销售人员提供的方法,而促成交易;如果顾客的异议是假的,自然会以别的借口搪塞,这时销售人员就知道如何处理了。

(5)对比平衡签约法

对比平衡签约法也称T形法,即运用对比平衡方式来促使顾客做出购买决策。在一张纸上画出一个"T",销售人员需要在潜在顾客的参与下共同完成对比分析,可以将购买的原因列举在T形的右边,同时将不购买的原因列举在T形的左边。销售人员在与潜在顾客共同制作好对比表以后,还得向顾客逐一说明,提出诸如"对此您感觉如何"之类的坦率问题,然后要求签约。

销售人员可根据轻重缓急对需要解决的问题进行排序,客观全面地列出购买或不购买的原因,最好邀请潜在顾客一起参与,这样不仅提高了销售人员的可信度,而且进一步激发了潜在顾客的购买愿望。这种方法适用于驾驭型和分析型顾客。

(6)小点签约法

小点签约法是指销售人员通过解决次要的问题,从而促成整体交易实现的一种签约方法。销售人员运用小点签约法时,要注意顾客的购买意向,慎重选择小点,以利于创造和谐的气氛,保证以小点的签约促进整体交易的实现。从顾客的购买心理来说,重大问题往往会产生较强的心理压力,顾客往往比较慎重,不会轻易做出购买决策,如在购买房子、汽车、高档家电等方向尤为突出,而在比较小的交易问题面前,如购买日用品,顾客往往信心十足,比较果断,容易做出成交的决定。小点签约法正是利用顾客的这种心理规律,对大型的交易,先就局部或次要问题与顾客成交,然后在此基础上,再就整体交易与顾客取得一致意见,最后成交。

小点签约法采取先易后难、逐渐推进的方法,避免大笔交易给顾客带来的心理压力,运用较为灵活。但是此法如果运用不当,容易分散顾客的注意力,不利于突出推销品的主要优点,顾客会因次要问题纠缠不清,导致容易失败。

(7)总结利益签约法

总结利益签约法是销售人员在签约阶段,对顾客汇总阐述其销售产品的优点,激发顾客的购买兴趣,促使交易实现的一种方法。这种方法是在推销劝说的基础上,进一步强调销售产品的良好性能和特点,给顾客带来的多方面利益,使顾客更加全面地了解销售产品的特性。

总结利益签约法能够使顾客全面了解产品的优点,便于激发顾客的购买兴趣,最大限度地吸引顾客的注意力,使顾客在明确既得利益的基础上迅速做出决策。但是采用此法,销售人员必须把握住顾客确实的内在需求,有针对性地汇总阐述产品的优点,不能将顾客提出异议的方面作为优点予以阐述,以免遭到顾客的再次反对,使汇总利益的劝说达不到效果。

最后,在签约阶段,还要注意签约方面的风险,避免在签约以后再起争议。达成交易以后,销售人员暂且忘掉一切,不要再去回顾整个交易过程的艰辛情况,特别要注意的是,不要被顾客牵着鼻子走。销售人员要积极地在顾客的感情方面多做工作,一旦进入签约过程,就不轻易动摇条件;销售人员要不卑不亢,说话短促有力,充满自信,不说没用的话,不使用模棱两可的语言,明确告知是或不是;让顾客自己做决定。

销售人员在制作订单之前往往已经做了大量的工作,所以此时要相信自己,相信顾客是通过服务流程促成交易的,是通情达理、真心诚意的,不要在销售条件上软下来,所有的变通都要在规定的条件内决定。在写订单阶段销售人员要多听少说、注意言多必有失,一定要将承诺和条件互相确认。如对车辆的颜色、车辆的交货期、车辆的代号、车辆的价格等进行确认,避免出现歧义。同时,要确认购买的车辆是个人还是单位,确认支付方法、支付银行、交易银行、银行账号等。

在签字盖章阶段销售人员要动作迅速,一切按规范处理,一定要确认资金和支付方式,按规定收取订金(注意和定金区别),把订单(协议、合同)一起交给顾客,同时把注意事项在事前说清楚。签约之后,即指签订购车合同后,双方都会表现出高兴、得意的表情,但在这个阶段,顾客对洽谈的内容有时还会存有一些担心,所以销售人员应不忘适时地美言顾客几句,一定要给顾客留下"确实买了一样好东西,物有所值"的印象。如:"买的正是时候啊""来得早不如您来得巧啊""您真的是很有眼光呀""到底还是给您便宜了呀""您真是谈判高手啊,佩服佩服"。

二、证件办理

购置新车需办理的手续有:

(1)根据自己的需求挑选一辆适合的汽车,并选好销售公司。

(2)办理停车泊位证明:如北京等城市要求办理该证明,最好在和销售公司签合同交款前完成,以免带来不必要的麻烦。

(3)付款购车:与销售公司签订合同,付款购车。

(4)工商验证:持购车发票在各区工商局机动车市场管理所或汽车交易市场的代办点加盖工商验证章。

(5)办理保险:保险一定要在领取牌照之前办理,汽车交易市场都有保险公司代办机构,在购车时一起完成保险手续,可以省掉以后的麻烦。

(6)交纳车辆购置附加费:在市交通局车辆购置附加费征集管理处办理,一般汽车交易市场都有其办事机构,费额为减去增值税的车款的10%,进口车为完税价格的10%。

(7)车船使用税:在各区县地税局办理,此项内容可以在购车环节中随时办理,但一般在汽车交易市场中有税务部门的办事机构,一次办完比较方便。

(8)移动证:在领取正式牌照之前,只有办理了行驶证,车辆才能上路行驶,可以在各区县交通大队或其设在汽车交易市场的机构办理。

(9)验车:在各区县交通大队指定的机动车检测中心进行,验车时需携带的文件包括加盖工商验证章的购车发票、车辆合格证、停车泊位证明、身份证等。

(10)领取牌照:验车后5个工作日内到各区县车管所领取牌照,领取牌照时需携带的文件包括加盖工商验证章的购车发票、车辆合格证、停车泊位证明、身份证、保险单、购置附加费交费凭证、验车合格的机动车登记表。单位还需企业法人代码证和控办准购证。同时领取行驶证代办凭证。拍照准备办理行驶证。

(11)交纳养路费:在各区县养路费征稽处办理。

(12)备案:在各区县的交通大队或当地安委会办理新车备案手续。

(13)办理车辆行驶证:在领取牌照的同一车管所办理,需携带的文件包括行驶证待办凭证、养路费缴纳凭证、安委会登记备案资料。

三、交车

1. 交车前的文件准备

交车前要对涉及车辆的相关文件进行仔细全面的检查,确认无误后,装入大文件袋,以便交给顾客。这些文件包括:单据(发票、合同等)、临时行车牌照、使用说明手册、产品合格证等;配件保证书(卡)及所有费用清单;关税证明、保险卡(含强制险及其他加保)等;名片(销售人员、服务部经理、服务代表)、交车确认表、交车前的检查表(PDI)等。交车当天,销售人员根据"PDI",对车辆的各项目进行确认。

2. 车辆准备

(1)交车前检查的必要性

想要赢得顾客的满意,交车前的检查(PDI)是绝对必要的工作。因为若顾客对于新车的期望没有被满足,例如车身有剐痕、粗制滥造等,只要有这些状况发生,那顾客将会极度不满,并会严重影响新车的销售。

PDI是交车体系的一部分,该体系包括一系列在新车交货前需要完成的工作。其中大部分项目是由服务部门来完成的。服务部门的责任是以正确的方法执行PDI,以便使车辆完美无缺地交到顾客手中。保质保量地交一辆完美无缺的车是使顾客满意的首要条件。

新车 PDI 的目的就是在新车投入正常使用前及时发现问题,并按新车出厂技术标准进行修复;同时再次确认各部位的技术状态良好;各种润滑油、冷液是否符合技术要求,以保证顾客所购汽车能正常运行。

新车出厂要经过一定的运输方式(或自行行驶)到销售部门,通过销售尚才到顾客手中,这期间,有的需要运输较长的时间。在运输中,由于种种原因,难免发生一些意外。在工厂与特约店之间有许多地方或因素能使汽车遭到损坏。在这段时间内,车辆可能遇到极端恶劣的情况:保管过程中的高温、运输过程中的碰撞、飞石、严寒、风雨等。尽管在生产过程中及产品制成后的质量管理是持续进行的,但是不能保证汽车完好无损地运到特约店,因此,检查新车在运输过程中是否受到损伤是一项非常重要的工作。

在很多情况下,新车是在库存状态,但是如果库存不当,新车也将不可避免地出现一些问题,如果不进行仔细地检查,也会给顾客带来不良印象,给今后的销售带来麻烦。

当进行 PDI 时,可能会发现一些新车库存中的问题,例如蓄电池会过度放电等。发现这些问题,并去防止这些问题发生,将会给服务部门省去不少麻烦。检查新车在库存过程中是否因保管不当而造成损坏。如果必要的话,新车应加以整备,以恢复出厂时应有的品质。

此外,新车出厂时虽有厂检的技术质量标准,各种装备也按一定的要求配齐,但也难免出现因生产线上人为错误导致的差错和损坏,也要一并加以检查,及时反馈给生产厂家,这给整车厂提高质量带来了许多宝贵意见。

总之,新车交给顾客之前的检查是新车在投入运行前的一个重要环节,涉及制造厂、供应商和顾客三方的关系,是对汽车制造厂汽车质量的再一次认可,是消除质量事故隐患的必要措施,也是对购车顾客承诺及一系列优质服务的开始。

我国汽车服务行业 2002 年 7 月 23 日起实施的《汽车售后服务规范》提出了 PDI 服务技术咨询的基本要求,其内容如下:

①供方在将汽车交给顾客前,应保证汽车完好。
②供方应仔细检查汽车的外观,确保外观无划伤及外部装备完好。
③供方应仔细检查汽车内饰及装备,确保内饰清洁和装备完好。
④供方应对汽车性能进行测试,确保汽车的安全性和动力性良好。
⑤供方应保证汽车的辅助设备功能齐全。
⑥供方应向顾客介绍汽车的使用常识。
⑦供方有责任向顾客介绍汽车的装备、使用常识、保养常识、保修规定、保险常识、出险后的处理程序和注意事项。
⑧供方应向顾客提供 24 小时服务热线及求援电话。
⑨供方应随时解答顾客在使用中所遇到的问题。

PDI 的检查项目主要包括:VIN 码、发动机舱、发动机舱(暖机后)、驾驶室内的装饰、车身周围、门、汽车底部和驾驶操作等内容。

(2)交车前车辆检查
①车辆必须经过实际的操作,确认所有的功能都处于正常状态。
②车辆清洁,检查车体的内、外观。
③车辆细节检查。车体有没有任何剐伤,车子的里程数是不是超过合理范围(从车厂出

来到经销商中间的过程);车子是否有任何异状;注意车子的型号、制造年份、颜色、原厂配备是否正确;注意行车执照的出厂日期与发票是否相同(跨年车问题);有无组装产生的伤痕或割痕,尤其是有无外加配件,技师不小心伤到烤漆保险杠等;试验每一个车门是否开关顺畅,关上时有无异响;检查车门胶条等是否安装妥当,车门与车体接缝处是否均匀;电动窗及天窗开启上掀等动作是否正常,有无异响产生;玻璃与窗框接缝处是否密合;喇叭外罩与车门饰板是否安装妥当、有无瑕疵;检查备胎是否稳固,喇叭是否正常,仪表灯是否正常,车门锁总开关是否运作正常;电动后视镜开关是否正常,有无异响,方向盘上下调整是否正常;安全带扣上是否顺畅,上下调整是否正常。

  建议在光线明亮的环境下完成交车。在光线不足的情况下,很多刮痕或伤痕就容易被忽略。最好是在白天交车。把车子停在太阳下,如车子有碰撞后喷漆的一目了然;先把钥匙插进去,拧到电源开的位置,找人在外面看所有灯是否正常,大灯(远近都调式)、头灯、方向灯、雾灯、倒车灯、刹车灯、小灯、危险警告灯、车内照明灯。若可以的话,可以试一下大灯照出去的位置是否太高或太低。雨刷开关,每一段都要测试,喷水这项也不要忘。若可以,测试一下除雾线;看手刹是否正常(最好的测试方式是慢慢拉,听有无声音),拉好后,挂入 D 档,看车有无移动。检查所有皮座椅有无外伤或瑕疵。测试驾驶座高低前后调整及副驾驶座前后调整,椅背角度调整,最好把每一项平放或躺平方式都测一遍。头枕、后座椅扶手是否调整正常。

  ④每月由经办人员整理新车交车前检查表,按新车汇总表的顺序归档,以备检验。
  ⑤预先将交车事项通知专营店的相关员工,做好交车前的各项准备工作。
  ⑥交车前要和顾客确认是否要撕掉保护膜等。
  ⑦交车前装配好约定的选用备件。
  ⑧请服务人员检查油、水及车内所有电动及电路是否正常,及时把车内需调整的调整好。

  (3)交车注意事项
  ①确定一个对顾客而言可行且方便的交车日期与时间。
  ②询问顾客是否有足够的时间用于交车。
  ③确保车辆已进行过 PDI 检验,可以按时交车。
  ④如果有任何延误交车时间的因素出现,应立即和顾客联系,表示道歉,同时说明延误的原因并重新确定交车时间。
  ⑤应事先准备好所有书面文件,以使交车过程更顺利。
  ⑥车辆到达时应进行检验,确保其按订单规定装备,车况良好。
  ⑦在交车前一天,与顾客再次确认交车时间,以确认顾客该时间是否可行,同时兼顾提醒顾客。
  ⑧确保交车时服务部经理在场,以增加顾客对售后服务的信任感。
  ⑨店堂内必须保证交车区域明亮、整洁、清新,也要备有桌椅、饮料、点心(销售人员要事前确认),以方便销售人员将各种车辆资料在很慎重、轻松、愉快的气氛下交给顾客,以提高顾客对交车的满意度。

  3. 新车交付流程
  在汽车销售的全过程中,销售的每一个环节都要注意体现对顾客关怀备至的服务,销售人员经过了前面那么多销售的环节,做了那么多的努力,到了交车阶段,可以说历尽千辛万苦,交车环节是顾客最兴奋的时刻。在这个步骤当中,按约定销售人员要把一辆顾客喜欢的汽车交给顾客,这对于提高顾客的满意度起着很重要的作用,而这正是销售人员容易忽视的。在交车服务中与顾客建立朋友关系,实际上就是准备进入新一轮的顾客开发,这个环节很重要。在操作上,力求注意细节,这对以后开发新的业务、争取回头顾客是非常重要的。

(1) 交车预约

递交新车是一个让人心动的时刻,对顾客来说,意味着从此之后他将从他的经销商那里得到许多:守信、服务能力、关心和友谊。因此,递交新车时,重要的是自始至终贯彻在销售过程中制定的标准,甚至加上一种感情。必须让顾客体会到,销售人员、所有工作站的工作人员都在分享他的欢乐和喜悦。在此环节中应注意以下内容:

① 车辆到达 4S 店并经过 PDI 确认无问题后,销售人员应及时和顾客联系,预约交车时间,具体步骤为:

(a) 确认对方身份,自我介绍(用对方乐于接受的称呼或方式)。

(b) 祝贺,第一时间恭喜顾客(用 100% 的真诚和热情)。

(c) 告知顾客交车的流程和时间(可询问顾客最关注哪个步骤,并记录或与顾客确认一条龙服务及衍生服务的需求及完成状况)。

(d) 征得顾客同意,以顾客方便的时间约定交车时间及地点。

(e) 提醒顾客带齐必要的文件、证件和尾款。

(f) 感谢顾客,在约定时间前 15min 再次确认,以做好接待的准备。

② 重要顾客安排车辆接送。

③ 预定交车日期发生延迟时,第一时间主动向顾客说明原因及解决方案。

(2) 交车接待

① 交车日的接待。在展厅门口立欢迎标牌,祝贺顾客提车;销售人员(主管或经理有空时也可参与)到门口迎接并祝贺顾客;为顾客挂上交车贵宾的识别标志;经销店每位员工见到带有交车贵宾识别标志的顾客均应热情道贺;引领顾客至商谈桌(室)坐下,并提供饮料。

② 商谈桌(室)的应对。向顾客概述交车流程和所需的时间,并征询顾客意见取得认可;利用准备好的各项清单与顾客结算各项费用;移交有关的物品,如用户手册、保修保养手册、保险手续、行驶证、车辆钥匙(按揭车辆只能给 1 套)等。

③ 文件交接手续工作应在最短的时间内完成,如有必要,客服部门人员应到场协助,避免顾客久等。

④《用户使用手册》结合车辆说明使用,其余各项文件皆应打开,逐项逐条让顾客了解,并提醒顾客详细阅读。

⑤ 注意添加饮料。

⑥ 在交车过程中切忌只进行口头说明,而不使用相关资料;切忌不充分照顾顾客,忙于书面文件的填写。

(3) 车辆的点交

在第一时间将车钥匙郑重地交给顾客,并予以恭喜、祝贺。随后,应注意以下内容:

① 销售人员将顾客带到新车旁,利用交车确认单首先确认车辆,并点交原厂配件、工具、

备胎、送构件、装潢件等。

②陪同顾客绕车检查,分享顾客欣喜的心情,同时携带一块毛巾及清洗剂,因为新车难免有洗不净的印记,须随时替顾客清除。

③点交完车辆后,还需要交证照、票据等书面文件,顾客逐一核对,需勾选签字的地方,恭请顾客签名,同时准备好签字笔。

④确认无误后装入资料袋,交给顾客。

⑤提醒缴纳车船税的时间,并告知地点。

(4)试车说明与试车

①结合《用户使用手册》,针对各项向顾客介绍如何操作,每一个开关、每一个步骤须讲解清楚,切忌用"你自己回去慢慢找""用户手册上有说明"等语句,应依据顾客的了解程度进行说明。

②提醒顾客阅读用户手册,尤其是注意事项等。

③如顾客对汽车的操作或功能仍不熟悉,应开车带顾客行驶一段,边开边做介绍,然后换手,让顾客开一段。换手时应主动为顾客开车门,请顾客坐上驾驶座,并协助调整座椅、方向盘、后视镜等,并帮助完成个性化设置。

(5)保修事项与售后服务说明

①在交车区,销售人员介绍服务经理、维修接待等人员并交换名片。

②售前和售后的衔接。

③售后服务经理向顾客介绍售后流程及注意事项。

④让顾客感觉到,维修接待是对顾客进行一对一的管家式服务。

⑤《保养手册》必须打开面向顾客,让顾客明确看到《保养手册》的内容。销售人员对《保养手册》的各项内容进行详细说明,以免日后误解,产生不必要的麻烦,说明项目主要包括:免费首次保养内容说明;定期保养项目表;全国服务网点一览表;服务电话和24小时救援电话及"快乐体验"服务承诺说明;紧急情况处理;维修接待介绍车辆检查、维修的里程及日程,重点提醒首次保养的服务项目和里程数以及免费维护项目;维修接待说明保修内容和保修范围,强调保修期限。有关保修事项的说明,主要包括以下几项:(a)保修时间或保修里程数(以先达到者为限,即两者其中之一,不管任何一个出现,都表示保修期已到);(b)保修项目和非保修项目(如易损件和维修材料等)。

⑥提醒顾客在新车磨合期的注意事项。

⑦介绍售后服务的营业时间、服务流程、服务网络、服务特色等。

(6)交车仪式

①所交新车用绸缎盖住,准备好车钥匙、鲜花、CD等小礼品。

②销售经理、展厅经理、服务经理、客服经理等人员出席交车仪式,销售服务店有空闲的人员都可以到席,参加交车仪式并向车主道贺。

③销售经理/展厅经理进行现场组织,指挥公司人员在车旁列队。

④由总经理/销售经理/展厅经理奉上鲜花(由女士赠予女宾),再将车钥匙交与车主,同时向其家人赠送CD等小礼物。

⑤现场全体人员与新车合影留念,影毕全体鼓掌,表示热烈祝贺。

⑥欢送顾客。
⑦详细填写顾客信息卡交给客服部。
⑧估计顾客到家后,再致电问候顾客。
(7)交车关键执行点总结
①做好交车准备,交车是最令顾客高兴的时刻。
②交车检验表要让顾客签字。
③售后人员参与交车,并介绍保修政策。
④销售人员要对保修卡的第一页和行驶证复印件留底。
⑤交车是顾客最喜悦的时刻,销售人员在与顾客分享其快乐的同时,要尽量以轻松的形式让顾客认同汽车服务的品质,以求宣传口碑并请求其介绍亲友以寻找销售的机会。
⑥交车以后必须有顾客接车的确认书。

四、异议处理

1. 顾客异议的概念

顾客异议是顾客对销售人员或其推销活动所做出的一种在形式上表现为怀疑或否定或反对意见的一种反应。简单地说,被顾客用来作为拒绝购买理由的意见、问题、看法就是顾客异议。

异议处理贯穿于销售过程的始终。销售人员从寻找顾客到达成交易的整个过程中,不可避免地会遇到顾客的各种异议。销售过程实质上就是处理异议的过程。顾客的异议能得到妥善的处理,销售才能进入下一个阶段,否则,销售工作就会被迫中断。是否具有丰富而娴熟的处理异议的技巧,往往是销售人员能否成功的关键。

顾客异议是成交的障碍,因为无论异议何时出现,它都是顾客拒绝的理由,然而顾客的异议并不都是消极的。有时它不但不会妨碍销售,反而可以使销售人员找到成交的途径。任何一个销售人员都必须做好心理准备,正确对待顾客的异议,善于分析和处理各种顾客异议。努力促使顾客产生购买行为。

2. 正确对待顾客异议

(1)辨认顾客异议的虚实

顾客异议有时是真实的,有时是虚假的。真实的异议是那些现实存在着的、顾客的真实顾虑,而那些虚假的异议往往是隐含的,表现在顾客只提出一些表面问题或在没有明确的理由下的推托或犹豫不决。从产生异议的根源看,顾客异议大致有以下几种。

①需求异议。需求异议就是顾客自以为不需要推销品而形成的一种反对意见。需求异议的主要根源在于:随着现代科技的发展,产品的生命周期日趋缩短,新产品层出不穷。有些新产品或新服务(特别是高科技产品的特点与优势近期还不能被顾客认同),因此容易使顾客产生疑问。从异议的性质上看,需求异议是属于顾客自身方面的一种异议。真实的需求异议是推销成交的直接障碍,虚假的需求异议是顾客拒绝销售人员及其推销产品的一种借口。

②产品异议。产品异议是顾客认为产品本身不能满足顾客的需要而产生的异议。这种异议表现为:顾客对推销产品有一定的认识,且有比较充分的购买条件,但就是不愿意购买。

有关产品方面的具体异议有:产品质量太差、设计陈旧、型号不对、颜色不符、结构不合理、造型无特色等。产生产品异议的根源也是十分复杂的。顾客的认识水平、带有强烈感情色彩的偏见和购买习惯以及广告宣传等因素,都有可能导致产品异议。

③财力异议。财力异议是顾客以缺乏货币支付能力为由拒绝购买的异议。财力异议也是顾客自身方面的一种常见的购买异议,财力异议的主要根源在于顾客的收入状况和消费心理。一般来说,在顾客资格审查和接近准备阶段,销售人员对顾客的财务承受能力进行严格审查,因此在实际推销中能够确认真实的财力异议或虚假的财力异议。真实的财力异议是成交难以克服的困难,虚假的财力异议则是顾客拒绝销售人员及其推销产品的一种借口。

④权力异议。权力异议是顾客以缺乏购买决策权为由而提出的购买异议。在很多场合,顾客并不提出其他问题,只强调自己不能做主。事实上,无论是集团购买还是家庭购买,购买决策都不是平均分布在每个成员手中的,多数成员可以对决策形成影响,但不一定只有决策权。产生权力异议的主要根源在于顾客的决策能力状况或心理成见。销售人员在进行顾客资格审查时,应该对顾客的购买资格和决策权状况进行认真的分析,找准决策人。面对没有购买权力的顾客极力推销产品,这是推销工作的失误。

⑤价格异议。价格异议是指顾客以推销产品的价格比相似产品价格偏高为由而拒绝。价格异议属于推销政策方面的异议,它产生在需求异议、财力异议、产品异议和权力异议之后。当顾客提出价格异议时,往往表明顾客对推销产品产生了购买兴趣和购买意愿,只是认为价格高了,要千方百计地通过讨价还价迫使销售人员降低售价。产生价格异议的根源比较复杂,各种外部推销环境、顾客的购买习惯和购买经验、价格竞争、顾客的认识水平等因素,都可能导致顾客的价格异议。

⑥货源异议。货源异议是顾客对提供推销品的企业或销售人员不满意而拒绝购货,货源异议属于销售人员方面的一种顾客异议。当顾客提出货源异议时,通常表明顾客愿意按照销售人员的报价购买这种产品,只是不愿从这位销售人员或其代表的公司购买。货源异议的根据主要是企业形象欠佳、知名度不高、销售人员态度不友善、服务安排不周到等原因。货源异议有一定的积极意义,有利于促使销售人员努力改进工作态度和服务质量,提高企业信誉。

⑦时间异议。时间异议是指顾客通过拖延时间来拒绝推销或达到其他目的的一种购买异议。产生这种异议的真正根源一般不是时间问题,而是价格、产品或其他问题。当然买入存货过多,资金周转困难,也会导致真正的购买时间异议。

(2)正确认识顾客的异议

①把顾客异议看成是一种正常现象。俗话说:"褒贬是买主,喝彩是闲人。"对顾客来说,表示异议是顾客的权利。顾客有权获得最优惠的价格、最好的质量和最佳的服务。而保证顾客获得这些权利的唯一途径就是让顾客对一个或几个推销特色提出疑问或表示异议。即使顾客发现这笔交易总体上还是可以接受的,也总会提出一些这样或那样的疑问来获取有利的成交条件。

②对销售人员来说,应该欢迎这些异议。因为异议体现了潜在顾客对销售人员感兴趣。当顾客不知道销售人员的产品如何能满足他们的需要时,顾客就会提出异议。如果销售人员不能有效地回答顾客的问题或解决异议,销售人员就不能达成交易。通过潜在顾客提出

的异议,销售人员还可以了解顾客到底在想什么,同时也有助于确定潜在顾客处于购买过程的哪一个环节,是注意、兴趣、欲望,还是准备购买。根据调查发现,异议在推销过程中有着很重要的作用,当异议不存在时,交易只有54%的成功率,当顾客有异议时,交易的成功率可达到64%。

③顾客异议是一种挑战。推销是一种挑战性工作,如果没有顾客拒绝,还要销售人员干什么。销售本身就是要求销售人员去改变顾客以往的观念行为而接受新的观念、新的产品、新的消费方式等。这是很困难的,不付出足够的努力是不可能实现的,而不断接受挑战,正是销售人员具备的素质。

3. 处理顾客异议的原则和步骤

(1) 处理顾客异议的原则

①理解顾客异议。销售人员在听到顾客异议时,要首先站到顾客的立场上来考虑。这样的换位思考方式有两大好处:一是销售人员可以体会顾客的真正想法,从而采取顾客更容易接受的方式处理异议;二是销售人员能更公正地解决问题,顾客就会信任销售人员,从而增进双方的理解,沟通感情,缩小与顾客的心理差距,达到成交的目的。

②善待顾客异议。顾客提出异议时,销售人员要情绪轻松,面带微笑,不管顾客的意见多么尖锐,语言多么刻薄,都要耐心听取,并表现出极大的关心和兴趣,不可动怒或有忽视的表情,更不可打断顾客的谈话,否则会引起顾客反感,甚至产生新的异议。

③尊重顾客异议。销售人员不能认为顾客是在挑剔,应把它看成是对自己工作的促进。尊重顾客,尊重顾客异议,在听取顾客异议时,要频频点头,表示理解;在回答顾客异议时,先要虚心接受,然后再阐明自己的观点。要讲究语言艺术,万不可伤害顾客的自尊,切忌说:"不对,你错了。"

④不要与顾客争论异议。争论意味着销售人员要进行辩解,在没有足够事实说服顾客之前,过分的辩解会引起顾客的反感,顾客会认为销售人员没有诚意。争论也意味着吵架,这会伤害顾客的感情。或许销售人员在争论中获胜,但却永远地失去了这位顾客。正如赢了一次战斗,却输了一场战争一样,得不偿失。

(2) 处理顾客异议的步骤

无论销售人员的推销能力多么出色,在交易过程中总会有一些异议发生。因此,事先规划好一个处理异议的步骤非常重要。

①倾听顾客异议。这是收集信息的一种过程,这些信息非常有助于解决问题。要耐心听完,不要急于做出反应,否则,会让顾客感到你非常敏感而起疑心;不可打断顾客,因为这样会激怒他;听取顾客意见时要诚心。总之,要多听少说。

②对顾客异议表示理解。在对任何异议做出反应之前,应保证完全理解顾客。这种理解包括两个方面的内容:一是正确把握异议的真实含义;二是向顾客表示自己对异议的善意、诚意。对顾客提出的意见要表示感谢,态度要诚恳,要赞同顾客观点,充分理解顾客的感受。

③澄清和确定顾客异议。顾客提出异议后,必须澄清其真伪性,通过一系列的提问,确定真实的顾客异议,然后表述一下销售人员对顾客提出的异议的理解,让顾客对自己的判断予以确定。找不到真实的顾客异议,就不能解决顾客心中最大的顾虑。就像医生看病一样,只有找出病根,才能对症下药。

④解答顾客异议。澄清顾客异议的同时,要掌握处理异议的技巧,选择最好的回答。需要强调的是"最佳的回答总是取决于顾客当时的情况和异议本身的特点",只有完全满足了顾客的一切要求,异议才会消除。

⑤努力完成销售。在销售人员圆满地处理完顾客异议之后,就有可能达成交易,但是如果顾客对销售人员的解答仍然摇头,则说明销售人员没有真正弄清顾客的需要,仍需要进行沟通,直至顾客满意,推销才能成功。

(3)处理异议的时机

美国某权威机构通过对几千名销售人员的研究发现,优秀的销售人员所遇到的顾客严重反对的机会只是普通销售人员的1%,其主要原因是优秀的销售人员对顾客的异议不仅能给予一个比较圆满的答复,而且能选择恰当的时机进行答复。可以说,懂得在何时回答顾客异议的销售人员会取得更好的成绩,销售人员对顾客异议答复的时机选择有4种情况。

①预测到的顾客异议在顾客提出之前答复。选择这种时机包括两种情况:一是销售人员在推销产品前已经考虑到顾客可能会提出什么问题,提前制定处理方案,在推销过程中替顾客说出并解答,消除可能发生的异议,这会使顾客感到你的诚实、可信。二是在推销过程中,觉察到顾客马上会提出某种异议,而这种异议又事关重大时,为争取主动,应抢先问答,引导顾客顺着你的思路走,不给顾客提出新异议的思考时间。但不是所有的异议都能预测得那么准确,有时会把不属于顾客异议或顾客根本没有想到的问题提出来,从而引起更多的新异议。

②在顾客提出异议后立即答复。事实上,对于顾客提出的异议,销售人员都应该立即答复,但从策略和有利于解决问题的角度考虑,对有些异议立即回答,并不见得会取得好结果,可以暂时放一放。但在大多数情况下,对于顾客提出的有效异议都应该立即予以解答,特别是那些明显而简单容易答复的问题,必须立即答复,否则就有可能失去销售的机会。

③在顾客提出异议后暂缓回答。在对顾客提出的异议马上做出问答会影响推销的顺利进行,或销售人员不能给予顾客一个满意的的答复,或异议会随后面洽谈的深入而不解自答,或顾客异议无关紧要时,应暂缓回答。需要注意的是,不立即问答顾客异议,有时会对销售工作产生不良影响,顾客会对销售人员、销售人员所在的公司、推销品生怀疑而造成新的异议,因此一定要慎用。

④对顾客的某些异议不必回答。当顾客异议只是一些不明显的借口、肤浅的见解、明知故问的发难、顺便提及的问题,或与购买决定无关时,可以不予以回答。因为言多必有失,对于那些本来与交易无关的异议,如果有问必答的话,弄不好会节外生枝,引起不必要的麻烦或纠纷,从而影响整个销售工作。

1. 汽车展厅的布置注意事项有哪些?
2. 六分位法的执行要点是什么?
3. 新车交易的交车事项有哪些?

第八章　汽车网络营销

第一节　网络营销的模式及特点

一、网络营销的模式

网络营销,亦称做线上营销或者电子营销,指的是一种利用互联网的营销形态。

进行网络营销最重要的是根据企业的性质和营销目标选择合理的营销模式,营销模式的确立对于企业经营的成功至关重要。目前,常用的网络营销模式主要有以下几种:

1. 在线商店模式

在线商店模式是利用网络技术缩短企业与顾客之间的距离,向消费者直接销售产品或提供服务的经营模式。在线商店的网站实质上是电子版的产品目录商,这些虚拟的店铺通过精心编制的文字和图片来描述它们所提供的产品和服务进行促销活动,它们拥有网络数据库,提供在线交易系统。一旦消费者决定购买则发出订货单,企业据此安排生产、组织送货。

在线商店可以分为两大部分:第一部分是消费者可以接触到的部分,即在线商店的前台部分,顾客在电子商店中选择商品、通过购物车核对所购物品的品种数量、下电子订单、进行电子支付、选择付款方式和送货方式等一系列过程。第二部分是在线商店的后台管理部分,包括网站的维护与更新、客户关系管理、订单管理、电子支付平台、库存管理和商品配送系统等部分。

2. 企业间网络营销模式

企业间的网络营销模式是利用网络营销平台将企业的上下游产业紧密地整合在一起,即将原料供应商、产品经销商、运输商、往来银行甚至海关连成一体,实行网络的交易与管理,有效地加快了信息的流通速度、减少中间流通环节、缩短供货周期、降低经营成本、提高运营的效率和经济效益。

企业间的网络营销系统既可以建得相对简单,只跟某一个企业建立 B2B 的供应关系,也可以建得很复杂,将多个上下游合作伙伴用网络连成一体。企业间网络营销系统需要企业建立一个高效、实用、易于扩展的网络营销平台,还要配备一个企业内部局域网,将网络营销平台与企业资源计划、供应链系统、客户关系管理系统、配送系统等整合成一个完整的电子商务系统。

3. 中立交易平台模式

中立交易平台模式是众多电子商城广泛使用的一种模式。电子商城属于一种完全的电子商务企业,它既不生产产品,也不购买产品,只是为其他企业提供一个电子交易的平台,通过扩大电子商城的知名度吸引消费者到商城购物,通过招商吸引商家进驻商城,向进驻商城的商家收取服务费从而实现盈利,如图8-1所示。电子商城的知名度越高,所提供的服务越好,入驻的商家越多,商城的访问量就越大,效益也就越好。中立交易平台模式的优点是将分散的电子零售店集中起来,为招商企业提供统一的电子结算渠道、物流配送系统及其他配套服务,实现规模经济;具有为消费者提供信息集成的综合优势,减少消费者搜索信息的成本,从而增加商城的访问量,可增强品牌形象和知名度。

图8-1 珠峰汽车电子商城

对招商企业来说,不必自己投资建立网站,而是在电子商城中租用一个摊位,设立网上专卖店,利用电子商城的知名度和众多顾客来销售自己的产品或服务。这样可以缩短企业开展电子商务的周期,简化了开展电子商务的复杂过程,增加在网上为顾客展示产品的窗口,并且可以直接获得网上销售收入,同时不需要太多的有关网站建设方面的专业知识,便于管理和经营,从而做到投资少、收益大、见效快。

4. 网上采购模式

采购是企业为进行正常的生产、服务和运营而向外界购买产品和服务的行为,是企业运营过程中的一个重要组成部分,直接影响着生产环节,对销售以及企业最终利润的实现有着很大的影响。网上采购就是企业通过互联网采购产品,包括企业通过网络了解供应商的产品信息,通过比较选择合适的供应商,经过贸易洽谈达成交易及签订采购合同的全部过程。企业实行网上采购可以建立网上采购平台,也可以利用公共采购平台。在传统采购中由于中间环节过多提高了进货成本,由于管理不善及其他人为因素造成采购原材料价格过高或质量低下,相比之下网上采购则有着如下的优点:

(1)利用网络将采购信息进行整合和处理、统一定货,选择合适的供货商,从而求得最大批量折扣。

(2)利用网络将生产信息、库存信息和采购系统连接在一起,企业根据需要适时采购,最大限度地降低库存,减少资金占用和仓储成本,避免价格波动对生产的影响。

(3)实行库存、采购管理的自动化和科学化,提高采购效率和保证原料质量,避免人为因素造成的不必要损失。

网上采购有买方为主、卖方为主和中立采购平台三种形式。

5. 网络招投标模式

招标是由采购方或主办单位发出通知,说明准备采购的商品或兴办工程的要求,提出交易条件,邀请卖主或承包人在指定的期限内提出报价。投标是一种严格按照招标方规定的条件,由卖主或承包人在规定的期限内提出报价,争取中标达成协议的一种商务方式。网络招投标是通过互联网完成招标和投标的全过程,它的优点是:

(1)网络招投标体现了"公开、公平、竞争、效益"的原则。电子招标网络系统的可靠性和安全性可以避免招投标过程中的暗箱操作现象,使不正当交易、招标人虚假招标、私泄标底、投标人串通投标、贿赂投标等腐败现象得以制止。

(2)网络招投标减轻了企业招投标过程中的信息发布、信息交换等方面的负担,提高了工作效率,缩短了招投标周期,降低了招投标过程中的成本,节约了资源。

(3)企业通过网络实行招投标可以实行标书审核的电子化,既可以扩大招标范围,获得更大的主动权,又充分体现了"择优录取"的原则。

6. 网络拍卖模式

网络拍卖是卖方借助拍卖网站通过不断变换的标价向购买者销售产品的行为。网络拍卖的竞价形式有两种,即正向竞价和逆向竞价。其交易方式有3种:竞价拍卖、竞价拍买和集体议价,有的网站可能同时兼有几种交易方式,其中竞价拍卖为正向竞价模式,而竞价拍买和集体议价为逆向竞价模式。

7. 电子报关模式

入世后中国企业与国际市场的联系更为紧密,进出口贸易会越来越多。企业的全球化运作,对商品进出口物流的速度有了更高的要求,而影响进出口物流速度的瓶颈往往是报关环节,要提高进出口贸易的效率,必须要解决报关的速度,因此电子报关将是一个发展趋势。电子报关有如下优点:

(1)提高海关的管理效率,减轻工作强度,改善通关质量,减少通关时间。

(2)促进企业进出口贸易,杜绝逃税现象;如果海关和银行能够联网,就可以掌握进出口商品的真实价格和交易额,有效制止用假发票欺骗海关。

在我国一些海关(如上海、青岛、南京、杭州、宁波、深圳、拱北、黄埔)已经率先实行了电子报关,凡是有报关权的企业并具有联网条件的,均可采用 EDI(Electric Data Interchange)方式向海关进行电子申报。电子报关的程序包括企业填写电子报关申请表,海关进行电子审单,办理税费征收手续以及查验放行等一系列过程。

8. 电子邮件营销模式

电子邮件列表是互联网上比较常见的一种服务内容,有许多表现形式,如新闻邮件、电子刊物、网站更新通知等,如图8-2所示。邮件列表既是建立顾客关系的有效工具,又是网络营销的最重要手段之一,同时也被认为是最有前途的网络广告形式之一。邮件列表的作用是:作为公司产品或服务的促销工具;方便和用户交流;在为用户提供一定有价值信息的同时,获取"注意力"。国外的许多网站已经依靠邮件列表获得了满意的利润。目前,大部分电子商务网站都提供电子邮件顾客服务。传统媒体如电视、广播、广告缺乏针对性,且成本较高。因此,电子邮件营销更受到商家的青睐,而且电子邮件营销的成本较低,可以降低产品销售价格,即使开发不常购买的顾客也有利可图。

图 8-2 电子邮件列表

二、网络营销的特点

由于网络营销是在网络和信息技术的基础上开展营销活动。与传统的营销方式相比,网络营销具有以下特点:

1. 跨时空性

通过互联网能够超越时间和空间限制进行信息交换,使得脱离时空限制达成交易成为可能,企业能有更多的时间和在更大的空间中进行营销,每周 7 天,每天 24 小时,随时随地向客户提供全球性的营销服务,以达到尽可能多地占有市场份额的目的。

2. 多媒体性

参与交易的各方可通过互联网传输文字、声音、图像、动画等信息,可以用多种形式达成交易,便于充分发挥营销人员的创造性和能动性。

3. 交互性强

企业可以通过互联网向客户展示商品目录,通过链接资料库提供有关商品信息的查询,可以和顾客进行双向互动式的沟通,可以收集市场情报,可以进行产品测试与消费者满意度的调查等。互联网是企业进行产品设计、商品信息提供以及服务的最佳工具。

4. 人性化

在互联网上进行的促销活动具有一对一、理性的、消费者主导、非强迫性和循序渐进式的特点,这是一种低成本、人性化的促销方式,可以避免传统的推销活动所表现的强势推销的干扰。并且,企业可以通过信息提供与交互式沟通,与消费者建立起一种长期的、相互信任的良好合作关系。

5. 成长性

遍及全球的互联网上网者的数量飞速增长,而且上网者中大部分是年轻的、具有较高收入的和高教育水准的群体,由于这部分群体的购买力强,而且具有很强的市场影响力,因此,网络营销是一个极具开发潜力的市场渠道。

6. 整合性

在互联网上开展的营销活动,可以完成从商品信息的发布到交易操作的完成和售后服务的全过程,是一种全程的营销渠道。另一方面,企业可以借助互联网将不同的传播营销活动进行统一的设计规划和协调实施,通过统一的传播途径向消费者传达信息,从而可以避免不同传播渠道中的不一致性产生的消极影响。

7. 超前性

互联网兼具渠道、促销、电子交易、互动顾客服务以及市场信息分析与提供等多种功能，是一种功能强大的营销工具，并且它所具备的一对一营销能力，正迎合了定制营销与直复营销(Direct Response Marketing)的未来趋势。

8. 高效性

网络营销应用计算机储存大量的信息，可以帮助消费者进行查询，所传送的信息数量及精确度，远远超过其他传统媒体。同时还能够适应市场的需求，及时更新产品阵列或调整商品的价格，能及时有效地了解和满足顾客的需求。

9. 经济性

网络营销使交易的双方能够通过互联网进行信息交换，代替传统的面对面的交易方式，可以减少印刷与邮递成本，进行无店面销售而免交租金，节约水电与人工等销售成本，同时也减少了由于交易双方之间的多次交流所带来的损耗，提高了交易的效率。

10. 技术性

建立在以高技术作为支撑的互联网基础上的网络营销，使企业在实施网络营销时必须有一定的技术投入和技术支持，必须改变企业传统的组织形态，提升信息管理部门的功能，引进懂营销与计算机技术的复合型人才，方能具备和增强本企业在网络市场上的竞争优势。

第二节　汽车网络营销流程

一、直销流程

1. 网络直销的定义

近年来，网络对传统的商业理念产生了强烈的冲击。网络正在改变着人们的生活方式，对众多商家而言，网络的发展既是机遇又是挑战。网络直销正是在这种环境下产生的一种新型营销方式，它是生产厂家将网络技术的特点和直销的优势巧妙地结合在一起，借助于网络进行商品销售的活动。

网络直销实际上是指生产商通过网络直接销售渠道直接销售产品。与传统分销渠道相比，不管是网上直接营销渠道还是间接营销渠道，网上营销渠道有更多的竞争优势。在目前情况下，网络直销通常通过两种方法进行：一种是企业在因特网上建立自己的站点，申请域名，制作主页和销售网页，由网络管理员专门处理有关产品的销售事务；另一种是企业委托信息服务商在其网站发布信息，企业利用有关信息与客户联系，直接销售产品。网上直销与传统直接营销渠道一样，都没有营销中间商。网上直销渠道一样也要具有一般营销渠道中的订货功能、支付功能和配送功能。

网上直销与传统直接分销渠道有所不同，顾客可以直接从网站进行订货，通过一些电子商务服务机构如网上银行提供的支付结算功能，解决资金流转问题；在配送方面，网上直销渠道可以利用互联网技术来构造有效的物流系统，也可以通过互联网与一些专业物流公司进行合作，建立有效的物流体系。

2. 网络直销特点

网络技术在20世纪90年代发展迅速。其用户以每月10%～20%的速度递增，是一种

有巨大潜能的营销媒介。网络强大的通信能力和便利的商品交易环境,改变了原有市场营销理论的根基。在网络环境下,时间和空间的概念、市场的性质、消费者的概念和行为等都会发生深刻的变化,从而引起市场概念、营销策略的变化。网络直销最主要的特点是其具有互动性和信息的可反馈性。目前企业与消费者的交流水平在实现企业与顾客的有效沟通、满足厂家对效益和精确性的高要求方面是很不够的,这就需要一种互动型的营销新模式。网络直销正是这种新模式的代表。借助于网络直销,生产厂家可以在网络上发布有关产品信息,使用 E-mail 等工具,及时实现与顾客的一对一的互动交流;企业可以很容易地获得快速、便宜的反馈信息,跟踪消费者的需求及其变化情况;亦可以根据消费者的要求安排生产和销售,避免了其他企业在接到订单之前就已经完成了产品制造的盲目性。另外,网络直销还具有人、机互动的功能。使用网络直销的生产厂家可以充分控制信息的注入,消费者了解信息的途径也由完全以被动式接收为主,演变为通过搜索引擎自己控制需要、获得信息及被动地从传媒上接收信息并重。网络直销使企业对消费者有了较高的可选择性。随着市场环境和运作方式的变化,目前的市场划分越来越细,越来越个性化,直至演变成一场针对每个消费者的微营销。由于企业对消费者有了较高的选择性,它提供的产品和服务也更有针对性和效益性。网络直销为企业降低成本创造了条件。这种成本的降低主要有3个方面的原因,一是产品的生产者直接面对消费者,免除了支付给中间商的费用;二是由于企业是根据消费者的需求生产,更加具有针对性,并且可以降低库存;三是网络技术能够使企业以无限低的成本为消费者提供大量的信息。

3. 网上直销的模式

目前,常见的网络直销有两种主要方式:一种是企业在互联网上建立自己的网站,申请域名,制作主页和销售页,由专业的网络管理者或营销人员通过互联网直接受理世界各地传来的订货业务;另一种是企业委托信息服务商在其网站上发布信息,企业利用有关信息与顾客联系,直接销售产品,虽然在这一过程中有信息服务商参加,但主要的销售活动仍然是在买卖双方之间完成的。具体的实现形式有以下两种。

(1)鼠标+水泥模式

鼠标+水泥模式即传统渠道和网络渠道并用的直销方式,这是全球许多传统制造商采用的网上直销方式,如 IT 企业、汽车、家用电器等传统制造业,这些企业大多有健全的传统分销渠道,网上直销作为一种新的分销渠道,由于其明显的优势,不仅可以提高效率,而且可以更有效地支持消费者按订单生产的请求。因此,其正受到越来越广泛的关注和采用。

(2)完全的电子零售商模式

完全的电子零售商(pure electronic retailing)是指企业通过互联网直接将商品出售给终端客户,而不用维持一个实体销售渠道。完全的电子零售商分为综合型和专门型两类。综合型电子零售商通过互联网先向消费者出售种类繁多的商品,利用互联网覆盖面广和交互性强的优势接触到大量的消费者。当年 Amazon 从书籍和音像制品零售起家,如今直接或通过与其他企业合作,销售的产品包括计算机产品、家居用品、汽车、服装和许多其他种类的大众消费品,成为名副其实的网上商城。专门型的电子零售商仅向某个特定或细分市场销售产品。他们利用自己在某个特定产品领域的专长大量采购或聚集某种或某类产品,并采取有效的手段吸引潜在顾客。这种专门电子零售商的细分市场领域包括书籍、服装、消费电子产品、计算机硬件和软件、汽车等。近年来崛起的京东商城（www.360buy.com）就是以经营3C产品为主的电子零售商，其以品种全、价格低、送货及时而受到国内消费者的青睐。

4. 网络直销成功的案例

网络直销的成功范例众所周知，PC机制造业的利润主要集中在微处理器和软件上，而不是在硬件生产上。世界直销大王——戴尔电脑公司，正是生产同业中最不具有吸引力的计算机硬件。但是，由于戴尔电脑成功地使用了网络直销，它的税前利润率超过了9%，是同业平均利润率水平的3倍以上，其利润大约占整个PC机制造业全部利润的10%。长期以来，PC机制造业最根深蒂固的惯例之一，就是通过一支日益壮大的中间商大军进行产品销售。戴尔电脑公司从1984年成立之初，就取消了公司和消费者之间的中间商，采用直销模式进行产品的销售，并且是根据消费者的要求组装和销售电脑。直销模式比使用中间商销售更有效益，它使本应是中间商获得的利润，一部分由公司自己获得，另一部分以低价格的方式让利给了消费者。戴尔电脑公司的商品直销活动从最初的与消费者电话联系，之后引出面对面的交流，到现在借助于网络沟通进行网络直销。使用网络直销，公司可以及时知道消费者对产品的建议，了解消费者希望公司开发什么样的产品。公司从产品的设计、制造到销售的整个过程，均以聆听消费者意见、满足消费者所需为宗旨。每个消费者对企业的贡献率是不同的，企业利润的大部分是由少数的消费者创造的。这就决定了企业不应将营销努力平摊在每个消费者身上，而应该充分关注重要的消费者，将有限的资源用在能为企业创造较高利润的关键消费者身上，如大量使用者、老顾客及一些相关顾客。戴尔电脑公司深入分析了消费者中不同的群体为公司带来利润的巨大差异，借助于网络的互动功能，为它们提供一对一的服务，监督其行为的变化并及时作出反应。如果通过中间商进行商品销售，公司就不能将不同价值的消费者区分出来，区别对待，往往会失去对关键消费者群体的吸引力。由于使用了网络直销，戴尔电脑公司有能力将市场细分之后再细分，寻找那些能够为公司带来最大利润的消费者，为他们服务。同时，公司还削减了那些不能为公司带来很大收益甚至是无利可图的业务。

5. 网络直销模式的优点

网络直销的优点是多方面的。第一，网络直销促成产需直接沟通。企业可以直接从市场上搜集到真实的第一手资料，合理地安排生产。第二，网络直销对买卖双方都产生了直接的经济利益。网络营销大大降低了企业的营销成本，使企业能够以较低的价格销售自己的产品，消费者也能够买到大大低于现货市场价格的产品。一项来自淘宝的研究数据显示：同样的产品，网上开店与传统渠道相比，可以节省60%的运输成本和30%的运输时间，营销成本比传统的线下商店降低55%，渠道成本可以降低47%。第三，营销人员可以利用电子邮件、电子公告牌、在线社区、即时通信软件、博客等网络工具，及时掌握市场变化情况，并根据顾客的愿望和需要，开展各种形式的促销活动。第四，企业能够通过网络及时了解到用户对产品的意见和建议，并有针对性地提供相应的服务，解决疑难问题，提高服务质量，改善经营管理。

6. 网络直销的国际发展情况

从近几年的国外网络直销发展状况来看，几乎所有企事业单位都在互联网上建立了自己的站点,不过多数企业更倾向于委托知名度较高的信息服务商进行网络直销,这些信息服务商往往具有较高的知名度且用户多、信息量大。

7. 网络直销流程

(1)消费者进入Internet,查看汽车企业和经销商的网页,消费者通过购物对话框填写购货信息,包括:个人信息、所购汽车的款式、颜色、数量、规格、价格等;

(2)消费者选择支付方式,如信用卡、电子货币、电子支票、借记卡等,或者办理有关贷款服务;

(3)汽车生产企业或经销商的客户服务器检查支付方服务器,确认汇款额;

(4)汽车生产企业或经销商的客户服务器确认消费者付款后,通知销售部门送货;

(5)消费者的开户银行将支付款项传递到消费者的信用卡公司,信用卡公司负责发给消费者收费单。

直销流程如图8-3所示。

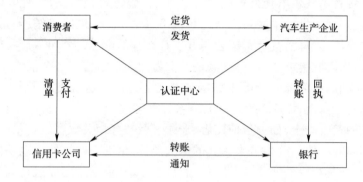

图8-3 直销流程图

二、中介交易流程

1. 营销中介概念

营销中介是指在促销、销售以及把产品送到最终购买者方面给企业以帮助的机构,包括渠道中间商、物流公司、网络营销服务机构(调研公司、网络服务商、咨询公司等)、金融银行、信托公司、保险公司等。此些机构均为企业经营不可缺少的中间环节,大多数企业的营销活动都必须通过它们的协助才能顺利进行。例如,生产集中和消费分散的矛盾,必须通过中间商的分销来解决;资金周转不灵,则须求助于银行或信托公司等金融中介机构。商品经济越发达,社会分工越细,服务越专业,中介机构的作用就越大。企业在营销过程中,必须处理好同这些中介机构的合作关系。

以Internet为基础,利用先进的通信技术和计算机软件技术,汽车生产商、经销商甚至零部件生产商和银行紧密地联系起来,为客户提供市场信息、商品交易、仓储配送、货款结算等全方位的服务。

2. 主要服务方式

网上间接分销是指制造商通过电子中间商实现产品的销售,与传统中间商相比,电子中间商的职能发生了很大的变化,其职能分工更加细化和专业化。在传统的分销策略中,渠道中介成员的基本职能在于转让产品,即将产品的所有权从生产者转到消费者手中,一般可分为批发商、网络零售商、经纪人和代理商。而电子中间商则不一定直接参与产品转让,而是提供促进产品有效转让的服务。因此,按电子中间商提供的服务方式不同,大致可分为以下3种形式。

(1)交易经纪人

交易经纪人亦称在线经纪人,交易经纪人通过互联网创造了一个供买卖双方磋商与达成交易的虚拟市场,并提供一些其他增值服务吸引客户进行交易。它通常向买方或卖方收取交易费、佣金或者登记费等,但仅提供交易和磋商的环境,并不代表任何一方,起到了类似传统交易中介所的作用,但它不承担拥有产品的风险。在线经纪人大致可分为在线交易与在线拍卖两类。

(2)信息经纪人

信息经纪人的作用在于提供产品的相关供给信息。并不能通过信息经纪人的网站实现交易,客户必须亲自到供应商的销售处完成最终的交易。

(3)在线代理

在线代理代表买方或卖方的利益从事相应的交易事宜,并负有法律责任,通常由所代表的一方支付报酬,包括买方代理与卖方代理两种。

①卖方代理。在线卖方代理在实践中演化出制造商代理、元媒介、虚拟购物中心等多种形式。制造商在线代理也称为卖方集中或商品目录集中,专业化地代表某行业的制造商销售产品。元媒介是将一系列的生产商、零售商和内容提供商组织起来为客户购买大件商品或操办某件大事项提供专门服务的代理商。如婚庆服务公司、会展服务提供商通过互联网提供的相应服务。虚拟购物中心模仿真实的Shopping Mall,在网站上接纳众多产品的商家,并把它们组织起来收取登记费、交易费、创建费等各类费用,购物中心可提供产品搜索或推荐、支付中介、物流等实现交易的服务功能。被接纳的商家借助虚拟购物中心的交易平台进行促销等各种营销活动。与经纪人模式不同,消费者可以在虚拟购物中心获得相应的交易信誉保证。

②买方代理。在传统营销渠道体系中,由于客户的分散性,较难实施买方代理。在线买方代理则借助于互联网将众多分散于各地彼此陌生的买方集中起来,采取统一的购买行动。在线买方代理有购物代理商、反向拍卖、买方合作社等形式。购物代理商为买方按目标价格、配置、规格等条件进行产品搜索,列出合乎买方购买要求的提供商的名单及产品目录,以帮助买方按期望的价格获得期望的产品。在线反向拍卖中,是由买方指定价格而卖方投标争取与买方成交。买方合作社则集合众多买者进行大宗采购,以压低所选商品的价格。常见的团购与集体采购网站就是这种类型。

3. 网络中间商层次

(1)一次中介

一次中介是生产企业和最终用户之间的桥梁,它直接连接分销渠道的两个顶端,其作用一般是为制造商直销自己的产品提供信息中介服务,或成为制造商的电子经销商。

(2)二次中介

二次中介指一些传统中间商利用电子中间商提供的服务功能进行网上经营活动,如亚

马逊网站不仅自己经销图书,而且为其他一些图书批发商提供信息发布和交易功能,亚马逊网站由此成为"中介的中介",即二次中介。

4. 电子中间商的主要功能

(1) 目录服务

目录服务即利用互联网上的目录化网站提供菜单驱动进行搜索。目前,主要有3种服务方式:一种是通用目录(如百度、Google),可提供网上各种不同类型的信息;另一种是商业目录,提供各种商业信息的索引,这两种方式用户都是采用关键词进行检索获得服务;第三种是专业目录,针对某个行业或专业主题建立的商业信息网站,集中介绍一些专业市场领域的信息,在我国,这种专业化商业信息服务网站已经非常多,如中国汽摩配网(www.cnqmp.com)、华强电子网(www.hqew.com)等,这种方式所提供的信息,都是服务商利用大型数据库分类存储各种产品或市场信息,以目录方式提供给用户的。目前,这些目录服务大多是免费的,随着电子商务应用层次的不断深化,一些商业信息也开始采取有偿提供的方式。

(2) 虚拟市场

虚拟市场(virtual malls)提供虚拟交易场所,任何符合条件的产品或服务都可以在虚拟市场网址上进行展示和销售,客户可以在此任意选择和购买。除淘宝、易趣、拍拍这样的虚拟市场外,在我国还有许多定位于某一地理位置或特定行业、某类产品的虚拟市场。

(3) 虚拟零售店(网上商店)

通常,这些网上零售店是专业性的或定位于某类产品,它们直接从生产者那里进货,然后进行在线销售。与虚拟市场不同,虚拟零售店拥有自己完备的在线交易系统。网上商店有零售型(e-retailers)、拍卖型(e-auction)和直销型(e-sale)3种主要类型。

(4) 信息传播

在电子商务时代,商业信息传播已成为互联网最主要的功能,除内容服务提供商、广告运营服务商等比较成熟的互联网服务企业提供的信息传播服务外,与营销活动相关的各种智能代理服务也层出不穷,如包装代理网,可以帮助企业提供产品包装外包服务,而商业服务评估网站Bizrate则是专门搜集消费者对旅游、餐饮、零售等行业的商品及服务质量的意见,并根据以往的数据进行等级评估。目前,国内这类评价方式多为民间组织行为,其权威性和可信程度尚待时间的检验。

(5) 其他服务

除支付、配送、售后服务等传统中间商的功能能够在互联网环境下以不同方式实现外,实现网络营销业务的一些新功能也成为电子中间商的服务内容,如实现安全交易的信息安全服务等。

5. 中介交易流程

(1) 买卖双方将各自的供应和需求信息通过网络告诉网络汽车交易中心,交易中心通过信息发布服务向参与者提供大量详细的汽车交易数据和市场信息。

(2) 买卖双方根据网络汽车交易中心提供的信息选择自己的贸易伙伴。交易中心从中撮合,促使买卖双方签订合同。

(3) 交易中心在各地的配送部门将汽车送交买方。中介交易流程如图8-4所示。

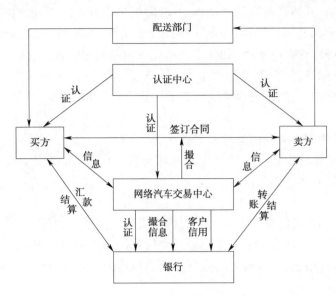

图 8-4 中介交易流程图

6. 电子中间商和传统中间商的区别

(1) 前提不同

传统中间商的存在是因为生产者和消费者直接达成交易成本较高;而电子中间商是对传统直销的替代,是中间商职能和功效在新的领域的发展和延伸。

(2) 交易主体不同

传统中间商直接参加生产者和消费者交易活动,需开展物质、信息、资金等交换活动,是交易的轴心和驱动力;而许多电子中间商作为一个独立主体存在,不一定直接参与生产者和消费者的交易活动,只是提供实现交换的信息平台,同时为交易双方提供各种信息工具和服务,以促成交易的实现。例如,淘宝网提供的网上卖场主要是实现交易功能,而对于所交易的商品并不提供质量担保,因此,即便有以往交易记录作为参考,如果商品质量出现问题,买家仍然要承担很大的交易风险。

(3) 交易方式不同

传统中间商承担的是具体实体交换,包括实物、资金等;而电子中间商主要是进行信息交换,信息交换与实体交换是分离的,属于虚拟交换,但它可以代替部分不必要的实体交换。

(4) 交易效率不同

通过传统中间商达成生产者和消费者之间的交易需要两次,而中间的信息交换特别不畅通,造成生产者和消费者之间缺乏直接沟通;而电子中间商提供信息交换可以帮助消除生产者和消费者之间的信息不对称,在有交易意愿的前提下才实现具体实体交换,可以极大减少交易中因信息不对称造成的无效交换和破坏性交换,最大限度地降低交易成本,提高交易效率和质量。

7. 网络中间商的选择

在现代化大生产和市场经济条件下,企业在网络营销活动中除了自己建立网站外,大部分都是积极利用网络间接渠道销售自己的产品,通过中间商的信息服务、广告服务和撮合服务,扩大企业的影响,开拓企业产品的销售空间,降低销售成本。因此,对于从事网络营销活动的企业来说,必须熟悉、研究国内外电子中间商的类型、业务性质、功能、特点及其他有关情况,必须能够正确地选择电子中间商,顺利地完成商品从生产到消费的整个转移过程。

在筛选电子中间商时,必须考虑成本、信息、覆盖、特色、连续性5个方面的因素。这5个方面的因素可以称之为网络间接营销的5大关键因素,也称为5C因素。

(1)成本(Cost)

这里的成本是使用中间商信息服务的支出,分为两类:一是在中间商网络服务站建立主页的费用;另一类是维持正常运行的费用。在两类费用中,维持费用是经常的,不同的中间商之间有较大的差别。

(2)信用(Credit)

这里的信用是指网络信息服务商所具有信用程度的高低。相对于其他基本建设投资来说,建立一个网络服务站所需的投资较少,因此信息服务商就犹如雨后春笋般地出现。目前,我国还没有权威性的认证机构对这些服务商进行认证,因此在选择中间商时应注意其信用程度。

(3)覆盖(Coverage)

覆盖是指网络宣传所能够波及的地区和人数,即网络站点所能影响的市场区域。对于企业来讲,站点覆盖并非越广越好,而是要看市场覆盖面是否合理、有效,是否能够最终给企业带来经济效益。这一点非常类似于在电视上做广告。例如,"短腿"产品(如啤酒)在地区性电台做广告的效果较好,而"长腿"产品(如药品)则非常适合在全国性电视台做广告。

(4)特色(Character)

每一个网络站点都要受到中间商总体规模、财力、文化素质、服务态度、工作精神的影响,在设计、更新过程中表现出各自不同的特色,因而具有不同的访问群(即顾客群)。因此,企业应当研究这些顾客群的特点、购买渠道和购买频率,为选择不同的电子中间商打下一个良好的基础。

(5)连续性(Continuity)

网络发展的实践证明,网络站点的寿命有长有短。如果一个企业想使网络营销持续稳定地运行,那么就必须选择具有连续性的网络站点,这样才能在用户或消费者中建立品牌信誉、服务信誉。为此,企业应采取措施密切与中间商的联系,防止中间商把别的企业的产品放在经营的主要位置。

第三节 网络营销的运营及维护

一、流量及广告的统计

1. 网络流量的概念和指标

通常说的网站流量(traffic)是指网站的访问量,是用来描述访问一个网站的用户数量以及用户所浏览的网页数量等指标。

网站流量对于虚拟空间商来说是指用户在访问网站过程中,产生的数据量大小,有的虚

拟空间商限制了流量的大小,当超过网站流量值限值,该网站就不能访问了。

网站流量统计指标是用来对网站效果进行评价的,主要有:

(1)独立访问者数量,按时段分析统计。

(2)重复访问者数量,按时段分析统计。

(3)页面浏览数,按时段分析统计。

(4)每个访问者的页面浏览数。

(5)在线访问者数量,按时段统计分析。

2. 流量分析系统开发所使用的技术

(1)JSP/Servlet 技术

JSP/Servlet 技术借助 JAVA 强大的类库能够方便地获取服务器与客户端数据,多线程支持让流量统计系统更健壮、可靠的安全性保障统计数据,利用面向对象的思想编写代码,结构清晰、利于扩展,并且跨平台、可部署在各式操作系统上。

(2)PHP 技术

PHP 技术是一种跨平台的服务器端的嵌入式脚本语言,是现在流量统计系统使用较多的技术,最大优点是快:执行速度快、代码编写快、学习掌握快,同 JAVA 一样跨平台。

(3)NET 技术

NET 技术是微软众多技术的集合,而针对 B/S 应用得较多的是 ASP.NET 与 C#。C#技术继承了 C++ 和 JAVA 许多特点与优势,同样是面对对象的技术语言,但只能部署在 Windows 操作系统上;而 ASP.NET 完全兼容.NET 平台上的所有语言,如 C#、Jscript.NET、VB.NET 等,在 ASP 的基础之上增强对 XML Web services 的支持、强大的函数库支持等,NET 平台技术适用于搭建在 Windows 平台上的流量分析系统。

(4)JAVAScript 技术

流量统计系统需要获取大量的客户端信息,而使用 JAVAScript 技术便可轻松实现,另外在用户体验、数字验证、特效等方面更是得心应手,以上 3 种的任意一种技术,都少不了 JAVAScript 技术的支持。

(5)Ajax

Ajax,异于 JAVAScript 与 XML,是使用客户端脚本与 Web 服务器交换数据的 Web 应用开发方法。Web 页面不用打断交互流程进行重新加载,可以动态地更新。使用 Ajax,可以创建接近本地桌面应用的、直接的、更加丰富动态的 Web 用户接口界面。与其说 Ajax 是一门技术,不如说它是用来标志并描述有用的设计技巧的一种模式。对于刚开始接触的许多开发人员来说,它是一种新的感觉,但是实现 Ajax 的所有组件其实已经存在了很多年。当前的流行是因为在 2004 年和 2005 年出现了一些基于 Ajax 的动态的 WebUI,尤其是 Google 的 Gmail 和 Maps 应用系统,MSN 的 RSS、照片共享网站 Flicker,但还并未见到 Ajax 的流量统计系统,而 Ajax 的特点正好适合这一应用的许多特点。Ajax 充分使用了后台通道,也被一些开发者成为"web2.0"。

当然,除了上述技术以外还有很多技术都可以用来开发流量统计分析系统,如 Python、ASP 等,而选择哪种技术开发需要考虑多方面的因素,如部署的平台、项目的大小、成本、应用的范围等,用户可以根据自己的实际情况选择一种或几种来开发一套流量统计分析系统。

3.流量分析系统原理

以JSP技术为例,仔细看看如何实现一个流量统计的系统的基本原理。

首先,客户网站需要在原来网站程序上增加一段JavaScript代码,因为我们不能肯定客户网站程序是用什么技术编写的,而JavaScript不依赖技术的选型,绝大部分浏览器都支持,JSP、ASP、PHP等也都支持,并且JavaScript代码可以轻松地获取访问者客户端的详细信息,将我们需要的指标数据在客户端就处理了一部分,客户只需要将这段统计的JS代码插入需要统计的页面,一旦访问者浏览这个页面,JSP统计代码就会向流量统计服务端发送一个请求,服务端的Servlet接受这个请求后,会验证请求的合法性与Request的状态等,并将此请求转发给JavaBean/EJB来处理,而JavaBean/EJB会将这一请求指标数据一一获取存储在数据库中,然后通过JSP页面返回一个相应结果。

4.第三方流量系统的使用

如果不懂编程语言或者是个小网站没有必要投入大量资金和人力开发这样一套系统,可以使用第三方免费的流量统计系统。

第三方流量统计软件的使用方法:首先,需要在第三方服务商网站上注册一个账号,然后获取统计代码,将统计代码插入需要统计的网页中,这样流量统计功能就安装成功了。流量统计功能安装成功后,需要查看统计分析结果时,只需要登录服务商网站即可。常用的较好的第三方流量统计系统:

(1)51yes.com

一款非常受欢迎的流量统计系统,免费注册,承诺用户数据永久保留,统计指标非常全面,表现形式友好、简单。

(2)1tong.com.cn

很多大网站都使用它来做流量统计,服务稳定并且终身免费,统计指标也非常详细,但是有一定限制,要求平均日IP访问量在100以上才不会被删除账号。

(3)www.Itsun.com

免费注册,没有广告,统计指标详细准确,对搜索引擎、关键字、IP段位都分析,也非常详细。

二、广告统计

1.广告统计概述

广告统计技术主要应用在两个方面:一是联盟型,是以网站联盟的形式推广客户广告,并提供服务平台让客户能够详细分析广告来源、曝光率等详细指标,而且提供其他推广此服务的网站以一定的分成,达到互利共赢的效果;二是自主型,指某网站具有一定竞争力,拥有一定的产品或广告客户,在自己的网站上建有广告分析统计系统,从而分析产品广告和客户广告投放的效果,从中分析广告被点击的规律,而将这些规律与营销相结合,充分体现广告的价值。

2.广告统计的指标与方法

(1)AIDA公式

AIDA指的是消费者从接触广告开始,一直到完成消费行为的几个动作,具体阶段为:A

(attention，注意)—I(interest，兴趣)—D(desire，欲望)—A(action，行动)。与传统广告相比，网络广告在传播渠道上发生了变化，广告的表现方式也不一样，但是，广告基本的"AIDA 公式"却仍然是值得遵从的法则。广告主可以根据不同的广告目的，用"AIDA"来检验网络广告的效果。

(2) 广告曝光次数

广告曝光次数是指网络广告所在的网页被访问的次数，这一数字通常用计数器来统计。如果广告刊登在网页的固定位置，那么刊登期间获得的广告曝光次数越高，表示该广告被用户看到的次数越多，影响力也就越大。

(3) 点击次数与点击率

网民点击网络广告的次数被称为点击次数。点击次数可以客观准确地反映广告效果，而点击次数除以曝光次数，就可以得到点击率，这项指标可以用来评估网络广告效果，是广告吸引力的一个指标。如果刊登这则广告的网页曝光次数是 3000，而网页上广告的点击次数是 300，那么点击率为 10%。点击率是网络广告最基本的评价指标，也是反映网络广告最直接、最有说服力的量化指标，因为浏览者点击了某个网络广告，说明他已经对广告中的产品产生了兴趣，与曝光次数相比这个指标对广告主的意义更大。不过随着人们对网络广告的深入了解，点击率这个数字越来越低。因此，在某种程度上，单纯的点击率已经不能充分反映网络广告的真正效果。

(4) 网页阅读次数

浏览者在对广告中的产品产生了一定的兴趣之后进入广告主的网站，在了解产品的详细信息后，可能就产生了购买的欲望。当浏览者点击网络广告之后即进入了介绍产品信息的主页或者广告主的网站，浏览者对该页面的一次浏览阅读称为一次网页阅读。而所有浏览者对这一页面的总的阅读次数就称为网页阅读次数(page view)。这个指标也可以用来衡量网络广告效果，它从侧面反映了网络广告的吸引力。广告主网页阅读次数与网络广告的点击次数事实上是存在差异的，这种差异是由于浏览者点击了网络广告而没有去浏览阅读点击这则广告所打开的网页所造成的。目前由于技术的限制，很难精确地对网页阅读次数进行统计，在很多情况下，假定浏览者打开广告主的网站后都进行了浏览阅读，则网页阅读次数就可以用点击次数来估算。

(5) 次数与转化率

网络广告的最终目的是促进产品的销售，而点击次数与点击率指标并不能真正反映网络广告对产品销售情况的影响，于是，引入了转化次数与转化率的指标。转化率最早由美国的网络调查公司 AdKnowledge 在《2000 年第三季度网络广告调查报告》中提出的。"转化"被定义为受网络广告影响而形成的购买、注册或者信息需求。转化次数就是由于受网络广告影响所产生的购买、注册或者信息需求行为的次数，而转化次数除以广告曝光次数，即得到转化率。网络广告的转化次数包括两部分，一部分是浏览并且点击了网络广告所产生的转化行为的次数，另一部分是仅仅浏览而没有点击网络广告所产生的转化行为的次数。由此可见，转化次数与转化率可以反映那些浏览而没有点击广告所产生的效果，同时，点击率与转化率不存在明显的线性关系，所以出现转化率高于点击率的情况是不足为奇的。但是，目前转化次数与转化率如何来监测，在实际操作中还有一定的难度。通常情况下，将受网络广告的影响所产生的购买行为的次数就看作转化次数。

（6）网络广告收入

顾名思义，网络广告收入就是指消费者受网络广告刊登的影响产生购买而给广告主带来的收入。其计算公式为

$$I = \sum_{i=1}^{m} P \times N_i \tag{8-1}$$

式中：P——网络广告所宣传产品的价格；

N_i——消费者 i 在网络广告的影响下购买该产品的数量。

广告收入的计算结果看似很简单，但要得到准确的统计数字，具有相当大的难度，主要原因有：

①产品销售因素的复杂性。网络广告只是影响产品销售的一个因素，产品的销售是诸多因素共同作用的结果，其中有产品的质量、价格等，还涉及很多难以统计计算的消费者消费习惯等因素，甚至还要受到其他广告形式的促销作用影响，因此很难界定多少销售收入的变化是由于网络广告所引起的。

②网络广告效果的长期性。网络广告对产品销售的影响是长期的，有些网络广告的影响要经过一段时间才能体现出来。如果不考虑网络广告的这个特点，只通过产品销售的数据来评估网络广告的效果，这种评估就是不科学、不准确的测定。

③电子交易手段的落后性。电子商务在我国的发展处于比较滞后的现状，在很大程度上成为影响网络广告经济效果评估的障碍。网民在网上浏览后决定要购买产品时，由于电子支付手段的限制，不得不转到现实购买场所去实现。这样在效果评估时，就很难弄清楚网络广告所产生的购买数量。

（7）网络广告成本的计算

目前，网络广告成本的计算有千人印象成本（CPM）、每点击成本（CPC）及每行动成本（CPA）3 种方法。

①网络广告成本通常以千人印象成本（CPM）来计算。千人印象成本指网络广告所产生 1000 个广告印象的成本，通常以广告所在页面的曝光次数为依据，计算公式为

$$CPM = 总成本/广告曝光次数 \times 1000 \tag{8-2}$$

CPM 目前是应用最广，也是使用起来最简单的指标。广告主投放网络广告的费用是一个明确的数字，而广告曝光次数是由 ISP 或 ICP 直接提供的，所以 CPM 能够很容易地计算出来。然而 CPM 的真实性要受到质疑，这是因为广告曝光数字是由 ISP 或 ICP 提供的，他们为了宣传其网站经营效益，必然要夸大曝光数字。这样，网络广告的 CPM 的客观性要降低，不能真实地反映网络广告的成本。

②每点击成本（Cost Per Click）。所谓每点击成本就是点击某网络广告 1000 次，广告主所付出的成本。其计算公式为

$$CPC = 总成本/广告点击次数 \tag{8-3}$$

CPC 也是目前常用的指标，这一数据的产生是基于点击次数计算出来的，而点击次数除了 ISP 或 ICP 提供外，广告主是可以自己来进行统计的。所以利用 CPC 在一定程度上限制了网站作弊的可能，在很大程度上提高了评估的准确性。但是如果一个浏览者点击了广告而没有进行下一步的行动就关闭了浏览器，那么广告效果就只是停留在曝光上，CPC 的数值

就比实际情况偏小,这是不科学的。

③每行动成本(Cost Per Action)。所谓每行动成本就是广告主为每个行动所付出的成本。其计算公式为

$$CPA = 总成本/转化次数 \tag{8-4}$$

例 8-1 如一定时期内一个广告主投入某产品的网络广告费用是 6000 美元,这则网络广告的曝光次数为 600000,点击次数为 60000,转化数为 1200。试求此网络广告的千人印象成本、每点击成及每行动成本。

解:千人印象成本为:$CPM = 6000/600000 \times 1000 = 10$ 美元

每点击成本为:$CPC = 6000/60000 = 0.1$ 美元

每行动成本为:$CPA = 6000/1200 = 5$ 美元

基于 CPM 和 CPC 两个指标都存在一定的局限性,有人提出了 CPA 指标。CPA 指标对于广告主是最有借鉴意义的,因为网络广告的最终目的就是促进产品的销售,通过消费者的行动来实现的。但是由于目前技术的限制,很难将那些在网络广告的影响下产生实际行动的数字准确地统计出来,所以这个指标应用起来受到了很大的限制。

(8)网络广告效果评价方法

网络广告的效果的评估方法大体分为以下几种:

①单一指标评估法。单一指标评估法是指当广告主明确广告的目标后,应该采取适当的单个指标来对网络广告效果进行评估的方法。当广告主所追求的广告目的是提升和强化品牌形象时,只需要选择那些与此相关的指标,如广告曝光次数、广告点击次数与点击率、网页阅读次数等指标来衡量;当广告主所追求的广告目的是追求实际收入时,只需要选取转化次数与转化率、广告收入、广告支出等相关指标进行评估。

②综合指标评估法。综合指标评估法就是在对广告效果进行评估时不是使用简单的某个指标,而是利用一定的方法,在考虑几个指标的基础上对网络广告效果进行综合衡量的方法。常用的两种综合指标评估方法有传播效能评估法和耦合转化贡献率评估法,其评估结果从不同方面反映了网络广告的效果。

(a)传播效能评估法。所谓传播效能就是指随着网络广告的刊登,其广告宣传对象的信息也在不断传播,从而产生了对品牌形象和产品销售潜力的影响,这种影响侧重于长期的综合的效果。而传播效能评估法就是在网络广告刊登后的一段时间内,对网络广告所产生的效果的不同层面赋予权重,以判别不同广告所产生效果之间的差异。这种方法实际上是对不同广告形式、不同投放媒体或者不同刊登周期等情况下的广告效果比较,而不仅反映某次广告刊登所产生的效果。

(b)耦合转化贡献率评估法。该方法是广告主在以往网络广告的经验基础之上,会产生一个购买次数与点击次数之间的经验比例数值,根据这个比例即可估算广告在网站刊登时,一定的点击次数可产生的购买转化次数,而该网站上的广告的最终转化次数可能与这个估计值并不完全吻合,由此产生了实际转化次数相对于预期转化次数的变化率,称之为该网络广告与该网站的耦合转化贡献率。

例 8-2 某通信产品制造商在 A、B 两家网站上刊登了某通信产品的广告,刊登周期为 1 个月的时间,广告刊登结束后,A、B 两家网站向该制造商提供了网络广告在其网站上的被点

击次数,分别为 5102 和 3051。同时,网站协助制造商对网民的行动进行了跟踪调查,分别得到由于受网络广告影响而产生的购买次数分别为 102 和 124。在使用这两种方法进行计算之前,需要说明的是:根据一般的统计数字,每 100 次点击可形成 2 次实际购买。试用传播效能评估法和耦合转化贡献率评估法进行评估。

解: 传播效能评估法。根据上面所提到的统计数据,每 100 次点击可以形成 2 次购买,那么可以将实际购买的权重设为 1.0,每次点击的权重设为 0.02,由此可以计算网络广告在 A、B 两家网站刊登所产生的传播效能。

网络广告在 A 网站上所产生的传播效能为

$$102 \times 1.00 + 5102 \times 0.02 = 204.04$$

网络广告在 B 网站上所产生的传播效能为

$$124 \times 1.00 + 3051 \times 0.02 = 185.02$$

耦合转化贡献率法。根据统计数据,每 100 次点击可形成 2 次实际购买,那么按照这一经验预测,网络广告在 B 网站产生 3051 次的点击,应该有 61 次的购买,而实际的购买是 124 次,由此实际转化相对于预期转化发生了变化,其变化的幅度就是该网络广告与网站 B 的耦合转化贡献率。由此计算该网络广告与这两个网站的耦合转化贡献率。

网络广告与 A 网站的耦合转化贡献率为

$$102 - 5102 \times 0.02 \times 100\% = 0.04$$

网络广告与网站 B 的耦合转化贡献率为

$$124 - 3051 \times 0.02 \times 100\% = 62.98$$

从中可以看出,该通信产品制造商的广告在 A 网站刊登获得的实际转化远远不及在 B 网站刊登所取得的实际转化,但是它的传播效能较高,对品牌形象的提升以及促进今后的产品销售都有非常重要的意义。而网络广告在 B 网站刊登,其耦合转化贡献率较高,在短期内取得了很好的销售效果,但是对品牌形象的提升以及今后的销售影响力的影响不是很大。所以,该通信产品制造商如果刊登网络广告的目的侧重于追求品牌形象的提升和长期的销售影响时,应该选择在 A 网站刊登广告的策略;如果所追求的目的是促进产品的销售,提高实际收入时,更适宜采取在 B 网站刊登广告的策略。

这里需要说明的是,点击次数与转化次数之间的比值关系是至关重要的,即使在评价相同的广告时,由于这一比值数据的选取不同,也可能出现截然相反的评估结果。所以,需要在大量统计资料分析的前提下,对点击次数与实际购买次数之间的比例有一个相对准确的统计结果,并在此基础上来决定这一数值。最后需要指出的是,上面两种网络广告的效果评估方法所得出的结论好像存在矛盾,其实并非如此。一个网络广告在绝大多数情况下不可能在多种效果上都达到最优,只是在某一个或某几个方面的效果达到最优,所以在进行广告评估时,一方面不要片面地以某个方面或某些方面的效果来对网络广告的效果下定论,而应该将所有方面的效果综合考虑,另一方面应该将评估的方面与广告的目的结合起来,只要评估的结果有利于广告目的,就可以说网络广告是有效果的,所以要提醒广告主,在刊登网络广告之前,一定要先明确广告的目的,选择适合自己目的的网站来刊登广告,切不可盲目。

三、产品的展示

利用网络销售产品时,一个最主要的问题是如何有效地展示产品给购买者,传统购买中消费者可以通过亲身体验如看、摸、闻、试等方式来了解产品性能和特点,但在网上消费者只能通过虚拟体验来获取产品信息,这就要求网络营销企业必须根据不同产品的特性提供有效的网络营销产品展示,给购买者创造出良好的产品体验。

一般来说,产品的特性根据顾客了解及获取信息的方式可以分为两种。一种是搜索特性,如颜色、形状等,对于这类特性的信息,顾客通过观察就可以了解,而且这类信息很容易通过网络传播;另一种是体验性特性,如性能、味道、舒服感等,对于这类特性,顾客需要亲自对产品接触试用后才可能了解。一般说来,任何产品都有这两种特性,只是不同的产品中这两种特性的重要性不一样而已。对于图书来说,搜索性特性更重要,因此网络上图书产品很容易被消费者认可和接受;对于服装来说体验性特性则更重要,因此网上销售服装比较困难,这是因为消费者无法亲自感知产品的特性。

目前,网络上发展的新技术可以在一定程度上解决体验性特性的问题,如三维技术、虚拟现实技术。其中,Lee服装为解决服装的网上销售问题,专门开发了网络服装试穿软件,顾客购买前可以通过网络将自己身体的外形尺寸输入到电脑中,电脑根据输入的体形数据构建出顾客的虚拟身体出来,然后顾客可以在网络上为自己的虚拟身体试穿各种服装,还可以进行全方位的旋转和观察,最终确定出顾客满意的服装,网络可以自动记录顾客的订单并根据顾客的订单生产服装和完成销售。

(1)网络企业进行有形产品展示的主要作用有:

①通过展示,使顾客直接感受产品以及服务带给自己的好处。

②通过展示,使顾客对产品以及企业的服务产生良好的印象。

③通过展示,在顾客心目中树立产品以及服务的品牌形象。

④通过展示,使企业的服务人员得到培训。

(2)网络企业进行有形产品展示的实施要点:

①进行有形展示过程中,企业向顾客所提供的产品与服务要考虑顾客的心理感受。

②进行有形展示过程中,企业要把服务与易于顾客接受的实物相联系。

③进行有形展示过程中,企业要创造一个有利于顾客亲身感受服务的良好氛围。

④进行有形展示过程中,企业要把重心放在与顾客的沟通联系上。

(3)影响产品展示的因素有以下几点:

①辅助网络营销的客观条件。

一方面,它是指网络企业所提供的为了让顾客亲身感受企业在人文方面的服务,弥补网上销售的不足,使顾客对产品及服务有更深刻的了解。这种形象的树立,往往能增加顾客购买企业产品的信心。另一方面,就是指企业周围环境的变化条件。这些条件一般不被人重视,对产品销售的影响也较小。例如,销售场所的环境卫生可能会影响顾客的购买欲望,一旦这些因素使顾客情绪变坏,交易成功的概率就可能减少。

②网站宣传、品牌、顾客活动场所等实体环境因素。

网站的宣传、品牌的设计以及顾客的活动场所都直接关系到产品的销售状况。这类因素可以说是企业的外在形象,包装宣传的好坏与是否会引起顾客的注意有关联。虽然"酒香不怕巷子深",但在市场竞争激烈的今天,一款优秀产品要想取得优异的市场销售业绩,不进行广泛而深入的宣传是不行的。因为,品牌效应在消费者心中也有着相当重要的地位,只有加强宣传,才能树立品牌形象的效果。

③人员因素。

人员主要指与产品网上营销有关的人员,包括网站的设计人员、服务人员以及在网站宣传中出现的各类人士。他们的所有行为都或多或少地会影响到顾客对产品及服务的判断。尤其是网络企业进行有形产品展示时,更应该对参加展示的主要人员进行包装。因为企业中参加举办展示会的所有人员都代表着企业,代表着产品品牌的形象。

④服务有形化。

服务有形化,即服务的内涵尽可能地附着于某种实物上。服务有形化就是让企业服务更加实在,可感受。如银行信用卡所提供的服务。就信用卡本身而言,它只代表信用卡中的货币价值,但银行通过发行信用卡为用户提供的信息咨询、投资、缴费等多种服务使银行的服务在客户眼中变得实实在在。

⑤价格有形化。

价格是顾客是否购买产品的第一直接因素。它不仅是顾客对产品和自己支出的比较,而且会影响到顾客对服务的期望。价格有形化就是通过信息和资料的提供,使顾客确实感受到物有所值;使顾客在与相关产品进行价格比较后对所购商品并不后悔。

四、汽车营销的趋势

1. 整合营销传播

整合营销传播应市场发展的需求而产生。随着市场不断发展,消费者每日接收到的推广信息不计其数,如电视、报纸、杂志、广播、直销函件、户外广告牌等,产品种类更是多不胜数。消费者处于这种杂乱的信息网络中,对单一品牌的注意力及记忆力、识别力极低。因此,要加强消费者对品牌乃至产品的注意及接收程度,单一的推广招数已不能满足消费者的口味和企业的战略目标,整合营销传播的出现达到了这一目的。

整合营销传播(Integrated Marketing Communications,简称IMC)是一种营销传播过程,它包含了计划、创造、整合以及营销传播的各种形式的运用,这种营销传播随着时间传递给品牌的目标消费者群和潜在顾客。

整合营销的目的在于最终影响或直接影响目标消费者群的行为。整合营销传播将所有顾客、潜在消费者可能了解品牌的方法都看作潜在的信息传播渠道,并充分利用所有顾客、潜在消费者能够接受的传播方法。整合营销传播的关键是,对旧有关系模式加以改变,把营销传播致力于互相交流,注重建立客户关系以实现营销目标,即从"消费者请注意"转变为"请注意消费者"。整合营销传播要求所有品牌的传播媒介和传播信息都传递一致的信息。

2. 网络营销

网络营销(Cyber Marketing, Online Marketing)也称互联网营销,是指通过互联网,利用电子信息手段,进行经营销售活动。网络营销是汽车企业整体战略的一个组成部分,是为了实现汽车企业总体经营目标、营造网上经营环境、实施各种营销策略、满足顾客需求、开拓市场、增加盈利能力、实现汽车企业市场目标的过程。需要注意的是,网络营销要有现代信息技术作支撑,也要有一个完整的业务流程。

网络营销包括以下基本要素:网络营销的主体——个人或组织。网络营销是个人与个人(C to C)、组织与组织(B to B)、组织与个人(B to C)之间进行的一种交换活动。网络营销的实质是"商品交换",目的是通过商品交换来满足个人和组织的需要。网络营销的核心职能是利用互联网进行销售工作,还包括调查、策略制定、宣传、促销等内容。网络营销的产品,指一切可以满足顾客需要的因素,包括货物、服务、思想、知识、信息、技术、娱乐等种种有形和无形的因素。

3. 数据库营销

数据库营销(Database Marketing)就是企业通过搜集和积累消费者的大量信息,经过处理后预测消费者有多大能力去购买某种产品,以及利用这些信息给产品以精确定位,有针对性地制作营销信息以达到说服消费者去购买产品的目的。通过建立数据库并对其进行分析,对企业能够准确了解用户信息有很大帮助,以能准确确定企业的目标消费群。数据库的建立和使用,使企业促销工作具有针对性,从而提高企业营销效率。

数据库的组成要素包括以下方面:

(1)独特的标识符,譬如 ID 或区分码。

(2)个人或组织的名称和称呼。

(3)邮政地址和编码。

(4)电话号码。

(5)订单、问询或推荐的来源。

(6)首次交易的日期和购买细节。

(7)按照日期、购买金额(累计金额)和所购产品划分开的购买时间接近程度、频率、货币交易历史等。

(8)信用历史和信用等级。

(9)消费者个人的相关人口统计特征数据,如年龄、性别、婚姻状况、家庭状况、教育程度、收入、职业、在所提供的住址居住的时间长短、企业地位以及一些个人的个性方面的信息。

思考题

1. 汽车网上直销的模式有哪些?
2. 试分析汽车营销的未来趋势。

参 考 文 献

[1] 赵培全. 汽车营销理论与实务[M]. 北京:中国水利水电出版社,2016.
[2] 常兴华. 刘金华. 汽车营销实务[M]. 北京:北京理工大学出版社,2016.
[3] 陈永革,徐雯霞. 汽车营销原理与应用[M]. 北京:机械工业出版社,2015.
[4] 戚叔林,黄智雄. 汽车营销[M]. 北京:机械工业出版社,2015.
[5] 杨亚莉. 汽车营销理论实务[M]. 北京:清华大学出版社,2015.
[6] 曾金凤,邹玉清,齐方伟. 汽车营销基础[M]. 北京:北京理工大学出版社,2015.
[7] 叶东明. 如何经营好4S店[M]. 北京:化学工业出版社,2015.
[8] 郑植. 基于CRM的汽车行业精准营销研究[D]. 北京:北京交通大学,2014.
[9] R·杜安·爱尔兰,罗伯特E·斯基森. 战略管理[M]. 北京:机械工业出版社,2014.
[10] 王克平,刘文云,葛敬民,等. 基于SWOT分析的我国大学图书馆4P与4C营销理[J]. 图书馆理论与实践.2013(02):8-12.
[11] 何瑛,马钧,徐雯霞. 汽车营销策划[M]. 北京:北京理工大学出版社,2013.
[12] 章小平,陈明福. 汽车营销[M]. 长沙:中南大学出版社,2013.
[13] 杨阳. 东风雪铁龙品牌汽车大连地区促销策略研究[D]. 大连:大连理工大学,2012.
[14] 汪泓. 汽车营销实务[M]. 北京:清华大学出版社,2012.
[15] 李文国,杜琳. 市场营销[M]. 北京:清华大学出版社,2012.
[16] 菲利普·科特勒. 营销管理[M]. 北京:清华大学出版社,2011.
[17] 丁一. 汽车营销管理的268法则[M]. 北京:人民交通出版社,2006.
[18] 马兴辰. 汽车的营销战略研究[D]. 济南:山东大学,2009.
[19] 李刚. 汽车营销基础与实务[M]. 北京:北京理工大学出版社,2008.
[20] 苑玉凤. 汽车营销[M]. 北京:机械工业出版社,2005.
[21] 王怡民. 汽车营销技术[M]. 北京:人民交通出版社,2003.
[22] 裘瑜,吴霖生. 汽车营销实务[M]. 上海:上海交通大学出版社,2002.
[23] 菲利普·科特勒. 市场营销原理[M]. 北京:中国人民大学出版社,2010.

人民交通出版社汽车类本科教材部分书目

书 号	书 名	作 者	定 价	出版时间	课 件
一、"十三五"普通高等教育规划教材					
1. 车辆工程专业					
978-7-114-10437-4	●汽车构造（第六版）上册	史文库、姚为民	48.00	2017.07	
978-7-114-10435-0	●汽车构造（第六版）下册	史文库、姚为民	58.00	2017.07	
978-7-114-13444-9	●汽车发动机原理（第四版）	张志沛	38.00	2017.04	有
978-7-114-09527-6	★汽车排放及控制技术（第二版）	龚金科	28.00	2016.07	有
978-7-114-09749-2	★汽车检测技术与设备（第三版）	方锡邦	25.00	2017.08	有
978-7-114-09545-0	★汽车电子控制技术（第二版）	冯崇毅、鲁植雄、何丹娅	35.00	2016.07	有
978-7-114-09681-5	汽车有限元法（第二版）	谭继锦	25.00	2015.12	有
978-7-114-09493-4	电动汽车（第三版）	胡骅、宋慧	40.00	2012.01	有
978-7-114-09554-2	汽车液压控制系统	王增才	22.00	2012.02	有
978-7-114-09636	汽车构造实验教程	阎岩、孙纲	29.00	2012.04	
978-7-114-11612-4	★汽车理论（第二版）	吴光强	46.00	2014.08	有
978-7-114-10652-1	★汽车设计（第二版）	过学迅、黄妙华、邓亚东	38.00	2013.09	有
978-7-114-09994-6	★汽车制造工艺学（第三版）	韩英淳	38.00	2017.06	有
978-7-114-11157-0	★汽车振动与噪声控制（第二版）	陈南	28.00	2015.07	有
978-7-114-10085-7	汽车车身制造工艺学	钟诗清	27.00	2016.02	
978-7-114-10056-7	汽车试验技术	何耀华	28.00	2012.11	
978-7-114-10295-0	汽车专业英语（第二版）	黄韶炯	25.00	2017.06	
978-7-114-12515-7	汽车安全与法规（第二版）	刘晶郁	35.00	2015.12	有
978-7-114-10547-0	汽车造型	兰巍	36.00	2013.07	
978-7-114-11136-5	汽车空气动力学	胡兴军	22.00	2014.04	有
978-7-114-09884-0	★专用汽车设计（第二版）	冯晋祥	42.00	2013.07	有
978-7-114-09975-5	汽车车身结构与设计	曹立波	24.00	2017.02	有
978-7-114-11070-2	汽车电器与电子控制技术	周云山	40.00	2016.12	有
978-7-114-12863-9	新能源汽车原理技术与未来	陈丁跃	36.00	2016.05	
978-7-114-12649-9	汽车油泥模型设计与制作	黄国林	69.00	2016.03	
978-7-114-12261-3	汽车试验学（第二版）	郭应时	32.00	2015.01	有
978-7-114-13454-8	汽车新技术（第二版）	史文库	39.00	2016.12	
2. 汽车服务工程专业					
978-7-114-13643-6	★汽车电子控制技术（第四版）	舒华	48.00	2017.03	有
978-7-114-11616-2	●汽车运用工程（第五版）	许洪国	39.00	2017.06	有
978-7-114-13855-3	★汽车营销学（第二版）	张国方	45.00	2017.06	有
978-7-114-11522-6	★汽车发动机原理（第二版）	颜伏伍	42.00	2016.12	有
978-7-114-11672-8	★汽车事故工程（第三版）	许洪国	36.00	2015.11	有
978-7-114-10630-9	★汽车再生工程（第二版）	储江伟	35.00	2017.06	有
978-7-114-10605-7	汽车维修工程（第二版）	储江伟	48.00	2016.12	有
978-7-114-12636-9	汽车新能源与节能技术（第二版）	邵毅明	36.00	2016.03	有
978-7-114-12173-9	汽车检测与诊断技术（第二版）	陈焕江	45.00	2016.11	有
978-7-114-12543-0	汽车服务工程（第二版）	刘仲国、何效平	45.00	2016.03	有
978-7-114-13739-6	汽车服务工程专业英语（第二版）	于明进	28.00	2017.06	有
978-7-114-10849-5	工程热力学与传热学（第二版）	李岳林	32.00	2017.04	有
978-7-114-10789-4	汽车检测诊断与维修	王志洪	45.00	2013.12	有
978-7-114-10887-7	旧机动车鉴定评估（第二版）	鲁植雄	33.00	2013.12	有
978-7-114-10367-4	现代汽车概论（第三版）	方遒、周水庭	28.00	2017.06	有

书　号	书　名	作　者	定价	出版时间	课件
978-7-114-11319-2	交通运输专业英语	杨志发、刘艳莉	25.00	2014.06	有
978-7-114-10848-8	道路交通安全工程	刘浩学	35.00	2016.12	有
978-7-114-14022-8	汽车维修企业设计与管理（第二版）	胡立伟、冉广仁	31.00	2017.09	
978-7-114-13389-3	汽车保险与理赔（第二版）	隗海林	32.00	2016.12	有
978-7-114-13402-9	汽车试验学（第二版）	杜丹丰	35.00	2016.12	有
978-7-114-14214-7	汽车电器与电子技术（第二版）	塞小平、麻友良	48.00	2017.10	
二、应用技术型高校汽车类专业规划教材					
978-7-114-13075-5	汽车构造·上册（第二版）	陈德阳、王林超	33.00	2016.08	有
978-7-114-13314-5	汽车构造·下册（第二版）	王林超、陈德阳	45.00	2016.12	有
978-7-114-11412-0	汽车液压与气压传动	柳　波	38.00	2014.07	有
978-7-114-11281-2	汽车电气设备	王慧君、于明进	32.00	2015.07	有
978-7-114-11279-9	汽车维修工程	徐立友	43.00	2017.08	有
978-7-114-11508-0	汽车电子控制技术	吴　刚	45.00	2014.08	有
978-7-114-13147-9	汽车试验技术	门玉琢	33.00	2016.08	有
978-7-114-11446-5	汽车试验学	付百学、慈勤蓬	35.00	2014.07	有
978-7-114-11710-7	汽车评估	李耀平	29.00	2014.10	有
978-7-114-11874-6	汽车专业英语	周　靖	22.00	2015.03	有
978-7-114-11904-0	新能源汽车	徐　斌	29.00	2015.03	有
978-7-114-11677-3	汽车制造工艺学	石美玉	39.00	2014.10	有
978-7-114-11707-7	汽车 CAD/CAM	王良模、杨　敏	45.00	2014.10	有
978-7-114-11693-3	汽车服务工程导论	王林超	25.00	2017.06	
978-7-114-11897-5	汽车保险与理赔	谭金会	29.00	2015.01	有
978-7-114-14030-3	汽车零部件有限元技术	胡顺安	23.00	2017.09	
978-7-114-11905-7	汽车诊断与检测技术（第四版）	张建俊	45.00	2017.05	有
三、教育部 财政部职业院校教师素质提高计划职教师资培养资源开发项目系列教材					
1. 车辆工程专业					
978-7-114-13320-6	汽车发动机构造与拆装	黄雄健	32.00	2017.01	有
978-7-114-13312-1	汽车底盘构造与拆装	廖抒华、陈　坤	32.00	2017.01	有
978-7-114-13390-9	汽车电气设备与维修	楼江燕、江　帆	42.00	2017.01	有
978-7-114-13473-9	汽车车身底盘电控技术与检修	张彦会、曾清德	42.00	2017.01	有
978-7-114-13313-8	汽车检测诊断实用技术	熊维平、许　平	26.00	2016.12	有
2. 汽车服务工程专业					
978-7-114-12195-1	汽油发动机管理系统故障诊断与修复	申荣卫	35.00	2017.05	有
978-7-114-13520-0	汽车检测与故障诊断技术	闫光辉	36.00	2017.02	有
978-7-114-13669-6	汽车营销	黄　玮、高婷婷、台晓红	29.00	2017.04	有
978-7-114-13652-8	汽车专业教学法	关志伟、阎文兵、高鲜萍	25.00	2017.04	有
978-7-114-13746-4	汽车服务技能训练	刘臣富、杜海兴	40.00	2017.07	有
四、成人教育汽车类专业规划教材					
978-7-114-13934-5	汽车概论	李昕光	25.00	2017.08	
978-7-114-13475-3	汽车运用基础	韩　锐	32.00	2017.01	有
978-7-114-12562-1	汽车电控新技术	杜丹丰、郭秀荣	32.00	2017.04	有
978-7-114-13670-2	物流技术基础	邓红星	28.00	2017.04	有
978-7-114-13634-4	汽车保险与理赔	马振江	26.00	2017.03	
978-7-114-13808-9	汽车服务信息系统	杜丹丰	32.00	2017.07	
978-7-114-13886-7	汽车运行材料	吴　怡	28.00	2017.05	有

●为"十二五"普通高等教育本科国家级规划教材、★为普通高等教育"十一五"国家级规划教材。咨询电话：010-85285253、85285977；咨询QQ:64612535、99735898